倭の名残

田畑 遊山

倭の名残　目次

第一章　使譯所通三十国

第二章　倭王の系譜

第一章　使譯所通三十国

はじめに

倭人は、帯方の東南大海中に在り、山島に依り国邑を爲る。旧百餘国、漢の時に朝見する者あり。
今、使譯の通ずる所三十国なり。

右は、紀元三世紀の西晋の陳寿（西暦233~297年）の撰による中国の正史魏志倭人伝、正式には『三国志』巻三十・魏書三十・烏丸鮮卑東夷伝倭人条の冒頭の一節である。

この通称魏志倭人伝には、倭国に至る道程や、その国々の官制、地理、気候、習俗、産物と、文末に倭魏の通交の記録が記され、その内容の多くは景初二年（西暦238年）の倭王卑彌呼の遣使奉献に報いて、正始元年（西暦240年）の帯方太守弓遵（きゅうじゅん）が遣わした郡使梯儁（ていしゅん）等の来倭により知り得たものが情報源であったと云ってよい。帯方郡は後漢末に中国東北部の遼東太守となった公孫康が、直轄地漢四郡の一つであった朝鮮半島中西部の楽浪郡の南半分を割いて新設したものである。

倭人の条の前段に、「郡より倭に至るには、海岸に循いて水行し、韓国を歴て作南作東し、その北岸の狗邪韓国に至る」とあり、それに続き、帯方郡より倭の女王卑彌呼が都とする邪馬臺国に至るまでの倭の八国の道程が記される。そして、邪馬臺国の後にも、其の餘の旁国は遠く離れて詳らかにすることはできないとしながらも二十一の国名を記している。狗邪韓国から通算して三十国となり、これが冒頭の今、すなわち曹魏時代における使譯通じる所の三十国である。使譯通じる所とは、使者や通訳が往来する国のことであり、邪馬臺国など限られた国が独占的に中国と通交していたわけではなく、例えば、この三十国で交易連合を構成していたとの解釈も成り立つ。

また、記されている邪馬臺国までの道程には、読み返しても理解しがたい方向や里程で表現されていて、容易には読み解けない箇所があることでも知られる。邪馬臺国に到達するまでに通過するいくつかの国や、その餘の傍国の位置についても、その比定地は推定の域をでず大半は確定していない。

そのうち、對馬、一支、末盧、伊都、奴国については、現在の対馬、壱岐、松浦（唐津市）、糸島市、福岡（春日市、福岡市）でまず間違いない。だが、それ以降の不彌国、投馬国の比定地は、かなり絞られてきてはいるものの決め手に欠けるようだ。女王の都とする邪馬臺国についても、過去に論争が繰り広げられた九州と畿内の二大学説を始め諸説あり、歴史や考古学の門外漢に取っても関心が高く、百人百様の邪馬臺国論があるのが実態であろう。

今日では、膨大な遺跡調査、考古学における科学的検証、史学研究などにより、邪馬臺国の比定地として奈良纏向周辺が有力視される。それには、まだ確証を得るまでには至らず異論もある。もっとも、邪馬臺国の在り処、それのみでは、当時の倭国の実態が明確になるわけでもないことも自明であろう。

邪馬臺国のみに焦点をあてる探索は労多くして功少なし。ここは搦め手のアプローチで挑みたい。すなわち、魏志倭人伝に記す使譯通じる倭の三十国の総体を把握することができれば、おぼろげながらも当時の国の輪郭が浮かび、倭国の全体像に一歩踏み込むことが可能になるだろう。また、邪馬臺国の所在も自ずと判明するに違いない。

この章では陳寿が書き遺した『魏志』を頼りに、其の餘の旁国を含めて使譯通じる国々の在り処を訪ね、そのことを検証してみたい。〔注：英数字は西暦、メートル法などの数字表記〕

魏志倭人伝は『三国志』魏書東夷伝の中の倭人に関する一条で、二千字足らずの漢字で記し、内容は概略以下のとおりである。

- 帯方郡から韓国の沿岸を経由して、その南東岸の狗邪韓国まで七千余里、さらに北部九州の對馬、一支、末廬、伊都、奴、不彌から投馬、邪馬臺に至る全道程は万二千里である。また、斯馬国以下、その余の旁国に二十一の国がある。伊都国には世々王あり皆女王国に服属している。
- 男子は皆黥面分身し潜水して魚貝を捕獲する。倭の地は気候温暖で夏も冬も生菜を食す。稲、苧麻、蚕桑を植え絹・綿織物などを作り、丹砂・朱砂、真珠などの産物があり、木弓・楯・矛などの武具を用い、埋葬には棺はあるが槨なし、骨を灼いて吉凶を占い、持衰の習俗がある。
- 国々に市があり有無を交易し大倭にこれを監察させ、特に女王国以北の諸国を検察する一大率が伊都国に治し、それは中国における刺史のようである。
- 本来、倭国は男子の王が世襲し国を治めていたが、七、八十年経ち倭国乱れ互いに抗伐することが何年も続いた後に、一女子を共立し王とする。名付けて卑彌呼という。邪馬臺国を都とする。卑彌呼は鬼道に事え夫壻なし、弟が助けて国を治めている。千人の婢を侍らせ、男子一人が給仕や言葉を取り次ぎ出入りしている。居室、宮室、楼観、城柵を厳かに設け兵が守衛している。

- 女王国の東方、海を渡るとまた国がある。皆倭種である。女王国の南四千里には侏儒国が、また、東南には裸国・黒歯国があり、そこには舟行一年で至る。参問によると倭の地は、連なった島々でなり周旋五千余里である。
- 通交の記録
- 景初二年（２３８年）　六月、倭の女王、大夫難升米等を遣わして魏に朝献する。
  十二月、倭の女王に報えて詔書あり。卑彌呼を親魏倭王となし金印・紫綬を仮授。遣使の難升米を率善中朗将とし、銀印・青綬が仮授される。
- 正始元年（２４０年）　帯方郡の太守弓遵（きゅうじゅん）が建中校尉梯儁（ていしゅん）等を派遣、詔書・印綬を奉じて来倭し、倭女王卑彌呼に拝仮する。倭王は返礼の文書を使者に託す。
- 正始四年（２４３年）　倭王、大夫伊声耆等八人を魏に遣わす。
- 正始六年（２４５年）　倭の難升米に黄幢を賜う。
- 正始八年（２４７年）　帯方郡太守王頎が官に着任。女王卑彌呼は載斯烏越等を郡に遣わし、狗奴国との交戦の情況を訴える。太守は塞の曹掾史張政等を遣わして、詔書・黄幢を難升米に拝仮する。
  卑彌呼が死んだので径百歩の大塚をつくり、奴婢百人余りを狗葬する。
  男王を立てるが国中従わず相抗伐し千人余りが死ぬ。卑彌呼の宗族の十三才の臺與を王に立て国中が定まる。臺與は倭の大夫率善中朗将掖邪狗等二十人を遣わして張政等を送り届け、使者は洛陽に至り生口他を献上する。

『魏書』東夷伝倭人の条は、正始年間の通交の記録で終わる。

1　倭魏通交の契機

倭国乱れ、卑彌呼が女王として共立される弥生時代末期、中国でも後漢が大いに乱れ崩壊しつつあった。桓帝・霊帝（西暦146年～189年）の時代には、朝政を専断する外戚と宦官との権力闘争や、官僚弾圧の党錮事件などの内部抗争が表出し国内政治は混迷をきわめる。政情不安は容易に収まらず五斗米道と呼ばれる道教の宗教団体や困窮する農民等を巻き込んで黄巾の乱（西暦184年）が勃発すると、荒廃した地方の豪族等は群雄割拠し統治能力を失った後漢王朝も衰勢に向かう。

後漢末の西暦189年に遼東郡太守に任命された公孫度は、混乱に乗じて朝鮮半島にまで勢力を拡大し、前漢時代に設けられた半島中西部の楽浪郡を支配下に収める。建安九年（西暦204年）、嫡子の公孫康は郡治が平壌付近にあった楽浪郡十八県の内の屯有県以南を割いて帯方郡を設け、東部の濊、南部の韓などの朝鮮半島南部の支配を強める。東夷伝韓の条に「是の後、倭、韓は遂に帯方に属す」とあるように、すでにこの時から帯方郡を通じて倭と公孫氏とは、なんらかの交渉があったものとみなされる。

西暦220年に曹操の子の曹丕は後漢の献帝の禅譲により皇帝位に就き、ここに後漢は滅亡し孫権の呉、劉備の蜀とともに三国鼎立の時代に至る。西暦228年には公孫康の子、公孫淵は謀反により叔父から遼東太守の位を奪取した後に独立色を強め燕王を自称し、景初元年（西暦237年）に年号を紹漢に改め呉と内通し曹魏に対して公然と反旗を翻す。これに対して、景初二年（西暦238年）、魏の明帝の命による大尉・司馬懿の討伐軍は遼東の襄平城を包囲し、公孫淵親子は逃走を謀るも同年八月に斬首される。相前後して襄平城の交戦中に、明帝が密かに帯方太守、楽浪太守として海路派遣した劉昕（りゅうきん）、鮮于嗣（せんうし）等によって楽浪・帯方郡は平定される。公孫氏は滅亡し楽浪・帯方の二郡は魏の直轄地となる。

倭人伝にある景初二年六月の女王卑彌呼が遣した難升米等の朝献は、遼東・楽浪・帯方郡の不穏な時期に決行されたことになる。もしも、魏の朝廷への朝見を目的とするものであったとすると、卑彌呼の命を受けた難升米等は邪馬臺国を遅くとも三，四か月前には出発したはずであり、それは景初二年の二月か三月ごろであろう。

劉昕等の楽浪・帯方郡奪還の海路浸入も隠密裏に行われたのであり、倭国内で、そのような早い時期に楽浪・帯方郡の情況を掴むことや公孫氏の命運を予測することは不可能であるから、本来は公孫氏への貢献が目的であったとみるのが至当であろう。おそらく、難升米等は公孫氏討伐の決着がつくまで帯方郡において待機させられ、その後、帯方郡太守劉夏の計らいで洛陽での朝見が実現したものと考えられる。

難升米等が洛陽に到着したのは、その年の十月か十一月ごろであったでろうか。同年十二月には卑彌呼の遣使奉献に報えて詔書が発せられる。遣使の難升米、副使の都市牛利を、それぞれ率善中朗将、率善校尉とし、銀印・青綬が仮授される。また、詔書には卑彌呼を親魏倭王として帯方太守に付して金印・紫綬を仮授し、絹や毛織物、金、刀、銅鏡など賜物の目録を難升米等に装封して渡すことなどが記される。

明くる景初三年早々、難升米等は洛陽を後にして帰路に向かい同年七月頃には邪馬臺国に到着し、女王卑彌呼に遣使朝見の一部始終を報告したであろう。翌年の正始元年（西暦２４０年）に帯方郡の渡航準備が整い郡使等一行は来倭する。

難升米等の遣使朝見を契機として、帯方郡使等が邪馬臺国の地を踏む機会は二度ある。一度目は正始元年、明帝の詔書と卑彌呼に拝仮する金印紫綬を携えての建中校尉梯儁等の来倭である。二度目は正始八年の曹掾史張政等の来倭で、この時は詔書・黄幢を難升米に拝仮する。

景初二年の難升米等の遣使奉献は卑彌呼に朗報をもたらす。その印である明帝の詔書と『親魏倭王』の印綬に金・刀・銅鏡などの下賜の物を持参し来倭した郡使等は、当然邪馬臺国の王宮を訪ねて、卑彌呼に謁見して金印を仮授し賜物を届けたであろう。郡使等は結果を報告する責務を負っていた。したがって、行方を見届けることなく伊都国の津で仮授のものや賜物を渡して引き返したとは到底思えない。

帯方郡太守も遙か東南海中にある倭人の国がいかなるものか、異国調査の担当官を随行させたであろう。倭人の条の記載事項の多くは、例えば通過した国々の官制、戸数、風物、習俗等の現地で見聞したものを旅の記録として持ち帰り、伊都国から邪馬臺国までの道程もその時のものであろう。

2 郡使が来た道

(1) 帯方郡から伊都国へ

(帯方郡の位置)

正始元年、詔書・印綬を携え、帯方郡太守の弓遵が派遣する郡使の建中校尉梯儁等は帯方郡を出立して倭国に向かう。帯方郡治の所在地には南方説と北方説があり、以下の候補地がある。

《南方説》①京畿道ソウル ②京畿道広州(ソウルの東南方約40km)

《北方説》③黄海北道鳳山郡(平壌の南方) ④黄海南道安岳郡(平壌の南西方)

まず、旅程の起点である帯方郡治の比定地を確認する必要がある。

『魏志』倭人の条の「従郡至倭、循海岸水行、歴韓国、乍南乍東、到其北岸狗邪韓国、七千余里」から、帯方郡から倭に至るには海岸を水行し、韓国を経て倭の北岸(韓の南岸)の狗邪韓国に到る、その距離七千余里である。また、『魏志』韓の条には「韓在帯方之南、東西以海為限、南與倭接、方可四千里」とある。簡訳すると韓は帯方郡の南にあり、その広さは方可四千里である。この方可四千里とは通説では四方それぞれが四千里と解釈されている。果たしてそうであろうか？

一般に、円形ならば径、方形ならば縦・横、東西・南北などの二方向が示されると、その広さが想像できる。漢字の〝方〟の意義は方向、方角、四角であるから、少なくとも現代では方可四千里がどのような広さなのか即座に想像するのは難しい。方可〇〇里の表現は『漢書』地理志や『三国志』に例が見られるものの、『隋書』や『舊唐書』などの後続史書では、東西〇千里・南北〇千里など東西と南北または縦と横などの併記が通例で、里程が不明な場合も東西五月行・南北三月行と二方向の旅程の表示である。

方可〇〇里の意味を理解するために、『三国志』東夷伝の、その他の国の領域や距離を記した箇所を見てみると

- 夫余の条　　夫余在長城北　去玄菟千里　南與高句麗　東與挹婁　西與鮮卑接　北有弱水　方可二千里
- 高句麗の条　　高句麗在遼東之東千里　南與朝鮮・濊狛　東與沃沮　北與夫余接　方可二千里
- 東沃沮の条　　東沃沮在高句麗蓋馬之東　濱大海而居　其地形東北狭　西南長可千里

夫余は長城の北にあって、その距離は玄菟を去ること千里である。里の字源は会意で田と土、田は区画された農地を意味し周の時代の面積の単位で、一里三百歩四方の面積を表わしたが、後に距離の単位として使用される。時代によって寸尺の長さや一里の歩数が変化する。後漢の時代の一歩は約１・３９

m、一里415m、魏の時代は一歩約1・45m、一里435mであったが、一里約400mとして話を進める。すなわち、千里は約400kmである。

玄菟郡は前漢の時代に現在の北朝鮮から中国東北部に設置された直轄地で漢四郡の一つである。設置期間は三段階あり、二度西方に遷され魏の時代の郡治は現在の中国遼寧省撫順市に、夫余の都城は吉林省吉林市にあったとされる。直線距離で約340kmになる。玄菟と夫余の里程はおよそ千里である。

また、夫余国の領域は南、東、西をそれぞれ高句麗、挹婁、鮮卑と接し、北に弱水ありとある。弱水は松花江で現在の拉林河と推定され、吉林市の北方約200kmを東流して黒竜江に入る。東の挹婁、西の鮮卑との境界は明確には区分しがたいが、おおよそ東は威虎嶺、西は東遼河あたりとみられる。東西350km~400kmの距離である。

次に、高句麗は遼東の東千里とある。遼東郡治は現在の遼寧省遼陽市付近で長城の南に位置し、高句麗の都城は丸都之下、現在の吉林省集安に比定され、郡治よりその直線距離は約250kmである。遼東郡治のあった遼陽市より東方約500kmで日本海に達する。したがって、蓋馬大山（白頭山脈）より東側の東沃沮の領域80km~100kmと西の遼東郡の領域を差し引くと、高句麗の東西の領域は350km程度と考えられる。

また、高句麗の南は朝鮮・濊狛と接するとある。朝鮮は平壌に郡治があったとされる楽浪郡を指し、濊は朝鮮半島の東海岸江原道一帯を領域としていたとみられ、高句麗との境は朝鮮半島の付け根、現在の平安南道と浪林山脈の北部あたりと推定される。この高句麗の南限と夫余の北限の拉林河の南北の直線距離は約６５０ｋｍである。夫余と南に接する高句麗との境界は不明だが二分すると、それぞれが南北約３３０ｋｍになる。

これらを纏めると、およそ夫余は東西千里・南北千里の広さで、玄菟までの距離は約千里である。高句麗は遼東郡の机上の直線距離は約２５０ｋｍと短いが歩行による実測方法では距離の加算はあり得るので、約千里としてもかけ離れてはいない。高句麗も東西千里・南北千里が妥当である。高句麗の東は千里ばかりの東沃沮と接するとあるのも、高句麗の南北の距離が千里であることを補強するものである。

これらのことから夫余と高句麗の条にある方可二千里の意味するものは、東西と南北のそれぞれの距離の和と解釈される。すなわち、東西千里と南北千里の和が方可二千里である。可は推定の意で、二千里くらいであろうと言ったほどのものである。

これを通説の二千里四方とした場合の矛盾点を指摘したい。玄菟郡治（撫順）は遼東郡治（遼陽市）の北東約８０ｋｍの至近距離にある。その距離二百里である。例えば、机上で百里を１ｃｍとして、玄菟郡治より北東千里（１０ｃｍ）先の夫余の都城（吉林省吉林市）を中心として南北二千里を確保するため半径千里（１０ｃｍ）の円を描き、同じく、遼東郡治（遼陽市）より千里（１０ｃｍ）先の高句麗の丸都（吉林省集安市）を中心として半径千里の円を描いてみると、二つの円は玄菟郡治と遼東郡治および夫余の都城、高句麗の都城まで互いの領域の中枢部まで侵入してしまい、二つの接する円を描くには、それぞれの領域の東西・南北と中心間距離がその半分ほどでなければならない。

すなわち、方可○○里とは東西（横）と南北（縦）の距離の和に相違ない。領土は必ずしも正方形とは限らない。東西（横）と南北（縦）の和とする半周の表示により、当時としては厳密に測量できない広大な土地の広さを概略理解していたものと考えられる。

また、類例を挙げると、『漢書』地理志・粤の条に、

「自合浦徐聞南入海　得大州　東西南北方千里　武帝元封元年　略以為擔耳朱厓郡」と記す。

合浦郡徐聞の南に入海し大州を領土とする。広さは東西南北方千里。前漢の武帝の元封元年（紀元前110年）に侵略した大州に擔耳・朱厓の二郡を設ける。大州とは現在の中国南部の海南島を指す。

東西南北方千里の東西南北方とは、その方向を意味するもので、方向と距離を示すには、起点と終点を必要とする。図形で表現すると、東の起点Aより西の終点Bに至り、Bを改めて南の起点として直角に方向を変えて北の終点Cに至る。これが東西南北方である。

すなわち、その距離は東西と南北の二方向の距離の和である。海南島の東西は約260km、南北は約160kmである。海南島の東南の角を起点として時計回りに北西の角を終点として半周する。海南島の東西と南北の二方向の距離の和は260km＋160km＝420kmなのでほぼ千里であり、広さ東西南北方千里に相違ない。直轄地として二郡治を設けたくらいだから正確に把握していたはずだ。

この『漢書』地理志の東西南北方○○里が古形をしめしており、『三国志』東夷伝の方○○里は東西南

北を省略した表示と考えられる。二方向の和（半周）の表示でも広さがどの程度か大雑把には掴める。東夷伝に多用されている所を見ると当時は、それでもおおよそ理解できたのであろう。

しかし縦横が著しく異なる場合には想像したものとはかけ離れたものになる恐れがある。『隋書』百済の条の「その国、東西四百五十里、南北九百余里、南は新羅に接する」などの記載のように二方向表示が一般となり、より正確な把握が可能になる。方〇〇里の意味する所を縷々述べたが、漢字〝方〟の意義は方向、方角であって、一辺、四辺などの意味は元来ないのである。

東夷伝の韓の条に戻る。韓は帯方郡の南に在り、その広さは方可四千里である。前例の解釈によって、その領域は東西と南北の距離の和が四千里である。もしも正方形に近いとすると東西が二千里、南北が二千里ほどの広さとなる。倭人の条によれば、帯方郡より海岸に循って水行し、韓を経て南下し急に進路を変えて東進し倭の北岸の狗邪韓国に到る。その距離七千余里とある。

したがって、通過した狗邪韓国までの韓の海域は最大四千里であるから、前段の帯方郡より海岸を循って韓に至るまで水行した距離が残りの三千余里となる。このことから、帯方郡治は韓の領域より、かなり離れた所に位置していたと見なければならない。帯方郡北方説の③黄海北道鳳山郡沙里院を比定地とする。遺跡から楽浪郡址と同時代の瓦・煉瓦・古銭などが出土しており、銀波川の西方の古墳群から使君帯方太守張撫夷の銘が刻陽された塼槨墓が発見され有力地とみられている。南方説では推定地のいずれも、漢の時代の該当する遺跡や遺物はいまだに発見されていない。

帯方郡は前述したように、公孫康が後漢の時代の楽浪郡十八県の内の屯有県以南の七県を割いて朝鮮半島の南部を睨み、韓・濊などの支配を強めるために設けたものである。紀元一世紀の班固の撰である『漢書』地理志の楽浪郡含資県の註に、「含資、帯水西至帯方入海」とある。帯水については確定しているわけではないが、現在の銀波湖・銀波川を指し、帯方は帯方郡治があったとする沙里院付近とみる。滅悪山麓に源を発し西流してきた銀波川は、やがて沙里院の南西で北流してきた載寧江と合流し、さらに北流して大同江に注ぐ。帯方郡に分割される以前の楽浪時代には、銀波川の東方に含資県があり西方の沙里院付近が帯方県であったと考えられる。

（帯方郡から伊都国へ）

沙里院から黄海に至る載寧江→大同江の河口までの約40kmは航行可能で、沙里院（帯方郡治）は楽浪郡治（平壌）から南約50km（百余里）と近く楽浪郡の境界付近にある。唐の魏徴（580年～643年）等の撰になる『隋書』（巻八十一・東夷）倭国の条に「則魏志所謂　邪馬臺者也古云　去楽浪郡境及帯方郡　竝一萬二千里」とあり、邪馬臺は楽浪郡の境及び帯方郡治より、ともに一万二千里であるから、楽浪郡の境と帯方郡治は近傍に在ったことを示す。帯方郡治の比定地として沙里院付近が妥当であることの証左である。帯方郡治から倭の北岸の狗邪韓国までの航海の道のりは七千余里とある。

郡治のあった沙里院付近から載寧江を下り大同江の河口に至る。大同江から黄海に入り帯方郡と韓国の海域をとおり、乍南乍東、すなわち、南から東に進路を変えて進み狗邪韓国に到達する。狗邪韓国は現在の慶尚南道沿岸部の金海市に比定される。大同江の河口からの総距離は約９５０ｋｍである。９５０ｋｍを七千里として、千里の平均換算距離は約１３５ｋｍにあたる。

帯方郡使等の千里の平均航海換算距離を昼夜二十四時間水行したとすると、単位時間当たり５・６ｋｍで平均３ノットの速度である。天候待ちや物資の補給などで途中寄港した日数を除き、実動七航海日で狗邪韓国に達したとみる。陸地での千里は、この時代約４００ｋｍだが、波打つ海上では風向、海流、潮流、乗船員に左右され速度も進行方向も一定ではないうえに目測不能な夜間の航海もあり、ましてや国外の海上の距離を航海中に測るすべなどない時代にあっては、昼夜一航海日で至る距離を千里としていたものと推察する。

古来、千里の言葉は、一瀉千里、舳艫千里、一望千里、千里の駒、千里眼など実際の距離とは異なる意味合いで喩えとして用いられる。この場合の千里は遠隔地、目視の限界を超えた遙かに遠い所というほどの意味である。

また、唐の詩人・王之渙の詩〈黄鶴楼に登る〉に「白日山に依ってつき　黄河海に入って流る　千里の目を窮めんと欲して　更に上がる一層の楼（千里の彼方まで見通せる眺望を得るために、更に楼を一層上がる）」とあり、一望千里と同意である。千里とは見はるかす水平線の先の目視限界ほどの距離の喩えである。実際には、地球は球形であるから、例えば、視界良好でも海上からは７０ｋｍ以上先の３００ｍ以下の高さの対象物は計算では水平線下に隠れて見えない。その程度でも千里としてもよいのかもしれない。すなわち、先の帯方郡からの一航海日の水行距離１３５ｋｍは目視限界を超えた遠隔地であって千里に適う遥かに遠い海上の距離である。

帯方郡から狗邪韓国までの七千余里の里程を推定すれば概略以下のようになる。大同江の河口から黄海に入り、循海岸水行とある。黄海南道の沿岸を巡って黄海南道の甕津半島の甕津郡の沿岸に至る。その間約１３５ｋｍ・千里。次に、海岸に従い海州の南を東方に進み黄海南道の南部の延安郡の岬に至る。甕津郡と延安郡の距離約１２０ｋｍ・千里。延安郡の沖合から京畿湾を南下し忠清南道の泰安半島（泰安郡）の沖合に至る。距離約１２５ｋｍ・千里。帯方郡とその南の韓の境界は不明だが、帯方郡の東は濊に接し、韓は帯方郡治より南三千里であるから、帯方郡治そのものは北に偏っていたものの、南の郡域は少なくとも漢江の南の仁川、ソウルの南方まで伸びていたものと考えられ、現在の忠清南道以南が韓の確かな領域であったと推定する。

以下、韓の領域を南下し全羅北道の扶安郡の辺山半島沖に至る。その距離約１３０ｋｍ・千里。さらに南下して全羅南道の西南の角の珍島に至る。距離約１４０ｋｍ・千里。珍島より、乍南乍東とあるように東方に進路を変更し、全羅南道の突山島の沖合まで約１４５ｋｍ・千里。そこから狗邪韓国の比定地である金海市までの距離は１４５ｋｍ・千里。珍島より東は黒潮海流より分岐した対馬海流により加速される。以上大同江の河口から狗邪韓国まで約９５０ｋｍ七千里である。帯方郡治の沙里院から大同江の河口までの約４０ｋｍを加え東夷伝倭人の条の七千余里となる。

「始度一海　千余里至對馬国」

朝鮮半島の南岸にある狗邪韓国から始めて海を渡り對馬国に至る。千余里。對馬国の中心がどこにあったのかは不明であるが、弥生後期の広型銅矛や後漢鏡などを副葬する複数の箱式石棺が検出された対馬市上津島町の塔の首遺跡の近傍とすると、着岸地は現在の比田勝港あたりになる。狗邪韓国（金海市）から対馬の北端の上対馬町まで直線で約６０ｋｍであり、狗邪韓国を出港したときに視界良好であれば島影は微かにみえたであろう。

対馬暖流の北東方向の海流は、速いところで１・０～１・５ノットで、黄海に流れ込む緩やかな暖流に比べると、季節風も伴い波高も大きい。

「其大官曰卑狗　副曰卑奴母離　所居絶島　方可四百余里　土地山嶮多深林　道路如禽鹿徑
有千余戸　無良田　食海物自活　乗船南北市糴」

對馬国には大官・卑狗、副官・卑奴母離がおり、絶島にして方四百里ばかりの広さである。山が切り立って嶮しく、山林が多くて獣道のように道幅が狭い。家は千余戸で良田がない。海の物を食して自活し、船で南北の市にでかけて物を交換し生活をしている。方可四百余里の広さである。

前述のように方四百里は東西と南北の二方向の距離の和が四百里と言うことであった。対馬は南北に長く東西が短い。南北約７０ｋｍ、東西約１５ｋｍで、東西と南北の和は８５ｋｍとなる。陸地の一里は約４００ｍとすると百里は４０ｋｍであるから、この換算を適用すると対馬の広さは方二百里となり、倭人伝の記述の四百余里とは合致しない。この差については次の一支国のところで触れる。

「又南渡　一海千里　名曰瀚海　至一大国」

一大国は一支国の誤りで現在の壱岐に比定される。対馬から壱岐へ二度目の渡海である。原の辻遺跡のある芦辺町まで約１００ｋｍで、壱岐には標高２５０ｍ以上の山はないので対馬の北岸からは南方には何も見えず、砂漠のように広大な海と称したのは無理もない。

「官亦曰卑狗副曰卑母離　方可三百里　多竹木叢林　有三千許家　差有田地　耕田猶不足食　亦南北市羅」

官と副官は對馬国と同様である。方可三百里とある。壱岐は東西１４ｋｍ、南北１７ｋｍで、その面積は対馬の約五分の一程度である。東西と南北の和は３１ｋｍで、百里４０ｋｍとして換算するとわずか方百里に過ぎない。対馬―壱岐間が三渡海のなかで最大の距離である。

帯方郡を出発してから後は、海上における里程の考え方は陸上での厳密な距離測定とは異なる単位で、概ね一航海日で到達する距離としてきたが、ここで對馬、一支国でもそれを適用する。狗邪韓国―対馬―壱岐の距離から仮に渡海の千里は約１００ｋｍとして換算すると、先程の一支国（壱岐）の東西と南北の和３１ｋｍは方可三百里となり合致する。

同様に對馬国の東西と南北の和８５ｋｍから方可八百余里となり、おおよそ東夷伝にある方可四百里の二倍になる。対馬は上島と下島の二島からなる。上島より壱岐に向かう途中で遠ざかる南方の下島が航海中に視認されなかったものと仮定すると、上島のみの二方の和は約５０ｋｍである。方可四百余里で辻褄は合う。

実際の対馬と壱岐の面積比五倍からすると、一支国に比べ對馬国の広さ方可四千里は過小見積もりである。いずれにしろ、海上における所要の航海日時をもとに換算距離を概略見積もったものであろう。

「又南渡一海千余里　至末盧国　有四千余戸」

また、南に一海千余里を渡り末盧国に至る。末盧は松浦（まつら）で、九州西北の佐賀県唐津市に相違ない。しかし、帯方郡使梯儁等の船が唐津のどこに着岸したのかについては検討の余地があり、それは倭人伝の後続の文節から推定可能である。末盧国から東南陸行五百里、到伊都国。また、伊都国から東南至奴国百里とある。伊都国は福岡県糸島市三雲、奴国は福岡県春日市付近に比定される。したがって、末盧↓伊都↓奴国は、いずれも東南方向としているから、三国の直線上にある地点としては、唐津市の北方の呼子港付近になる。実際には東方になるが夏場の日の出の方向から東南とみたのであろう。

玄界灘はその名のとおり、潮流が速く複雑な流れと季節によっては強風で三角波が発生する。横波に弱い小船は転覆することもある海の難所として知られる。風向や潮流の変化を見極めながら慎重に帆を進めたであろうから、対馬と壱岐の約半分の距離であるが、所要時間はさほど変わらない可能性がある。梯儁等の帯方郡の使節団は末盧国の現在の呼子港に到着したとみる。

「東南陸行五百里到伊都国　官曰爾支　副曰泄謨觚・柄渠觚　有千余戸　世有王　皆統属女王国　郡使

往来常所駐」

東南に五百里を陸行すると伊都国に到る。官と副官がいて戸数は千余りである。代々王がいるが皆女王国に統属している。郡使が往来するときには、常に駐まる所である。

末盧国から次の伊都国までは、唐津市街から東北約３０ｋｍであるが、呼子からだと東方約５０ｋｍと遠くなる。海路であれば唐津港から唐津湾の沿岸を東方に水行し、糸島半島の付け根（加布里湾）付近にあったであろう伊都国の津に至る。その距離は、おおよそ２０ｋｍである。現在も加布里漁港があり、当時の中国の大型船でも十分停泊可能であったと考えられる。倭人伝には末盧国について、

「濱山海居　草木茂盛　行不見前人　好捕魚鰒　水無深浅　皆沈没取之」

山海に沿った狭い平地に住み、道は前を歩く人がみえないくらい草木が茂るとあるように、伊都国までの道程は平坦な道ではなく難渋をしいられる。本来は一支国（壱岐）から伊都国に至る道程は、壱岐より唐津港を経由して伊都まで海路によるほうが日程は短くてすみ、また重量物の運搬をともなう場合はなおのこと労力は少なくすむはずだ。

仮に末盧より伊都国まで陸行するにしても、唐津港に上陸してもよく道路事情も悪い遠方の呼子からとする必要性は通常であれば見当たらない。それをあえて呼子で下船し陸路で伊都国に到る道程を選択したのは、これまでとは異なる特別の事情によるものと考えられる。

帯方郡より狗邪韓国を経て末盧国まで水行・渡海を含めて、すべて航海による里程である。梯儁等使節団の乗船がジャンク船であったとすれば乗員百人ほどのものか、少なくとも倭舟に比べて大

型の船であったに相違ない。これまでの郡使等の目的と行動が異なるのは伊都国までの旅で終わるのではなく、始めて邪馬臺国を訪問し、女王卑彌呼に謁見し魏の皇帝の詔書や賜物を渡し金印紫綬を仮授する大命を帯びていたことである。

伊都国から邪馬臺国は郡使等の未踏の地である。その旅程は往路だけでも伊都から二か月以上、王都の滞在を含めると全部で五、六か月は必要だった。それに、郡に至る渡海に適した風波ともに穏やかな数か月の時期を逃せば一年待ちもあり得る。その間は乗船してきた船は、どこかの港で係留しておく必要がある。伊都の津（加布里湾）や末盧国の唐津（唐津湾）でも停泊は可能である。

しかし、そこは玄界灘に面し潮位の変化は大きく冬季は海が荒れ、夏台風の進路にもあたる。当時の港湾施設もない海岸での長期係留は不適であったものとみる。

呼子港は東松浦半島の北端に位置し、現在も玄界灘有数の漁業基地である。古くは〝壁島〟と呼ばれた加部島が玄界灘の波浪や高波に対し防波堤の役割を果たしており、避難港にも指定されるほどの天然の良港である。古代の大型の外来船などの長期停泊には最適と云える。

梯儁等は、通例とは異なり乗船してきた船の待機場所である呼子で下船し、陸路で伊都国に向かったものと推察する。伊都国（糸島市）まで唐津市街から東北に３０ｋｍ、呼子から東方約５０ｋｍで一里４００ｍの換算では、いずれも百里前後となり倭人伝の五百里とは乖離がある。

仮に海路で一支→末盧→伊都とした場合は、壱岐—唐津港約４０ｋｍ、唐津—伊都（加布里港）約２０ｋｍであるから、比例計算で倭人伝に記す一支—末盧が一渡海千里とすれば、末盧—伊都間は半渡海の五百里となる。すなわち、伊都国までの五百里は、水行距離と理解すべきであろう。

伊都国は、帯方郡の郡使も常にここに駐まる所として、また、一大率が治し邪馬臺国より北の諸国を検察する、倭国連合のなかで特別な役割をもった要所であった。公孫氏が帯方郡を設置した西暦204年以降、倭国と帯方郡との往来が度々あり郡使は何度も伊都国を訪れている。通常は末盧に寄港したのち伊都国まで海路であったとするのが理解しやすい。

伊都国の港で荷を検めるのであれば、末盧からそのまま伊都の津まで海路でよいのであって、郡使等の通常ルートとして港での検閲が済まぬまま上陸して五百里も陸行することなどあり得ようか。五百里が陸地における里程換算距離約200kmを指すものとすれば、悪路を強いて遠距離を陸行する意味は考えられない。

換言すれば、壱岐から唐津までは一日がかりの航海で、唐津から伊都の津までは半日の航海を表すところの、いずれも海上での距離を示すものであろう。当時、まだ羅針盤も発明前で海上を夜間も移動し距離を測定する技術は確立していなかった。天候や波浪に左右され、船速も安定しない古代の航海では、里程など正確に測定のしようもない。そこで、一日で航海する距離を単位として海上の距離を表していたものと解される。一海千余里（測定不能の遠い海上の距離）とは、そのような単位である。日夜連続する沿岸走行でも変わりはない。

帯方郡から伊都国までの道程を振り返ると、帯方郡から狗奴韓国まで水行昼夜七日間七千余里と末盧国までの渡海三日間三千余里、それに加えて末盧から伊都国の海路水行半日五百里。天候待ちや物資の補給などの必要で留まった途中の寄港日を除いて、総水行里程は十日と半日の一万五百里である。郡使等が何度か往来した実績から割り出される標準的な道程である。

正始元年（西暦２４０年）帯方郡の太守弓遵により、高級武官である建中校尉梯儁等が、郡使として派遣されて倭国にやってくる際にも事前確認した遼遠の地にある倭国までの里程とは、海路で実動十日半の航海で萬五百里であって、伊都国に到着するまでは既知の内容だった。その先は、郡使等にとっては未踏の地である。建中尉校梯儁等は詔書を携え女王卑彌呼に謁見し、金印紫綬仮授などの使命を帯び初めて女王の都とする邪馬臺国まで旅するのである。

それは以下の倭人伝の伊都国に到る前後の記述にも現れている。

「始度一海千余里至對馬国　又渡一海千余里名曰瀚海至一大国　又渡一海千余里至末盧国」

「東南陸行五百里到伊都国」

初段の〝渡〟の動詞の後の一海は目的語で千余里は一海の修飾語であり、直訳すると千余里であるところの一海を渡ると○○国に至る。一海＝千里、として了解される単位である。次に、二段目は、東南が方位詞で陸行が動詞、五百里は目的語で、直訳すると東南方向に五百里を陸行して伊都国に到着する。一海千里と同じで、五百里は既知の里程で、五百里を東南方向に陸行するとなる。

したがって、「東南陸行、到伊都国」は、「(水行) 五百里のところを陸行すると伊都国に到る」が正しい。この五百里は既知の海路の里程である。すなわち、もともと陸行の里程記録などはなく、帯方郡から伊都国に至るまで、そこに記述されている距離は全て一貫して海路の里程で統一されているのである。

『三国志』は、撰者である陳寿が西晋の時代に、魏の魚豢（ぎょかん）の『魏略』などすでにある史料や記録を活用し著したものである。梯儁等郡使の記録にないところは従来ある資料で補ったとしてもなんら不思議ではない。後の時代に完成した正史『後漢書』、『隋書』、『唐書』などの倭国（日本国）に関する記述の内容は『三国志』東夷伝倭人の条を引用し、前後の一貫性を保持し前例を踏襲して書かれているのは明らかである。

ところで、末盧国では官と副官の記述はない。對馬、一支、奴、不彌国など重要な海路の北の守りとして卑奴母離を配置しているのに、末盧国だけ不在とするのは不可解である。それは、呼子下船が通常ルートとは異なり、官、副官の常駐場所ではなかったからであろう。唐津湾の桜馬場遺跡近辺が末盧国の中枢部であったものと考えられる。

これまで来倭した郡使等とは異例の陸路で伊都国までたどり着き、そこで荷を検分したはずである。伊都国には王がおり、また郡使が往来するときには常に駐まる所とあるので、そこにも何日か逗留し、この先の旅程を確認して、最終目的地の女王の都とする邪馬臺国に向かったであろう。

(2) 伊都国から邪馬臺国へ

伊都国の次にある奴国は後漢の建武中元二年（西暦57年）の朝見により、光武帝より印綬を仮授された奴国である。江戸時代に博多湾の対岸に位置する志賀島で、『漢委奴国王』の銘のある金印が出土する。卑彌呼の時代は、須玖岡本遺跡のある福岡県春日市から那珂八幡古墳を中心とする那珂遺跡群のある福岡市博多区那珂の周辺一帯が奴国の中枢部であったと思われる。戸数二万。

伊都（三雲・井原遺跡）から奴国（須玖岡本）の方向は、倭人伝に記された南東（実際は東）にあたる。その距離は直線で約20kmである。伊都国東方の山塊を避けて、まず北東方向に6，7km進んだ後、今宿から南東方向に南下して七隈─長住あたりを通過する経路とすると、奴国（春日市）まで約25kmである。さらに進行方向には、室見川、樋井川、那珂川などの大小の河川が南北に幾筋も博多湾に注いでおり何度も渡河する必要がある。里程百里に相当する。

官曰兕馬觚　副官卑奴母離　有二萬余戸

奴国では官と副官の名はあるが、王の記載はない。金印紫綬を仮授された奴の国王から、すでに二百年が経つ。奴国王のその後の消息は、志賀島の金印の発見とともに謎のままである。

次に、「東行至不彌国、百里」

奴国から東方の不彌国に至る。その距離百里である。

不彌国以降の国々は比定地も百家百論あり使役通じる倭の三十国の全貌はいまだ霧の中である。これまで、倭人伝の記述には海路の里程の表現を除いて大きく乖離しているところはない。邪馬臺国までの郡使等の道筋を、取り得る仮定のうちで最適なものを選択しながら、以降もその記述にしたがってその旅を辿ってみる。

【不彌国】 フミ国

不彌国の比定地は、夏場の日の出を考慮し奴国からは東方に対し最大30度北にずれているとして、北東百里約40kmの範囲で、また、不彌国から次の投馬国へは水行とあるので、海岸や河川の近傍の両方を満たす地点である。北東方向に奴国（須玖岡本）から直線で25kmに立岩遺跡（飯塚市）がある。前漢鏡など数十面の銅鏡、銅矛、鉄剣、玉類などが出土し、三雲南小路遺跡（伊都）、須玖岡本遺跡（奴国）などに次ぐ弥生中期の遺跡である。背後の笠置山（425m）の砕石された岩石を素材とし九州北部に広く分布する石包丁の一大生産地でもあった。傍を流れる遠賀川は、馬見山（福岡県嘉麻市）に源を発し筑豊地方の平野部を北流して福岡県北部の響灘に注ぐ全長61kmの一級河川である。明治時代には筑豊地方で産する石炭運搬船が河口の芦屋港や若松港まで運行する幹川であった。

直方市の天神橋貝塚のある遠賀川の中流域はもともと淡水湖であったが、縄文海進でピーク時に海水が浸入しその後また気水湖となる。不彌国の彌は倭語の水の意義で、不彌は古代の湖（あはうみ）の記憶によるものか、海水面が下がると遠賀川流域に平野が形成され弥生時代早期の集落が出現する。遠賀川下流の立屋敷遺跡では弥生時代前期の有文土器が出土し、西日本一帯に広く分布し遠賀川式土器と命名される。
　弥生時代の遠賀川の流域は今よりも広く洞海湾とも通じていた。遠賀川を下り河口からそのまま航海に出るのはたやすく比定地としての条件に適う。奴国（須玖岡本）から不彌国（飯塚市立岩）に向かうには、東に控える三郡山地を回避して、一旦南東方向に三笠川に沿い大宰府付近まで迂回する。その先を現在の県道６５号線筑紫野筑穂線に沿って米ノ山峠から谷合を北東方向に進み飯塚に至る経路が推定される。その間の距離約３５ｋｍ、里程百里である。
　伊都国　↓奴国　陸行（糸島↓春日）約２５ｋｍ（百里）
　奴国　↓不彌国　陸行（春日↓飯塚）約３５ｋｍ（百里）

また、「南至投馬国　水行二十日」とあり、遠賀川の船着き場からは倭舟である。列島での古代舟の出土例は縄文時代にさかのぼるものもあるが断片的なものである。出土した銅鐸、埴輪や土器の線刻画などから類推されるのは、丸木を刳り貫いたものに波よけの舷側板を張った準構造船である。

郡使梯儁等を乗せて遠賀川を下降し、船は河口付近で江川を抜け洞海湾に入り、いよいよ航海にでる。

次の投馬国までは二十日の水行である。その比定地は定まっていないが、いくつか有力な候補地はある。

また、それは最終目的地である邪馬臺国に至る道筋でもある。

「自郡至女王国萬二千余里」、郡より女王国である邪馬臺国まで一万二千余里。郡より不彌国まで累積一万七百里であるから、残りは千三百余里。不彌国から５００～６００ｋｍである。距離的には、東は近畿地方、南は薩南諸島から奄美大島のあたりになる。

邪馬臺国の比定地については、近年、奈良県の纏向遺跡を中心とした地域が有力視されるなかで、他には九州説を含めて、ここ十年を振り返っても新たな発見や事実は少なく影を潜めつつあるようだ。邪馬臺国畿内説は従来も有力候補としてあったが、なんと言っても、倭人伝の里程表示の解読、特に地理的位置としての方角に矛盾があることが弱点であった。

これまでの郡使梯儁等が通過した道程には、倭人伝の記述に齟齬はなく不合理な問題はなかった。したがって、この後も『魏志』倭人伝の記述を読み解きながら、ここでは先ず畿内説を前提として再検し可能性のある道程を探ってみたい。

不彌国からの航海に戻る。投馬国に至る水行には、瀬戸内海か日本海沿岸の二通りが考えられる。洞海湾から東に向かい関門海峡を抜けて周防灘に向かう瀬戸内海航路が一つ、もしくは、洞海湾から響灘を北上して日本海沿岸に向かう経路がある。倭人伝には「傳送文書賜遺之物　詣女王　不得差錯（女王への届け物に間違えることは出来ない）」とある。

魏帝の詔書と印綬の仮授を使命とした梯儁等の来倭は、女王卑彌呼にとっても願ってもない慶事であり、水先案内を務める倭の同行者も安全確実に使節団を女王の都邪馬臺国まで案内する重責を負っていた。

水行の予想航路として、一方の瀬戸内海を見てみると、大小の島々からなり、周防灘、伊予灘、安芸灘、燧灘、播磨灘などの海の難所として知られるところを、何箇所も通過しなければならない。中でも関門海峡、来島海峡、鳴門海峡、明石海峡の最大流速は7～10ノット（時速10km以上）、上関海峡（周防灘東部）は幅100mと狭く流速は約2・5ノットで潮流も複雑に発生する難所である。手漕ぎ船などでは航海の安全は保証されない。

他方、日本海航路は洞海湾を抜けると響灘に入る。対馬暖流の約0・5～1・0ノットの緩やかな流れに乗って北上する。対馬暖流は幾つかに分枝している。韓国と対馬の東へ抜ける南西から北東方向の最も速い流れと、比較的流れの緩やかな対馬東水道から本州の陸岸に沿った西から東への流れがある。日本海沿岸の浅い水深の緩やかな流れは島根県沖から流れがやや早くなり、能登半島東方からさらに加速し東北沿岸から津軽海峡を抜ける。

日本海沿岸の行く手には瀬戸内海と比べ大小の島々や暗礁も少なく、停泊可能な格好の入り江もあり、安全で確実な選択肢である。それに対馬暖流の日本海沿岸の緩やかな流れに沿って航行する道程は、たとえ航海日数が増えたとしても危険度は各段に少ない。郡使等一行を間違いなく送り届けるという重用任務の遂行にも合致する。

不彌国より船出して山口県沿岸を北上する。響灘東端の角島周辺は浅礁が散在し対馬暖流の分枝流と響灘の潮流でやや流れも複雑である。海士ケ瀬戸の狭水路は潮流も早く航海中唯一とも言える難所である。そこを通り過ぎれば油谷湾からその先、東の丹後半島の西方まで航行の障害となる難所は見当たらない。梯儁等使節団が乗船した倭舟の進路は日本海沿岸航路であったとみる。

南の投馬国まで水行二十日。船体の構造や大きさなどは確かなことはわからない。両舷十〜二十人の漕ぎ手で、全長10mほどの準構造船に郡使等を載せた本船と水先案内を含めた大小の船十数艘からなる船団が想定される。

投馬国の比定地として、山陰最大の出雲平野は外せない候補地であろう。神庭荒神谷、賀茂岩倉遺跡や西谷墳墓群の四隅突出型墳丘墓などの遺跡や銅剣・銅矛・銅鐸の大量埋納などの独自の弥生文化を有する。また、記紀にも、たびたび登場し国譲りの神話などでも大和との密接な関係が記される。

不彌国（飯塚市）から出雲まで約280km。水行二十日のうちで天候待ちや寄港地での補給などを除き実動六割十二日として、一日あたり23kmの航海は妥当であろう。それにしても、不彌国からは夏至の頃の日の出の方向を考慮しても、せいぜい東にしかならない。南至投馬国の記述とは一致しないのは明らかである。魏志倭人伝とは異なる方位であることについては、郡使等の旅の最終目的地である次の邪馬臺国に到着後に触れる。

【投馬国】

「官曰彌彌　副曰彌彌那利　可五萬余戸」官はミミ、副官をミミナリと云う。五万余戸ばかり。

投馬国の音は、投馬（呉音）ズ（ヅ）メ、（漢音）トウバ、又はトウマである。

果たして、ズ（ヅ）メと郡使が、そのように聞き取ったのであろうか。古代日本語では語頭に濁音は希で、例えば、出る（でる）も接頭語〝い〟をともない〝いずる〟とするのが通例である。

中国宋代に編纂された勅撰類書『太平御覧』にある東夷倭の条には、魏志曰くとして「又、南水行二十日至於投馬国、戸五万、置官曰弥弥副弥弥那利」と記され投馬国を於投馬国としている。この『太平御覧』の倭の条は、西晋の陳寿の撰『魏志』よりの引用としながらも、明らかに曹魏末の先行史籍である魚豢の撰になる『魏略』より引用したものとみられる箇所が認められる混合文である。すでに『魏略』は散逸し現在は唐代の類書『翰苑』に引用された注などに魏略逸文としてわずかに残存するものである。『太平御覧』の倭の条に記す「一支国置官与対馬同地方三百里」、「末盧国人善補魚」、「黠面分身聞其旧語自謂太白之後」などは、『翰苑』にある『魏略』逸文と一致し、特に倭の諸国に官を置くとする表現は、『魏志』には無く『魏略』に共通するもので、先の投馬国の「至於投馬国・・・置官曰弥弥」も『魏略』より抜粋したものと推定される。

『魏志』東夷伝倭人の条にある投馬国の国名は、恐らく、陳寿が先行史籍『魏略』を参考としながらも、『魏略』にある至〝於投馬〟の〝於〟は場所を表す助詞とみなしてそれを省き〝投馬〟と書き改めたために生じたものであろう。〝於〟は呉音の〝ウ〟から、於投馬も〝ウズメ〟であって、本来は倭人が称した国名も語頭が濁音ではない三文字の〝うずめ〟〝うずま〟〝いずめ〟〝いずま〟などであったとみる。元明天皇の御世、和銅六年（西暦７１３年）に諸国郡郷名著好字令の勅命が発せられ、全国の地名を漢字二文字で「よき名をつけよ」との命により、出雲（いずも）の仮名となったと考えられる。

当時の倭人にとって『魏志』東夷伝倭人の条の〝馬（ま）〟は、現在の言葉で〝島（しま）〟の意義であったと考えられる。倭人伝の使役通じる三十国の二番目に對馬国がある。現在の〝対馬（つしま）〟に相違ない。對馬の呉音は〝タイメ〟、漢音で〝タイマ〟である。對は対の旧字（異字体）であるが、今も三十国の中で唯一、同字で古名を留める地名であり、馬を〝しま（島）〟と現在でも発音するのは、古代の倭語〝ま〟が現在の島〝しま〟の意義であったからということに他ならない。

もちろん漢字が伝来したと言われる六世紀以前には馬も島の漢字の文字もなく、ただ現在の島（訓読みで〝しま〟）を意味する〝ま〟の倭語があったに過ぎない。ちなみに、漢字の島は呉音・漢音とも〝トウ〟である。本来、倭語の〝ま〟と〝しま〟は厳密に区別されていたものであったと考えられるが、後に漢字の島に和語の〝しま〟と訓読みし混用されものと考えられる。

出雲平野の北、東西に連なる島根半島は一万年前まで陸地の一部であったが、約六千年前の縄文海進の海水面上昇で陸地と分離し完全に島と化した。その後また寒冷化による海水面の低下と近傍にあった三瓶山の噴火降灰堆積物や斐伊川が押し流す膨大な土砂などにより島の左翼側に形成された三角州と島が繋がる。出雲風土記の時代においてもまだ、出雲市街の西方には神門水海と呼ばれる潟湖があり、宍道湖の西部は神庭荒神谷付近まで入海であった。さらに平野の前進が続き現在の地形になるのは近世である。

二千年前の弥生時代には、すでに斐伊川や神戸川を境にして両側に海抜数メートルの砂洲が広がり半島と繋がってはいたが、大潮や洪水などのときは分離することがあったものと推測される。時として半島が島に変化するのである。東夷伝倭人の条にある投馬国（づま）は現在の出雲に比定され、先に述べたように出馬〝いずるま〟であり、半島の状態変化で島が出現することから名付けたものと解される。国曳きの神話は、そのような陸地の増大の伝承と思われる。

縄文・弥生の古代には固有の文字は無く地名も限られ、有るものは、その地域の地形・地理的特徴などを共通呼称として、それが次第に地名として固定化したものであろう。


「南至邪馬臺国　水行十日　陸行一十日」

十日間の水行の後、上陸して邪馬臺国を目指して南下する。

投馬国から最後の寄港地まで十日の航海である。単位日あたりの水行距離が同じとすれば、十日間の航海距離は約１４０ｋｍになる。

島根沖から対馬海流の流れも若干早くなるので航続距離は少し伸びる可能性はある。最終上陸地点を推定するうえで考慮することは、長期停泊可能な船着き場の有無、邪馬臺国までの陸路では重量物の運搬に支障がある難所や危険個所、陸行での飲料や食物など物資補給や悪天候時の避難場所の有無などであろう。

日本海側から邪馬臺国（奈良）を目指す陸路の候補として、中国地方を東西に長く伸びた中国山地の高い脊梁を避け平野や川沿い・谷合の比較的平坦な道を考えると選択は限られる。次の三つ、①鳥取港の千代川沿いの道、②兵庫県豊岡市の円山川沿いの道③若狭湾の由良川沿いの道である。

出雲からの距離はそれぞれ約１１５ｋｍ、約１７０ｋｍ、約２３０ｋｍ。③は出雲からの航海が倍速にはなり得ないので、到達距離としては①か②である。②は比較的平坦で行く先の道程に弥生時代後期から古墳時代前期の遺跡が連なる。距離１７０ｋｍを６日間の航海として、平均２８ｋｍ／日、毎時３．５ｋｍは妥当であろう。

円山川は兵庫県中部の朝来市円山（標高６４１ｍ）に源を発し豊岡市北部で日本海に注ぐ。全長６８ｋｍ、流域面積は兵庫県第二位である。下流は流れも緩やかで、河口から１７ｋｍの出石町付近まで海水が浸入する。昔は川幅がもっと広く出石町は河口から円山川を遡上する船の格好の船着き場でもあった。郡使梯儁等は出石町で下船したとして、その後陸路を邪馬臺国に向かった経路を追ってみる。その当時立派な道路があったということではむろんないが、その近傍に古道があり、そこを通過したものして現在表記で示すと

豊岡市出石町→（国道３１２号線）→朝来市和田山→（国道４２７号線）→丹波市氷上町→（国道１７５号線）→丹波市春日町→（県道６９号春日栗柄線）→栗柄→（県道９７号篠山三和線）→篠山市→（国道１７６号線）→三田市→宝塚市→伊丹市→大阪府豊中市→（渡古代河内湖）→大阪市淀川区→大阪市北区→（国道２５号線）→大阪府柏原市→（県道１６５号線）→奈良県桜井市　総距離約１８０ｋｍが概略経路である。

陸行三十日で天候待ち、休息、物資の補給などを除き実動十五日として、一日１２ｋｍ程の陸行、一日八時間、内休憩を除けば時速約２ｋｍの平均歩行速度である。平地での一般的な歩行速度は毎時約４

ｋｍだが、郡使等一行の道程は比較的平坦な道であったとは言え、山道や川沿いの足場の悪い箇所や渡川もある。

登山の場合、勾配３０％（傾斜角１６．７度）の坂道では水平歩行に対して四分の一に減速すると言われている。高度が低くても、アップダウンが連続するような悪路では登山と変わらない負荷がかかる。皆徒跣　倭人は皆裸足であるとも記している。

次に賜物の運搬である。卑彌呼への好物の銅鏡百枚の鏡種については、三角縁神獣鏡や画文帯神獣鏡など異論があるが、銅鏡には種々のサイズがあり、直径２２～２３ｃｍの銅鏡で重量は一枚約１ｋｇである。銅鏡の百枚だけでも１００ｋｇ、その他に絹物五十疋、白絹五十疋、毛織物、五尺の刀二振り、真珠・鉛丹各五十斤その他数々の賜物などに加えて、飲食物など必要な物資があり相当な重量の運搬が必要であった。

対馬海峡の渡海時期として最適な五、六月頃通過したとすると、投馬国からの水行の後の邪馬臺国までの陸行は夏場であったであろう。陸路の長期の道程においては、このような諸条件から一日１０ｋｍ程度でも不思議ではない。日本海と畿内を通じる経路として、この円山川河口から宝塚に抜ける沿道には弥生後期から古墳前期にかけ集落や遺跡群が連続して広く分布することが傍証となる。

西日本の気候は夏高温多湿で人が通り踏み固めなければ、山野は一瞬にして草木が繁茂する。沿道に集落や人家があり、その間を常時人の往来があって古代の道も維持されるはずである。邪馬臺と伊都の間は、外来物の伝送、物資の運搬などの最重要伝達ルートであったことは間違いない。出発地（出石町）

から到着地（桜井市）までほぼ最短距離で繋がる。

　古代の大阪平野は現在の地形とは大きく異なり、生駒山麓の西方まで河内湾と呼ばれる入海であった。淀川の運ぶ土砂により上町台地の先端から砂洲が次第に伸び河内湖になり陸地化していったが、内海は弥生時代終末期頃にはまだ大阪湾と通じていた。

　大阪平野北西部辺縁の宝塚から豊中市の南端まで到達した郡使梯儁等一行は、河内湾のそのわずかに開いた入海の出口付近を船で渡り、上町台地の回廊を南下して、生駒山地の南端大和川の流れる構造谷から奈良盆地に入り目的地に向かったものと考えられる。

　出雲（投馬国）から出石町まで水行で東方１７０ｋｍ、上陸後、出石町から桜井市までの陸行は南東約１８０ｋｍである。夏場の日の出の方向を考慮すると、出雲（投馬）→出石町　南東へ水行１７０ｋｍ、出石町→桜井市（邪馬臺国）南へ陸行１８０ｋｍとなる。

　すなわち、南東水行十日、南陸行一月、全体としては南東である。上陸地点より邪馬臺国までの陸行のみが南で合致する。

　次に、不彌国から邪馬臺国までの里程は、その内の飯塚市（不彌）→出雲市（投馬）→出石町までの三十日間の総水行距離が２８０ｋｍ＋１７０ｋｍ＝４５０ｋｍで、魏尺一里約４３０ｍとして換算すると約千五十里となり、又、出石町→桜井市（邪馬臺）までの一月の陸行距離１８０ｋｍは里程換算で約四百二十里である。帯方郡より不彌国までの一万七百里を加えた邪馬臺国までの全行程は累計一万二千百七十里となり、二百里未満は余として、『魏志』東夷伝の記述にある郡より女王国まで萬二千余里に相違ない。

中国古代の距離の測定方法に関連したものには、古くは紀元前四～三世紀の戦国時代の法家の思想書『管子』に速度と距離の記述が、また紀元前一世紀～紀元後二世紀の中国古代の数学書『九章算術』には、長方形、三角形、台形、円の面積を求める方法、田畑の面積の計算、太陽の高さの計算方法や二点間の里程の算数問題などを記したものがある。

春秋戦国時代には土地の計測と課税が実施されるが、一歩六尺を基本単位とし、一畝（百歩×百歩）や一里（三百歩）の測定は基本的には歩測に依ったものであった。『三国志』の時代も、それとまだそれほど変わらなかったであろう。長距離の場合は　平均速度×時間（半日或いは一日）で距離を算出し、それに日数を掛けて全里程をだしたうえで、さらに何回かの実績によって精度を上げていったものと思われる。陸地では、これまで見てきたように概ね合致する。頻繁に利用される所は一般経験測が運用される。

時代は降って、唐の時代の法制を記した『唐六典』に、

「在速度和里程方面　馬行毎天是七十里　歩行和驢行是五十里　車行是三十里　若走水路　貨船逆河（黄河）要上行三十里　逆江（揚子江）上行四十里」とあり、一日当たりの歩行・走行・水行などの平均距離が示される。

『魏志』に記す水行・陸行の日程から里程に換算できたのは、郡使等の記述した旅程の途中での（全て

である必要はない）おおよその一日当たりの進行距離を書き留めたものがあって、その資料を基に割り出したと考えるのが妥当であろう。

梯儁等の目的は、女王卑彌呼に詔書と印綬の拝仮や賜いものを届けるというほかに、始めて訪れる倭国の地理や国情などを調べて報告するという重要な任務を帯びていたことは疑いようもなく、それに資する随行員もともない、女王の都、邪馬臺国までの道程（距離と日程）、戸数（人口）、領土・領海、産物に統治機構などは欠かすことのできない情報として可能な限り書き記したのは間違いない。

ここまで具に辿ってきた限りでは、唯一残された問題は、不彌国から投馬国に至る方角である。それを除けば帯方郡から邪馬臺国までの方角や里程の記述には合理性があり大きな矛盾はない。

唯一の齟齬は、『魏志』倭人伝の南至投馬国の記述が、実際には飯塚市→出雲市とすれば方位が東方になることである。この理由として、①投馬国・邪馬臺国の比定地が間違っている、②撰者陳寿が東を南と誤って記した、③もともと方角の記録はなかったが邪馬臺国の方角の想定から陳寿が追加した、④方角の起点が違っている、などいくつか考えられる。

これもおそらく、倭国連合三十国の位置を解明することができれば、それ自体が判断材料となるだろう。一旦保留にして、その餘の旁国の比定地の探索を先に進め、その後に改めて言及する。

3 其の餘の旁国と海外の国

『三国志』東夷伝倭人の条には、女王の都とする邪馬臺国以北の国々は、その戸数・道里は、おおよそ記載することはできるが、その他の旁国は遠く離れていて詳らかにすることができないとして、斯馬国以下の国名を列記する。

自女王国以北　其戸数道里可得略載　其餘旁国遠絶　不可得詳　次有斯馬国　次有巳百支国　次有伊邪国　次有都支国　次有彌奴国　次有好古都国　次有不呼国　次有姐奴国　次有對蘇国　次有蘇奴国　次有呼邑国　次有華奴蘇奴国　次有鬼国　次有爲吾国　次有鬼奴国　次有邪馬国　次有躬臣国　次有巴利国　次有支惟国　次有烏奴国　次有奴国　此女王境界所盡　其南有狗奴国　男子爲王

しかも、国名の前には、いずれも次有の言葉を付し、次に有り○○国となっていて、いかにも前後の国との繋がりがあるかのように記されている。これは倭人の条のみに限られた表現である。

ちなみに、同じ東夷伝の韓の条の馬韓・辰韓・弁韓の諸国の列記では、前後との繋がりの有無は不明で、しかも、辰韓・弁韓の国々が混在し、その位置関係は解らない。

馬韓五十四国　散在山海間　無城郭　有爰壌国・牟水国・桑外国・小石索国・大石索国（以下省略）
辰韓十二国・弁韓十二国　有巳柢国・不斯国・弁辰彌離彌凍国・弁辰接塗国・勤耆国（以下省略）

倭人の条の国名の列記とは明らかに異なる。三韓の国名の並びが、北や西からの順番なのか地域など順列に意味があるか、それとも単なる羅列なのかを読み取ることはできない。

ところが、倭人の条の邪馬臺国以下の旁国は、〝次有〟の連記によって、それらの旁国が一連の繋りをなしていると読み取れる表現である。〝次〟の漢字の意義は〝つぐ、続く、後続する〟で、〝次々〟には〝連続する、連なっている、一列縦隊〟などの意である。この解釈に従えば、邪馬臺国の次に有る斯馬国以下に列記された其の餘の旁国の国々は、ある方向に連なっている。あるいは、一連のものがいくつか組み合わさっている可能性が高い。この想定を基本にして、以下に其の餘の旁国の在処を探索してみたい。

(1) 斯馬国に連なる国

其の餘の旁国は、陳寿が記した『魏志』倭人の条にある通り、その記述順に従い、以下にその比定地を尋ねる。

【斯馬国】シマ国。現在の三重県志摩市・鳥羽市。

伊勢湾の南、志摩半島のリアス式海岸には、わずかな平野があるばかりで、南部の英虞湾、的矢湾、五ケ所湾の湾奥部に旧石器時代の遺跡があり、その頃から漁労採集を目的に人々が住み着いていた形跡がある。また、英虞湾周辺の登我山遺跡、次郎六郎遺跡では、北陸系の清崎式や関東系の称名寺式、勝坂式、加曾利B式などの外来の土器が出土していて、黒潮に沿う海上ルートでの東西の遠隔地交流はすでに縄文前期からあったことを示す。

志摩半島の沿岸部では弥生時代になっても漁労採取が主で、水稲稲作に伴う遺跡が増加するのは半島北部に偏在し、度会町の上の垣内遺跡、玉木町の中垣内遺跡、小社遺跡、伊勢市の大藪遺跡、野垣内遺跡、中楽山遺跡、隠岡遺跡などで集落の住居跡や方形周溝墓などが検出され人口増加が認められる。

半島東部沿岸部の鳥羽市浦村の白浜遺跡は弥生中後期、古墳前期の各時代の遺跡が検出され、多様な骨角器、釣針・ヤス、離頭銛などの漁具とともにアワビコシといった潜水漁具などが出土し、現在でも海女の人口が日本一である志摩半島の漁労活動の歴史を窺い知る遺跡と言えよう。

志摩半島に位置する律令時代の志摩国は、海産物の宝庫として朝廷に貢納する「御饗国（みけつくに）」と呼ばれていた。平城京跡出土の木簡の中に志摩国和具郷から貢納された墨書が発見される。伊勢湾に浮かぶ答志島の答志町和具には、おばたけ遺跡があり、弥生時代から古墳時代前期の集落跡、律令時代の竪穴式住居や倉庫などの遺溝は漁労と海産物の収穫に関わるものである。

しかしながら、志摩国は狭小な平野部からの収穫は少なく海産物などに左右される脆弱な経済基盤ゆえに、租税の一部を尾張国や三河国が肩代わりしていた。

『魏志』にある斯馬国の比定地が、後にこの志摩国となる地域である。小国の斯馬国が倭国三十国の一国をなしたていたのは、なんと言っても、東海へのとば口としての地理的側面が最も大きな理由であったと考えられる。志摩半島から伊勢湾の入口にある坂手島、菅島、答志島、神島は、さらにその先の伊良子岬から渥美半島へと島伝いに東海から関東に通じ、また、黒潮に沿って行けば駿河湾、相模湾などから毛の国など東方諸国に至る海の道でもある。

邪馬臺国（桜井市）から斯馬国に至る道は、およそ三輪↓初瀬の初瀬街道から伊勢本街道を通り、山粕↓菅野↓御杖↓↓奥津↓多気↓津留↓丹生↓栃原↓上久具↓朝熊↓斯馬国（鳥羽市・志摩市）の道とすると、東方へ約１２０ｋｍで途中嶮しい山道も少なくない。

『魏志』に「倭国はその山に丹あり、真珠・青玉を出す」とある。ルート上に位置する多気町丹生は水銀の鉱石である辰砂の産地でもある。志摩半島の北西にある明和町斎宮地区の古墳から出土した方格規矩鏡は、北部九州の弥生遺跡から数多く出土していて伝世鏡と思われる。

北部九州の伊都国の大部分を成す現在の糸島市は糸島半島にあり、律令下は怡土郡と志摩郡に分かれていたが明治時代の郡制により糸島郡となった。その福岡県の糸島半島の志摩（糸島市）と三重県の志摩（志摩市）では、『魏志』に「好捕魚鰒　水無深浅　皆智没取之」と、素潜りで魚貝を獲る様子が記されているように、いずれも古代より沈潜して魚介を獲る海女の集落があることで著名であり、律令時代の怡土志摩と伊勢志摩とは地名も似通っている。怡土あるいは、伊勢から突き出た半島が志摩であるという地形の共通性である。

すなわち、『魏志』に記された三世紀頃は、まだ陸続きの半島のことを〝しま〟と云い、陸続きでない孤立したものが〝ま〟であったと推定される。〝し〟とは支（枝）、肢（手足）であり、本体から突き出た部分のことである。漢字の伝来で〝島（呉音・漢音ともトウ）〟を訓で〝しま〟としたが、漢字〝島（トウ）〟には〝ま〟と〝しま〟の区別がなかった。

〝半島〟の語源は、ラテン語の〝半〟と〝島〟の合成造語（paeninsula）である。島や半島の成り立ちはプレートの移動、陸地の沈没、海底の隆起によるもの、砂嘴、河川から流れ出た土砂堆積物で島と繋がった陸繋島などがある。また、気候変動による海水面の上下動や地盤沈下などで陸続きになったものや孤島になったものなど様々である。列島には周囲が海洋に面する土地柄として、時代を経て半島が切り離されて島になるものや、またその逆も少なからずあった。

したがって、呼称の区別も次第に曖昧になったものと考えられる。そのような地形変化したものに島根半島や男鹿半島など、いくつも例を挙げることができる。

三世紀の『魏志』に記す半島としての斯馬国（しま）と、離島の對馬国（ま）は、当時の倭人の呼称は明確に違っていた。ちなみに、前出の對馬国は現在の漢字表記で対馬と旧字と新字の違いを除けば文字は不変であるが、漢字の馬は〝マ〟から訓読み〝しま〟となる。先にあげた理由で呼称に変化がある。對馬は呉音で〝タイマ〟で現在の対馬である。

對（対）の漢字は、ならぶ、むかう、一対の意である。対馬は江戸時代以降の開削で三島に分離されたが、それ以前は一島としてわずかに繋がっていたものの上島と下島が、二つの島のように南北に連なって見えたことから、対（タイ）馬（マ）と称していたものと考えられる。鎌倉以降に伝来した唐音の対〝ツイ〟により、タイマ↓ついしま↓〝つしま〟に転訛したものであろう。対馬は『魏志』の漢字表記で唯一変わらぬ地名である。現在の地名の志摩、対馬は斯馬国、對馬国の名残を示すものである。

【已百支国】イヒャクキ国。いおき国、後の尾張国、現在の愛知県一宮市。

古代の濃尾平野は木曽三川（揖斐川・長良川・木曽川）が流れ込む肥沃な穀倉地帯であったが、海抜数メートル以下の低湿地帯は大雨や洪水によって、たびたび河川の流路が変わり甚大な被害が及ぶ氾濫原でもあった。河川が運ぶ大量の土砂が堆積して形成された自然堤防などの微高地を集落とし、後背湿地を利用して水稲稲作を行っていた。近世まで集落や耕地の周囲を堤防で囲った輪中堤が発達し、明治初年には八十以上の大小の輪中が数えられたが、明治以降の護岸工事によって木曽三川の流れもほぼ現在目にするものになる。

縄文海進によって濃尾平野西部の海抜数メートル以下の低地の大部分は海域であったが、その後の海退と木曽川がつくる北東部の犬山扇状地から伸びる大量の堆積物によって徐々に陸地化され、弥生時代の中期ぐらいから低湿地帯の微高地にも人々が定着し始める。まだ海部郡津島あたりは伊勢湾の沿岸部であったため、後期から古墳時代初頭に集落が増加するのは津島以北である。

朝日遺跡は縄文後期に起源を持ち濃尾平野屈指の大集落である。その範囲は清須町から名古屋市西区に跨がる東西約１・４ｋｍ、南北約０・８ｋｍの広さで東海地方最大である。居住域を四重の環濠に周溝墓群が取り巻き、関東、北陸、中国地方の土器や金属器生産の鋳型が検出される。弥生中期から後期前半が最盛期で、弥生後期末になると自然災害などによるものか、急速に衰退する。
朝日遺跡の衰退後も繁栄を続ける拠点集落がある。そこから北東10kmの一宮市の南西部にある萩原遺跡群がそれである。濃尾平野を南流し伊勢湾に注ぐ日光川左岸の標高5mの自然堤防上に立地する。東西約1km、南北約2．5kmの範囲に弥生後期の土器様式の名称となる山中遺跡を始め、固有のS字甕やパレス式土器を検出する南木戸遺跡、苗代遺跡、二タ子遺跡、河田遺跡、八王子遺跡などが分布する。集落、祭儀場、方形周溝墓などの築造が弥生時代から古墳時代の長期に及び、その北方の西上免遺跡は三世紀前半の濃尾平野最古の前方後方形墳丘墓で、濃尾平野、伊勢湾岸、さらには東国にまで展開される前方後方形周溝墓および古墳の祖形である。この萩原遺跡群のある愛知県一宮市が已百支国の比定地である。

呉音で〝イヒャクキ〟国は〝イホウキ〟国のことで、已百支とは五方岐（イホウキ）の意であったとみる。方（ホウ）の二重母音を回避してホウ→オの転訛でイオキとなったと考えられる。已百支国は濃尾平野のほぼ中央にあって、後出の旁国も加えると已百支国の周囲には、北東に彌奴国（美濃）、東に都支国（土岐）、南東に伊邪国（三河）、南西に斯馬国（志摩）、北西に鬼奴国（近江）の五国五方の支（岐）が位置し、その中心にあるのが已百支国である。

支（岐）の各々は倭国連合の加盟国で、交易や情報のネットワークの結節点としての機能と役割を有し、邪馬台国より北の国（對馬国～投馬国）を別にすれば、多重の結節点となる已百支国は主要国の一つであったと考えられる。

『日本書紀』に景行天皇四年二月、美濃に行幸、八坂入彦の皇女を妃とし七男六女を生むと記す。第一を稚足彦（成務天皇）、第二を五百城入彦皇子、第三を忍之別王子、・・・、第八を五百城入姫皇女とある。『古事記』では五百木入日売としている。『延喜式神名帳』に宇夫須那神社（尾張国　葉栗郡鎮座：現住所　愛知県一宮市島村神深田）があり、『尾張風土記逸文』に祭神余曽田本比売命とし五百城入姫、あるいは蘆入姫命の生誕の地とされる。また、一宮市木曽川町里小牧にも宇夫須奈神社が、同じく一宮市大毛五百入塚に大毛神社があり、いずれも五百城入姫ゆかりの地となっている。五百城入姫伝承が色濃いこの地こそ、古代に五百城の地名、すなわち、イオキの国であった証とみる。

『新撰性氏録』左京神別に、伊福部宿祢、尾張連同祖、火明命之後とあり、伊福部（いおきべ）を尾張連の同祖としている。イオキベの苗字の同音異字として、伊福部の他に五百旗頭、五百旗部などもその末裔に関わる者と推測される。また、宇夫須奈神社の御由緒には昔は五百木宮と称したとの伝承がある。伊福部氏は大海人皇子（天武天皇）の壬申の乱の折に出兵し、その功により宿祢の称号を賜った。

イオキに関する伝承や史跡が尾張を中心に濃尾平野一帯にあるのは間違いない。已百支国（後の尾張）は三河、美濃、近江、伊勢、畿内に通じる結節点で、東海の要衝にある。

【伊邪国】イヤ国。後の三河国、現在の愛知県安城市。

安城市は西三河、岡崎平野を南北に流れる矢作川の西岸に位置し、面積の大半を占める標高約３０ｍ～１０ｍの碧海台地（更新世）と東南部の矢作川の堆積で形成された沖積平野からなる。

碧海台地の東縁は特異な形状をしている。何度かの海進と氷河期を経て平坦な碧海台地の東縁にはリアス式の入り組んだ谷間を形成し、矢作川が押し出した堆積物によって、高低差こそ５ｍ前後と小さいながら複雑な段位崖線と谷地形が数キロにわたって連続する。

矢作川の支流である鹿乗川とその碧海台地の間の沖積低地には、弥生から古墳時代の遺跡が南北約５ｋｍにわたり分布する領域があり、そこには古井堤遺跡、彼岸田遺跡、亀塚遺跡などの集落を始め数多くの遺跡が検出される。一連の遺跡が鹿乗川流域遺跡群である。

また、碧海台地の東縁には崖線に沿うように、古墳前期を中心とする二十基ほどの古墳からなる桜井古墳群が立地する。古墳群は前方後円墳と前方後方墳の共存や、いずれも葺石がないことなどの特徴があり、遺跡からは人面文土器、線刻土器、多数の外来土器が検出される。亀塚遺跡の人面文壺型土器に描かれていた顔に入れ墨の文様は、倭人伝に記す黥面分身の習俗を伝えるものである。

西三河を代表する桜井古墳群周辺の環濠集落や拠点集落の多くが碧海台地東縁部や鹿乗川に挟まれた微高地にあり、その特異な地勢は関東地方で称せられる谷戸が連続したものに近い。谷戸（やと）は丘陵地や台地の辺縁部に長い時間をかけて形成された浸食谷で谷地形の上部の台地丘陵と谷底低地の前面を含む。地方によっては谷津（やつ）あるいは谷那（やな）とも称され、北海道や東北地方でも谷地形の湿地や湿原を谷地（やち）とも云う。

碧海台地の辺縁の谷戸や谷津と称される谷間が連続し湧水の湧き出る湿地は稲作の適地であり、弥生中期以降多くの人が移り住み、碧海台地の東縁から鹿乗川右岸に伸びる沖積地は、後期から集落が密集する地域となり、古墳前期にかけてその領域を拡大する。

だが、広大な碧海台地上は水路がなく畑地や小規模な水田はあっても長らく稲作には不向きな地域であった。ようやく幕末から明治維新後の矢作川から取水する開削工事による明治用水の完成により、多角的な農業地帯へと変貌するまでは不毛の大地に近いものであった。

谷という漢字の和訓は、東日本では（や）、関西以西では（たに）が多いと云う。東海の三河あたりは東日本と同称で谷（や）であったのか、安城市の西に接する刈谷も（かりや）である。

伊邪国の（いや）は入り組んだ谷地形が連続する地域の呼称であったものとみる。岐阜県可児市の地名にある矢戸（やと）、谷迫間（やばさま）も同様の谷地形である。伊邪国は水田耕作に適地の谷地形が連続する所に拠点を構えた国であり、邪は谷を意味し、伊（い）は接頭語とみる。

安城市は国道1号線（旧東海道）、ＪＲ東海道線、新幹線が通っているように、岡崎平野から三河山地を抜け東方へ向かう要衝にある。三河は古事記、あるいは出土木簡には三川、参河などの表記があり、律令時代に現在の豊川市白鳥町に三河国府が、また三河一宮も豊川に置かれ、三河の中心は当方に移動するが、少なくとも古墳前期までは、西三河の安城市の桜井古墳群と対を成す鹿乗川流域遺跡群のある地域に拠点集落や首長級の古墳群などの遺跡が集中しており、東海から東国に至る要所の一大拠点として、使譯通じる一国をなしていたものと推定される。

【都支国】呉音でツキ、漢音はトキ国。後の土岐国、現在の岐阜県瑞浪市。

岐阜県は高山盆地、北部山地の飛驒地方と、木曽川、長良川、揖斐川を水系とする南部の美濃地方に大別される。さらに美濃南西部は、木曽三川により形成された氾濫原と三角州よりなる海抜0m地帯もある沖積低地が大半を占めるのに対して、南東部は美濃三河高原が木曽山脈の西に広がり標高が高く、岐阜県南部は東高西低の西に傾斜した地形である。

都支国の比定地は現在の岐阜県東南の東濃地方にある。東濃を構成する多治見、土岐、瑞浪、恵那、中津川の各盆地の中央を、かつては江戸期に整備され木曽路とも称される中山道の古跡が通じていたが、今はJR中央線が東西に通じる。多治見市から土岐市にかけては、中新世後期の陥没盆地に堆積した花崗岩の風化物が運ばれて形成された土岐口陶土層が分布する地域で、良質な陶土を産出し美濃焼の一大産地としても著名である。

土岐の地名は、瑞浪市の土岐町のほかにも、昭和の時代に駄知町などの八町村が合併して発足した土岐市がある。和名抄に美濃土岐郡とあり、西暦667年の土岐評木簡（刀支評）が文字記録としては初現である。『日本書紀』にも天武五年（676年）美濃国礪杵（とき）郡の表記がみえ〝とき〟の古名は、それ以前からあったものと推測される。

律令時代に畿内から東国に至る官道として東山道が通じ駅家も設置される。不破駅から濃尾平野の北縁を東進して木曽川を渡り、可児駅から土岐川沿いに土岐駅、恵那郡の太井駅、坂本駅、難所である恵那山の鞍部の神坂峠を越えるルートが信濃国に至る東山道であったと推定される。江戸期になると嶮しい神坂峠越えを避けて木曽谷を通る中山道が整備される。

瑞浪市の旧中山道の細久手宿から、一つ先の御嵩宿を過ぎ伏見宿までは瑞浪市より北西約１５ｋｍである。その中山道沿いの丘陵には伏見古墳群が立地し、その中の高倉山古墳は三世紀後半の美濃最古級の前方後方墳であり、連続して築造される東寺山1号墳、2号墳も三世紀後半から四世紀前半の、いずれも東海系の前方後方墳で、その地域を治めた豪族の古墳とみられる。瑞浪市の戸狩荒神塚古墳は県下最大の円墳である。

三世紀後半になると濃尾平野でも定形化した古墳が普及し、古墳の築造は丘陵や山稜、山裾を利用して視認性の高い高地が選択されるようになる。山間渓谷を抜け濃尾平野を望める街道沿いには有力者の古墳が分布し、四世紀後半には御嵩宿の近傍に東濃最大の円憤の宝塚古墳が、四世紀末には可児市中恵土に東濃最大の前方後円墳が築造され領域は北方に拡大する。

中世、摂津源氏の源頼光の子の頼国の子孫の光衡が土岐郡に土着し土岐氏を名乗る。戦国時代、頼康の代には美濃の他に尾張・伊勢の守護職も兼ねるほどの隆盛を誇った。

土岐氏が当初拠点とした瑞浪市は街の中心を恵那夕立山に源を発する土岐川が東西に流れ、周囲の山並みで両端が袋状に細くなった盆地にあり、それ自体が自然の要塞である。瑞浪駅の近くの一日市場には美濃国守護土岐光平衡の鎌倉時代の居館跡に八幡神社が鎮座する。その場所は山を背にして三方が大きく蛇行する土岐川の流れが防御堀となっていて、東西南北ともに2km余りの山間の地形を居城としたものと考えられる。

濃尾平野のはずれにありながら東国から畿内に通じる地政学的観点から、土着した土岐氏もその地に居を構えて天下の情勢を窺っていたに違いない。鎌倉幕府滅亡後は足利尊氏を支持し建武の中興の働きによって美濃国守護に任ぜられた土岐頼貞の墓や、鎌倉時代初期の築造とされる土岐氏ゆかりの城跡などが残る。

『魏志』には、都支国のように支（き）の付く国名は他に一大（一支）国、已百支国などがある。一大国の大は支の誤りで一支国が定説で現在の壱岐に比定される。とき国、いき国の〝き〟は本来〝岐〟の意義で、甲類〝き〟と同音の〝支〟が音記されたもので、一支は一岐の意義とみる。一つの分岐点、結節点、すなわち、倭国連合の一国の意義である。一支国が、北方の朝鮮半島に至る對馬国と南方の末盧国・伊都国に通じる岐路の重要な結節点であることから名付けたものと推察する。

都支は東の岐の意と考えられる。東方への分岐、出入り口を指す。東の呉音はツゥ・漢音はトゥで、都の呉音はツ・漢音はトである。ツゥキ（ツキ）から、後にトゥキ（トキ）に変化したものとみる。邪馬臺国時代の東西南北の方位を表す倭語が、どのようなものであったのかは知る由もないが、東の意義である〝ひがし、あずま〟などの訓は、おそらく大和政権が東国に進出する四世紀以降の造語であり、それ以前は漢語の借用であったとみる。

都支国は前記の伊邪国と次の彌奴国との結節点であり、また、東国に至る長くて嶮しい道程の入り口の分岐点にある。現地名の土岐と壱岐は当時の名残であろう。都支国は小国で東縁の一隅にあったが、信濃、関東など東国に至るとば口に位置する要衝であったことから倭国連合に組み入れられたものとみる。

【彌奴国】呉音でミヌ、みの国。美濃国、岐阜県美濃市。

律令下の美濃国は飛騨を除く岐阜県南部のほぼ全域を指す。三野国、御野国の仮名が古いが、八世紀初めの好字令で美濃の仮名も出現する。彌奴国の比定地は岐阜県の中央に位置する現在の美濃市およびその周辺である。

美濃市は中濃にあって、山間丘陵を背にして長良川の土砂が押し出す堆積地の出口に位置する。岐阜県の縄文時代の遺跡は大半を占める北部の山地や丘陵に分布する。高山市羽生川町の西田遺跡、高山市中切上野遺跡、可児市宮之脇遺跡、関市塚原遺跡などが代表的なもので、丘陵を定住や活動範囲とした痕跡の多くは美濃市の北方の山間盆地にあったが、弥生時代の遺跡は水稲栽培の普及に伴い南下し、木曽川、長良川、揖斐川などの本支流が網の目のように走り湿地帯が多い南部の沖積地に広く分布する。

美濃地方の水稲稲作開始は西濃が最も早く、水田跡のある今宿遺跡を始め大垣市周辺は弥生遺跡の集積地である。濃尾平野北西部最大の荒尾南遺跡は大垣市西部に位置し弥生前期の遠賀川式土器を始め、古墳前期までの方形周溝墓百数基と竪穴式建物・掘立柱建物跡などの建物群、土器・土師器、木製品、石器などの夥しい数の遺物が検出される。

水稲稲作は東進して中濃にも及び、弥生後期から古墳前期初頭には濃尾平野の東西南北にそれぞれの領域とする地域勢力が出現する。美濃市の長良川右岸の標高155ｍの観音寺山の山頂には美濃地方最古の全長21ｍの前方後方墳、観音寺山古墳が立地する。中国新王朝時代の方格規矩四神鏡などが出土し弥生終末期から古墳時代初頭の築造で彌奴国の首長墓と推定される。

彌奴（ミヌ）国の彌（ミ）は水で水野〝みの〟であろう。水の訓読は〝みず、みづ、み〟で、地名の頭に水がつく場合に水俣市、群馬県水上市、滋賀県水口町などの地名に〝み、みな〟の用例があり、水俣の地名は平安時代の延喜式にある。

岐阜県郡上市の大日ヶ岳に源を発する長良川の南北の流れに対し、福井県の県境を源とする板取川が美濃市を横断し長良川と合流する。長良川は、静岡県の柿田川、高知県の四万十川とともに三大清流の一つと謳われ、その豊富な清流を利用し古来美濃和紙を産し、正倉院には戸籍用紙として使われた美濃和紙が保存されている。また、下流の岐阜市では古代より続く鵜飼いで著名である。大半が山塊に囲まれ、盆地内の平野を縦横に河川が走る美濃市の地勢は、まさに水野の国と称してもよいであろう。

弥生時代の稲作地としては、濃尾平野の中でほかにもいくつか規模的には勝る地域は存在するが、地理的優位性では他を凌駕する。美濃市を北へ郡上街道を行けば郡上八幡へ、さらに長良川を北上し美濃白鳥を通り越前美濃街道から九頭竜、福井県大野市、福井市の北陸に至る。他方、美濃白鳥から庄川沿いに白川街道を抜ければ小松市、金沢市は目前である。

また、美濃市から飛騨西街道を北に向かえば、下呂市、飛騨高山から宮川に至り、さらに、神通川沿いの越中街道の先には越中・越後に到る。美濃から飛騨、白川に至る道筋には、数千年に及ぶ美濃・飛騨地方の縄文・弥生の遺跡が分布し、高山市の関東・北陸系土器の出土からは高山から信濃へ抜けるアルプスの脊梁越えの交流さえも窺え、東海から日本海側への短絡路の起点でもあったことは間違いない。彌奴国が倭国連合に名を連ねていたのもまた、美濃・飛騨から北陸・信濃に至る東海の要衝であったことに他ならない。

邪馬臺国から、先ずは東に有る斯馬国（志摩）に至る。そこから、次に伊勢湾岸を北上し已百支国（尾張）に至り、南下して、次に伊邪国（三河）、次に都支国（東濃）次に彌奴国（美濃）と濃尾平野を反時計まわりに、それらの国々が連なる。すなわち、この五国が邪馬臺国を起点として、その東方に連なる其の餘の旁国である。

⑵ 好古都国に連なる国

邪馬臺国の西方に目を転じ其の餘の旁国を尋ねれば、そこにはいくつもの国が連なる。

【好古都国】コウコト、または、ハオコト国。現在の大阪府和泉市。

和泉市と泉大津市にまたがる海抜約7ｍの海岸平野に立地する池上曽根遺跡は、弥生中期を最盛期とする列島屈指の環濠集落である。遺跡の規模は南北1・5ｋｍ、東西0・6ｋｍで、環濠内には何度も建て替えられた超大型掘立柱建物跡、金属加工の工房、それに直径2ｍ以上の楠を刳り貫いた井戸や祭祀用の複合施設が検出される。周辺集落と共に弥生都市とも云えるものが機能していたと考えられ、千人規模の人口も推定されている。この遺跡では、竪穴住居や方形周溝墓などの墓域を、標高10ｍ以上の南東部の環濠外に配置していることからすると、首長の館か祭殿を思わせる高床式の超大型建物も倉庫を兼ねた共用施設なのであろう。

池上曽根遺跡のある池上町は東の境界で和泉市伯太町と接する。天平宝寺元年（757年）に、河内国和泉郡から独立して和泉国となる。和泉市は全域が令制下の和泉国和泉郡に相当する。現在の伯太町の伯太の音はハカタで、そこには、江戸享保年間に成立する和泉伯太藩の陣屋跡の石碑が建つ。その後、明治四年の廃藩置県で伯太藩から伯太県となり、明治三十年の町村制で伯太村、池上村、黒鳥村と併せて伯太村となる。伯太町には七世紀の創建とされる伯太（ハカタ）神社が鎮座する。『延喜式』神名帳に「博多神社　和泉国泉郡鎮座」とあるのがそれで、ハカタの音に伯太または博多を仮名とするその地域名は、遅くともその頃にさかのぼるものであろう。

律令下、八世紀ごろの音はハクタであったであろう。伯、博ともに漢音はハクである。伯太町の南東約15kmの柏原市の玉手山丘陵の尾根に鎮座する伯太彦神社、伯太媛神社のいずれも音はハクタである。また、玉手山丘陵の西側を北流する石川は、古くは伯太川あるいは博多川と称され、宝亀元年（770年）称徳天皇の行幸の際の、石川に臨んで催された歌垣に「淵も瀬も清くさやけし博多川　千歳を待ちて　澄める川かも」と詠まれる。

その頃の石川は柏原市の玉手山丘陵北縁で大和川に合流し北方の河内湖に注いでいた。度重なる洪水対策として江戸元禄年間（約三百年前）の付け替え工事で、大和川は現在のように西方に流れを変える。

この大和川と合流する石川の右岸の玉手山丘陵に位置する古墳群は、三世紀後半から前方後円墳十数基が連続的に築造され、前期としては奈良盆地東南部に次ぐ有数の古墳群である。柏原市付近は大和盆地に至る要所であると同時に、また洪水氾濫多発地帯でもあった。その地域を開発あるいは、管轄するものに関わるものであろう。

したがって、邪馬臺国の時代に奈良盆地から大和川の船運を利用して大阪湾にでるには、柏原から北方の氾濫原を抜け河内潟から大阪湾に至るよりも、大和川より石川（伯太川、博多川）に船を乗り継ぎ南下した上で、陸路で西方に向かい和泉、泉大津の海岸を目指すのが確実である。すなわち、纏向遺跡の西方に位置する池上曽根遺跡のある現在の池上、曽根、伯太町などの沿岸部の方向である。そこから明石海峡、および紀淡海峡まで最短距離にある。

紀元前一世紀に最盛期を迎える池上曽根遺跡は紀元前後を境に規模を縮小する。相前後して池上曽根遺跡の南東約4kmの和泉山地から伸びる丘陵に環濠を伴う竪穴住居群の観音寺山遺跡が出現する。標高約65mの観音寺山に築かれた高地性集落である。弥生中期末から後期前葉にかけて瀬戸内海沿岸と大阪湾岸に一斉に高地性集落が現れる時期である。河内平野では弥生中期末に瓜生堂、山鹿などの低地の遺跡が水没し突然放棄される。池上曽根遺跡は海抜約7mで、西方の海岸線も現在とは違ってもっと内陸にあり、地勢的に津波被害などの自然災害に対して脆弱な低地にあった。

弥生中期末から後期初頭の池上曽根遺跡の衰退と観音寺山遺跡などの高地性集落の出現は、恐らく紀元前後の南海トラフ巨大地震に起因するものとみられ、津波や地盤の液状化などの被害を避け、高台の観音寺山や信太山より奥地を緊急避難地として、そこに新たな集落を築き、なかには、そのまま定住するものがあったことを示す。ハクタという地名も東部の信太山丘陵や観音寺山などの泉北台地にも及び、博多川（石川）も、港に向かう経路にちなむ名称であったと考えられる。

池上曽根遺跡と伯太町のある和泉市を中心とした地域が好古都国の比定地である。その国は河内平野の南、およそ東の泉北台地から西の大阪湾に至る海岸平野に位置する。

古墳前期後半に池上曽根遺跡の北東約2km、信太山台地の北縁に出現する和泉黄金塚古墳は、景初三年（239年）銘の画文帯四神四獣鏡を含む銅鏡や鉄剣を副葬し、好古都国の何代か後の首長墓が想定され、卑彌呼の時代の記年銘のある銅鏡は百年程の伝世鏡とみられる。

そこは奈良盆地の邪馬臺国から最短距離で西方の瀬戸内海へ通じる要衝にある。

好古都国とは、おそらく、船着き場や船の泊まる場所を意味する、港方（コウカタ）、又は、泊方（ハクカタ）の音節の短縮により、後に、伯太、博多（ハクタ、ハカタ）になったとみる。

【不呼国】フコ国。後の阿波国、現在の徳島県徳島市。

山地が八割を占める徳島県の、讃岐山脈山麓の境界付近を東流し紀伊水道に注ぐ吉野川に沿って、東西に走る中央構造線断層帯の南側は沈降し地質が異なる。外帯の四国山地には、断層運動でできた割れ目に地下深くから種々の鉱液が上昇して、その結晶が付着した裂か充填鉱床で、磁鉄鉱・黄鉄鉱・マンガンなどの鉱脈や辰砂などの水銀鉱床も多く、阿南町水井町の若杉山遺跡では、弥生後期から古墳時代初期の辰砂の採掘現場が検出される。

また、若杉山遺跡の北東５ｋｍの那賀川の中流域にある加茂宮野ノ前遺跡では、竪穴住居跡から水銀の精製工房跡を示す辰砂の原石や粉砕用の石器が検出され、弥生中期末から後期初頭の竪穴住居二十軒のうち半数で、鍛冶炉と鉄器加工の遺物が発見される。

鉄器の生産は、北部九州以外では、丹後の奈具岡遺跡の玉製品製作用の錐・針などごく一部を除いて、島根・鳥取などの早いところでも弥生後期中葉からである。なぜ、北部九州から瀬戸内海を挟んで対蹠的位置にある四国東部で、中期末の早い段階に鉄器の鍛冶工房を展開できたのであろうか。それは縄文後期以来、近傍に辰砂の産地があり水銀朱の精製が盛んであった地域と重なることから、謎を解く鍵もそこにあるものと考えられる。

北部九州ではベンガラや水銀朱を用いた甕棺内外の施朱が弥生中期に盛行し、吉野ヶ里の朱塗りの甕棺や伊都の三雲南小路王墓の甕棺には朱入りの壺が検出される。貴重な朱の需要が増え列島最大の朱の生産地であったこの地域にそれを求めたものと考えられる。弥生中期末に、鍛冶に精通した人々の流入があり、防湿施設のある鍛冶炉の技術移転と鉄器素材の供給もその時にさかのぼるものであろう。そうでなければ、この地が鉄関連資源で優遇され先行する理由は見当たらない。

吉野川支流の鮎喰(あくい)川は、海域が内陸まで及んでいた縄文時代には、直接紀伊水道に注いでいたものと推定され、その下流一帯は縄文晩期終末から弥生終末期の遺跡が稠密に分布する地域である。鮎喰川左岸の徳島市国府町の矢野遺跡は、県下最大の弥生の集落遺跡で、縄文後期から中世に至る複合遺跡である。縄文後期の朱の精製土器・石器、土製仮面、弥生時代の遺構からは鉄器加工の鍛冶炉や鉄器・鉄器関連遺物、高さ98cmの突線紐式の最新の大型銅鐸が出土する。律令時代に矢野遺跡の北に阿波国府、国分尼寺、南に国分寺が置かれ、縄文末期から一貫してこの地域の中心となる。

また、鮎喰川流域には、鮎喰、庄・蔵本、南庄、黒谷川遺跡など、朱の精製跡に加えて鍛冶遺構・鉄器関連遺物が検出される遺跡が数多く分布する。当時はまだ国内に製鉄技術はなく、『魏志』東夷伝韓の条に「この国（弁辰）は鉄を産出し、韓・濊・倭皆従いて之を取る」とあるように、北部九州経由で鉄素材の供給を受けていたものとみられる。

庄・蔵本遺跡では鉄器加工に用いた弥生時代終末期の鞴（ふいご）の送風管の羽口が検出される。

がみえる。

鞴は金属の精錬・加工に用いる火をおこすための送風管のことで、足で踏む大型のものを踏鞴（たたら）と云い、鉄器の加工には千度以上の高温を安定して保持するのに必要不可欠である。鞴の呉音はバイ・ビ・ブで、訓読みでのフイゴは和語である。気密袋の素材として鹿などの動物の皮などを用いたことから、吹皮（ふきがわ）が転じて吹皮（ふいご）、吹子になったと言われ、正倉院文書に「吹皮工」の文字がみえる。

鉄器工房群のある鮎喰川流域は、北部九州に次ぐ鉄器加工の先進地であったとみられ、その代名詞としての吹子に由来する国名で呼ばれていたのが、『魏志』に記す不呼（フコ）国であろう。

矢野遺跡から西方２０ｋｍ、高越鉱山のあった吉野川市山川町に、明治時代の鉱山跡から自然に湧き出る鉱泉水を利用した、ふいご温泉がある。そこには、鉱山跡の川筋に架かる鞴橋の名もある。また、矢野遺跡から南方２０ｋｍの徳島県上勝町にあるフイゴ滝は、岸壁に囲まれた筒のような吹子を連想させる滝壺で四国を代表する奇爆と呼ばれる。もちろん、これらは〝ふいご国〟の由来とは直接関係はない。地名や温泉宿にも、特有の地形や名産などに因む命名が常套的に行われたことは今も昔も変わりはない身近な例である。

吉野川中流域は忌部氏の開拓で粟や麻の栽培が盛んになり、粟国は、徳島県の北域が粟の産地であったことに由来するものらしく、和銅年間の好字令で漢字二文字の阿波となる。遅くとも六世紀には国内でも製鉄が開始されて鉄器の製造も珍しきものでもなくなり、それにかわって粟がこの地の特産として知られるようになったのであろう。

好古都国から不呼国に至るには、現在の泉大津から海上に出て大阪湾岸沿いに南下し、和歌山の住吉崎あたりから淡路島の由良に向かい、淡路島の南岸沿いに友ヶ島水道、紀伊水道を経て鳴門市・徳島市へのルートが推定される。鳴門市の沿岸から阿讃山地の裾野を西に向かう傍らの、鳴門市大麻町に位置する萩原2号墳は、三世紀前葉の墳墓で径20m、南側に5mほどの突出部をもつ国内最古の積石墓で前方後円墳の祖型の一つとして、邪馬臺国との結びつきを窺わせるものである。鳴門市のこの遺跡のある大麻町一帯は、畿内と阿波、讃岐を結ぶ経路の出入り口にあり、交易や交通の結節点としての役割を担っていたものと考えられる。

【姐奴国】シャヌ国。後の讃岐国、現在の香川県高松市・さぬき市。

瀬戸内海の南北に対向する香川県と岡山県の東西約90kmは、海域が狭く水深は30m以下の浅瀬が多く備讃瀬戸と称される。

香川県は大宝律令の制定時は讃岐国で、万葉集にも讃岐の名はあり、七世紀の大化の改新後に国衙が設置される以前から〝さぬき〟の名称であった可能性が高い。他に、佐貫、狭貫、讃芸、讃吉、讃伎などの仮名も用いられるが、万葉集や日本書紀などとともに讃岐の字名が一般的である。備讃瀬戸の多島海を航海する古代の海人にとっては、和語〝さぬき〟の仮名として狭貫がもっとも適しているであろう。

『魏志』には、奴国をはじめ国名に奴の漢字が付くものに、彌奴国、姐奴国、蘇奴国、華奴蘇奴国、鬼奴国、烏奴国、狗奴国があり多用される。姐奴国の、姐は呉音で〝シャ〟で古代和語にはない拗音を含み、姐奴の奴も一般的な和語の語尾とは異なるものと推定される。

姐奴国の比定地は後の讃岐国、現在の高松市及びその周辺と見る。讃岐（さぬき）の呼称は古く律令時代以前からあり、姐奴国は呉音でシャヌであるが、本来は姐奴支（シャヌキ、叉はサヌキ）国であって、帯方郡の郡使による邪馬臺国での聴取洩れか誤写による可能性などが想定される。もちろん恣意的な改竄は許されないが、倭人伝にある一大（イチダイ）国は一支（イキ）国のことであり、また女王卑彌呼の後継者である壹與（イヨ、イチヨ）は、臺與（トヨ）が正しいことが後続の引用書等の検証によって認められており、現存する陳寿の倭人伝に一字も誤りがないとは云えないことも事実である。

弥生後期の瀬戸内東部の一般的な墓制は円形や方形周溝墓であるが、讃岐では弥生後期末に、さぬき市の雨滝山丘陵に立地する奥古墳群などの竪穴式石槨を有する墳墓が出現し、弥生終末期から古墳前期前葉には前方部が長い杓文字形の讃岐型と称される前方後円墳の築造が続く地域に変貌する。

また、弥生終末期には鳴門市の萩原古墳群や香川県綾歌町の石塚山2号慣などの石囲木槨や石積石槨構造の墓壙も出現する。それらの墳墓または古墳は慣長が20mから40m前後の小型のものだが、方格規矩鏡や神獣鏡などの後漢鏡を副葬するものが少なくなく、瀬戸内以東では畿内を除けば最も早い段階で広範囲に銅鏡を墳墓に副葬する地域である。

さらに、香川県と徳島県には古墳前期を中心とする大小の積石塚が分布する。積石塚は石塊や板石を盛り墳丘としたもので、讃岐山脈の南縁、鳴門市大麻町の萩原古墳群の萩原2号墳は最古の積石塚墳丘墓である。讃岐平野の東部、さぬき市の津田湾岸部の鵜の部山古墳、川東古墳や、西の坂出市の金山、善通寺市の大麻山の丘陵付近の広い範囲に分布し、確認されているものだけでも五十基を超える。

備讃瀬戸を一望し得る高松市の石清尾山塊は、峰山、稲荷山、室山、浄願寺山よりなり、円丘の前後に二つの方形の突出部をもつ三基の双方中円墳や出現期の前方後円墳など百数十基が稠密に分布する。中でも峰山の南東尾根にある鶴尾神社4号墳は、最古級の積石塚で讃岐型の前方後円墳である。伝世鏡とみられる舶載の獣帯方格規矩鏡の破片などを出土し、三世紀中ごろの古墳時代前期前葉の築造とみられる。

木槨墓は、黄河中下流域の殷周以前にさかのぼる墓制で、春秋戦国時代には塊石と木炭や粘土で囲う積石墓など種々の木槨墓が造られる。前漢後期には周辺諸国にも広がり、植民地であった朝鮮半島の楽浪漢墓でも下級官吏の墓壙として普及する。

積石塚も、中国の約五千年前の紅山文化の牛河梁遺跡で初例がみられるように中国東北部で始まり、紀元前一世紀頃には朝鮮半島北部の高句麗にも現れ、紀元二、三世紀頃には楽浪郡の近郊や帯方郡の南の漢江辺りまで分布域は南下する。

讃岐及び隣接する鳴門市では、弥生後期末から終末期にかけて一つの画期がある。すなわち、木槨墓や竪穴式石槨が、やや遅れて積石塚が備讃瀬戸沿岸地域の丘陵や山頂、尾根筋に築造され、古墳前期前半まで讃岐型の前方後円墳の分布域は拡大する。これらの木槨墓や積石塚の出現は朝鮮半島の楽浪郡との通交を暗示しており、小型の前方後円墳からは、楽浪郡でも同笵鏡が検出された画文帯神獣鏡や斜縁神獣鏡など楽浪系の漢鏡7期の銅鏡の副葬がみられる。

その開始時期は、大和に纏向遺跡が出現する三世紀初頭前後であり、讃岐の海民が卓越した航海技術をもって、楽浪郡、帯方郡との通交や交易の舟運を担ったことによるものとみなせる。また、さぬき市の森広遺跡で発見された巴型銅器は奴国で出土した鋳型で作られたものと判明し、それは瀬戸内の海路による奴国との交易で取得したものであろう。

おそらく、姐奴国は前述の通り本来は姐奴支国であって、支（キ）が欠落したものであろう。讃岐は訓で今でもサヌキと称しているが、呉音・漢音ともにサンキである。すなわち、本来は三岐（三つ叉）の意であったと考えられる。姐奴国（香川）は、四国の北東にあって南東に前出の不呼国（徳島）、そして南には次に有る對蘇国（高知）、西方には後の伊予国（愛媛）があって三叉路の結節点に位置する。今も、高松市—徳島間をJR高徳線が、高松—多度津—高知間をJR土讃線が、高松—松山間をJR予讃線が通じ、讃岐の高松付近を起点として三方に通じることは古代より変わりはなく、律令下の五畿七道の南海道にあたる。

讃岐、三岐（さんき）の（ん〝ŋ〟）は古代日本語の発音にはない鼻音で、因（いん→いな）幡、信（しん→しな）濃などと同様に、後に母音を伴い和語の讃岐〝さぬき〟と開音節に転訛したものとみる。

【對蘇国】タイス国。後の土佐国。現在の高知県南国市及び土佐山田町。

高知県は四国山地が大半を占め、山地率が約九割、森林率も84％と全国一である。太平洋に開いた海岸線は弓なりに湾曲し、県央の沿岸部に限られる平野は、鷲づかみするように広げた親指と人差し指の股間に相似する。

四万十川の自然堤防上にある縄文晩期にさかのぼる入田遺跡では、弥生時代草期の夜臼式系統の土器が出土し、北部九州方面からの人々の移住をともない前期の早い時期に稲作が伝播したことを示す遺構である。

弥生前期には水稲稲作の適地を求めて、土佐湾に注ぐ仁淀川や物部川などへの展開がみられ、河川の自然堤防上など下流の沖積地に集住を示す遺跡が出現する。高知平野の東部を南流する物部川の自然堤防上の標高5～7m程の微高地に立地する田村遺跡群は、四国でも屈指の弥生時代の大規模集落である。

その遺跡群は、土佐湾の海岸線から内陸2・5kmから物部川流域に沿って北方に広がり、縄文後期から弥生後期の遺構が確認される。約四百五十棟の竪穴住居や二百棟以上の掘立小屋が検出され、他にも洪水で埋没した遺構や何度も建て替えられた建物址などの痕跡が認められる。

弥生中期後葉から田村遺跡群を中核として物部川の対岸や北部の長岡台地などにも集落の分布域は拡散し拡大する。しかしながら、田村遺跡群の西方に隣接する高知市の現在標高2m以下の地域は、入り海であったためか弥生遺跡の分布が全くみられない。それは西の高知城から東の高天ケ原山に至る東西約8km、南の浦戸湾の入り江から北のJR土佐一宮駅に至る南北約5kmにもおよび、高知市のほとんどが海中にあり、仁淀川、鏡川、国分川は下流に沖積低地を形成することなく、直接海に注いでいたものと推測される。したがって、四万十川を含め高知県の河川の中で、当時、土と砂礫で平野を形成していたのは唯一、物部川流域だけであったと考えられる。すなわち、堆砂あるいは、土砂、そこが、對蘇国、土佐国とみる。

田村遺跡群の最盛期は弥生中期後葉で、中期末には、平野や沿岸部を眺望できる標高の高い北方の山麓や高台に奥谷南遺跡（標高約55m）、本村遺跡や笹ヶ峰遺跡などの高地性集落が出現する。間もなく田村遺跡は後期中葉には衰退が鮮明になり突然終焉を迎え、物部川下流両岸の集落とともに、ほぼ消滅に近い状態にまで縮小し、多くは香長平野の北方の山稜辺縁に築かれ海岸より離れた長岡台地や河岸段丘上などの平野の奥に展開してゆく。この急変は洪水や地震などの甚大な自然災害の発生を暗示しており、弥生時代後期の高知平野全体の事象でもある。

『日本書紀』に天武十三年（西暦684年）に発生した白鳳の南海地震の記述に「山は崩れ、川が氾濫。土佐国の五十余万の田が水没して海になった」とある。南海トラフに起因すると推定される白鳳地震には予兆とも思われるような記録がいくつも記されており、その時期のプレートの活発な活動を示すように地震が頻発する。この白鳳地震の前には筑紫大地震が発生していて、この時期の地震は広域に及び土佐国でも津波による被害が甚大であった様子が窺える。

有史に残る南海トラフの巨大地震としては、宝永四年（1707年10月）の宝永地震が最大といわれている。しかし、有史以前にも高知大学の沿岸部の湖沼の堆積物の調査から、二千年前の弥生中期末から後期初頭頃に宝永地震を上回る巨大地震の発生が推測される痕跡が確認され、マグニチュード9クラスの過去三千年間で最大の巨大地震であった可能性が高いことが明らかにされた。史上九回の南海地震は平均百年から百五十年のサイクルで発生している。高知平野の弥生時代中期末から後期前半における高地性集落の出現や田村遺跡の突然のように衰退する様子は、この時期に巨大津波や洪水などの自然災害によって山稜付近の高台に避難せざるをえない状況が発生したことを示唆する。

稲作に適した高知平野南部の微高地や後背湿地周辺を放棄して、海岸線から7，8ｋｍも奥まった丘陵や山間の谷地形で、必ずしも大規模な水田の耕作の適地とは云えない平野の辺縁部まで後退して集落が築かれており、そのまま古墳時代を迎えたものとみられる。倭人伝にある對蘇国の時代は内陸の山裾に拠点を移していたものと推定される。ヒビノキ遺跡、林田遺跡、東崎遺跡、五軒屋敷遺跡などが最盛期にあった。この南国市の北の長岡台地には、律令時代に土佐国の国府、国分寺、国分尼寺が置かれ、この国の中枢となる。弥生前期から律令時代に至るまで、南四国の中心であった物部川流域の南国市・土佐山田町が、對蘇国の比定地である。

高知県で特徴的なことは、古墳前期まで確認された古墳はなく空白地帯と云っても過言ではない。検出された前方後円墳としては、西部（宿毛市平田）に四世紀末から五世紀前半に築造された平田曽我山古墳のみである。弥生時代の典型的な方形周溝墓が古墳時代前葉にようやく出現し、中期の香長平野で唯一の狭間古墳を始め、県内の中後期の古墳のほとんどが小規模な円憤である。失われた遺跡の中には、近世までに発生した巨大津波や洪水で消失した遺構も少なからずあったに相違ない。

高知平野は北部九州の銅剣、銅矛文化圏と近畿の銅鐸文化圏とが交差する領域にあり、青銅器の出土も多く青銅器祭祀が盛んな地域である。倭人伝にある三世紀の對蘇国は大国ではないものの、弥生時代を通して土器の移動が示すように、九州、瀬戸内海の国々との交流は盛んであり、また九州東南部や南西諸島に通じる外洋航路の中継地としても倭国連合にとっては欠かせない国であったものと考えられる。

次なる旁国は、さらに土佐の西方として、豊後水道を渡り九州東北部に、これを探し求める。

【蘇奴国】 スヌ国。豊前国宇佐郡、現在の大分県宇佐市

古代より九州東部のとば口でもあった宇佐は、大分県の北部、周防灘に北面し国東半島の付け根に位置する。

その半島の中心に聳える両子山の南西、鶴見岳の先には、由布岳、久住山、阿蘇の火山が連なる。有史以前の阿蘇、桜島、開聞岳などの火山噴出物が偏西風によって降り積もり、できた磁鉄鉱、チタン鉄鉱や山陰系火山岩類の風化物が浸食を受け両子山の開析谷から沿岸部に流出した砂鉄が、宇佐平野から国東半島東周辺の沿岸部に濃密に分布する。浜砂鉄の宝庫で九州の著名な砂鉄鉱床として知られ、昭和の戦中戦後に鉄鉱石の供給不足を補うために国内の砂鉄の需要が急増すると、国東半島や宇佐・中津の海浜砂鉄が盛んに採掘された。

駅館（やっかん）川は、由布岳近傍の山岳に源を発する津坊川と恵良川が宇佐市院内町で合流し宇佐平野の中央を北流して周防灘に注ぐ。下流では宇佐丘陵西縁に沿って流れ、左岸の標高１０ｍ以下の低位段丘や沖積低地は、氾濫原で弥生時代後期まで遺跡の希薄な地で北方の周防灘に至る約５ｋｍの間はほとんど未開の地同然であった。これに対し、比高差のある右岸の標高約２０ｍ～４５ｍの台地には大規模な環濠集落が前期末に出現し、中でも東上田遺跡は最大で、駅館川と谷や人工的な大溝で区切られた東西約２５０ｍ、南北約５００ｍの環濠内に竪穴住居跡や貯蔵穴などの遺構が検出される。近傍には、土壙、甕棺、石棺墓など二百七十基余りからなる弥生前期末に始まる野口遺跡、中期後半以降の樋尻道遺跡が、東上田遺跡に隣接して集団墓地を形成する。

また、そこより上流の標高５０ｍほどの四日市台地には、中期以降の住居跡や土壙墓・甕棺墓などの遺構が検出された台ノ原遺跡があり、さらに駅館川中流域の標高約１００ｍに開けた安心院盆地でも、複数の中広型銅矛や銅戈などの武器型青銅器や後漢の鏡片が出土する谷迫遺跡、切寄遺跡、宮ノ原遺跡が分布することから、この流域は奴国や伊都国を中核とする北部九州の墓制や青銅器文化圏にあったものと考えられる。

ところが、後期になると一変し、宇佐台地の中期の東上田遺跡に代わるような拠点集落の生成はなく、駅館川左岸の沖積低地の開拓も低調で、これとは対照的に内陸部の日田盆地や大野川上流の竹田盆地などでは後期から古墳時代初頭の在地勢力の存在が窺える遺跡の分布は拡大する。この周防灘沿岸部の停滞に影響を及ぼすものとして考えられるのは、水害や大地震、津波などの長期的で甚大な自然災害などが想定されるのだが、実態はわからない。

玖珠川と三隅川が合流する内陸部の日田盆地の吹上遺跡では、弥生中期末から古墳時代初頭を中心とする竪穴住居跡や大型の甕棺墓群が分布し、甕棺からゴホウラ貝輪や中細銅戈、鉄剣が検出され、須玖式土器や立岩製とみられる磨製石包丁が出土し、甕棺墓や箱式石棺などからも北部九州系の青銅器、土器や墓制の影響が窺える。盆地内の北側にある草場第二遺跡では、甕棺墓や箱式石棺など二十基余りと土壙墓など合わせて二百数十基の埋葬遺構が検出され、北部九州の墓制が弥生終末まで認められる。草場遺跡の近傍の独立丘陵に立地する小迫辻原遺跡は、弥生後期末から古墳時代初頭の環濠集落と三基の方形環濠内は豪族の居館跡とみられ、古墳時代始めのものとしては初現である。日田盆地内には古墳前期の畿内型の前方後円墳はなく、この地域を治める在地勢力によるもと考えられる。

また、県南部の大野川上流の高原性の火山灰質土壌の菅生台地や荻台地でも、弥生後期以降の遺跡が急増する。石井入り口遺跡は、弥生終末から古墳時代前半の竹田盆地最大の集落遺跡であり、二百棟以上が推定される竪穴住居に、手斧・手鎌・ヤリガンナ・刀子・鏃などの豊富な鉄器類や、熊本県で発達した土器類などが検出される。また、菅生台地北側の拠点集落の内河野遺跡でも在地系土器に混じって検出されたものは、西方の熊本県との交流を示す肥後系の瓶型土器である。

低調であった宇佐平野に新たな地域開発の展開が窺えるのは弥生終末期以降である。駅館川右岸の段丘上に斜縁六獣鏡を副葬する古稲荷古墳（方墳）が三世紀始めに築造され、古墳時代前期から中期の六基の前方後円墳とともに数多くの円墳や方形周溝墓よりなる川辺・高森古墳群が出現する。

なかでも、赤塚古墳は九州で最古級の前方後円墳で、副葬されていた三角縁神獣鏡は、京都の椿井大塚山古墳や福岡県京都郡の石塚山古墳と同笵鏡である。それに続く免ケ平古墳などの五基の前方後円墳は代々の首長級の墳墓とみられ、三世紀末から五世紀にかけて築造が続く前方後円墳や方形周溝墓群は、畿内および瀬戸内海東部との密接な交流と大和政権と結びついた新興勢力の台頭を示すものであろう。

周防灘に注ぐ駅館川、寄藻川の流域にある宇佐台地を中核とする平野一帯が蘇奴国の比定地である。駅館川の呼称は宇佐の駅宿があったことにちなむもので、鎌倉時代以前は宇佐川と称し、『古事記』、『書記』にも宇沙川、菟狭川と記す。

この地域は、明治以降の町村再編や市制後の市町村合併などで変遷がある。町村再編前の宇佐郡の範囲で、宇佐と名のつくところは肥前島原藩の所領の一村である北宇佐村と宇佐神宮領であった南宇佐村の二村のみである。現在の宇佐市大字北宇佐と大字南宇佐が対応するものとみられ、〝うさ〟の発祥の地と考えられる。その大部分は駅館川と寄藻川に挟まれた小高い台地と丘陵上にあり、その範囲は弥生中期の環濠集落や古墳時代前期の赤塚古墳などの遺跡が集中する西部の東上田・川部・高森を含めても約4km四方に過ぎない。

駅館川を挟み東岸の宇佐台地と西岸の低位段丘および沖積低地とは約15m～35mの比高差があり、宇佐台地西縁は駅館川の側方浸食により庇状の河岸崖部が形成される。宇（軒）、佐（狭）〝うさ〟とは駅館川の東岸の地形、すなわち駅館川西岸から見た宇佐台地を指すものと思われる。宇佐・菟狭は駅館川流域の限られた地域を指し、それは宇佐平野の開拓が盛んになる四世紀以降の名称であろう。すなわち蘇奴国の中心とも言える所が〝うさ〟である。

蘇奴は、鉄の素（そ）材＝良質の蘇（そ）の産地に由来するものであろう。駅館川の河口付近の砂浜は今でも高品位の砂鉄が確認される所で、そこは古代より九州北部を東西に通じる東の要衝でもあった。

【呼邑国】コユウ国。日向国児湯郡。現在の宮崎県西都市および児湯郡。

九州山地の東に開けた宮崎平野は、海底の隆起と後期更新世以降の海進と海退による海成段丘が発達し、平野の三分の二を占める台地は、西方の山岳に源を発し日向灘に注ぐ小丸川、一ツ瀬川、大淀川などの本支川により樹枝状に開析され、下流域に沖積低地、沿岸部に海岸砂丘を形成する。

縄文晩期終末の夜臼式土器や弥生前期の水田跡が宮崎県南部の都城市、えびの市で検出されたのを始め、大淀川左岸の河口付近の標高約5mの砂丘上で発見された檍（あおき）遺跡では、混在する甕棺と積石墓から刻目突帯文土器と板付Ⅱ式土器が、また、一ツ瀬川左岸の日向灘前面の砂丘列でも板付Ⅱ式並行期の壺が出土し、弥生文化は前期中頃には宮崎県南部まで確かに到来したことを示す。

弥生中期には、環濠集落の中低位段丘への展開がみられ、大淀川左岸の標高約30mに立地する下郷遺跡、児湯郡新富町の一ッ瀬川左岸の標高約58mの鐙遺跡、児湯郡高鍋町の小丸川左岸の標高約40mの持田中尾遺跡などで、北部九州との交流が支配的である土器や石包丁などが検出される。

ところが、弥生中期後半になると、日向灘一帯に伊予や吉備・讃岐などの瀬戸内系の土器、石包丁や畿内系の線刻絵画土器などが流入しはじめ、それも後期初頭にピークに達した後には、豊後水道に沿った九州東部に畿内を源流とする櫛描文土器が出現し、櫛描波状文や畿内V式などの畿内系土器の検出が後期後半から古墳時代初頭に顕著になる。また、それらの地方との交流を示す遺構や土器などの遺物の増加のみならず、それまで弥生遺跡が希薄であった地域に瀬戸内東部・畿内系墓制である円形・方形周溝墓が弥生後期末に出現するのは、それ以前とは異なる紐帯を示すものであろう。すなわち、瀬戸内東部・畿内からの定住を伴う交流が本格化した結果と推測される。

例えば、一ッ瀬川右岸の西都原台地北西部の新立遺跡では二十軒余りの竪穴住居から櫛描波状文や二重口縁土器などの弥生終末期から古墳時代初頭の土器が出土し、中間台地の環溝や台地東縁の弥生終末期の284号憤からも庄内並行期の装飾壺などが検出される。そして、一ッ瀬川の両岸一帯は広く弥生終末期以降の遺跡が急増する地域となる。弥生終末期から古墳時代初頭の川床遺跡では四十四基の円形・方形周溝墓と土壙墓など百九十五基には、素環頭大刀や鉄剣に鉄鏃などを副葬するものがある。古墳前期になると川床遺跡から南北に広がるように前方後円墳や円墳・方墳など二百基余りが検出された新田原古墳群が出現する。

また、一ツ瀬川対岸の西都原台地の西都原古墳群は、東西2・6km、南北4・2kmの台地に前方後円墳三十一基、円墳二百七十九基、方墳一基、地下式横穴墓など三百十一基からなり、なかでも、五世紀前半築造の墳長175mの男狭穂塚と墳長180mの女狭穂塚は九州最大規模の前方後円墳である。三世紀末に始まる台地上の墳墓は十数支群に上り、五世紀前半を最盛期として前方後円墳は増え続け日向最大の古墳稠密地を形成する。

弥生後期前半まで過疎の地であった宮崎平野の小丸川、一ツ瀬川などの流域の西都原や新田原に代表される台地周辺は開析谷が発達した地形から水稲稲作の新たな開拓地として選択され、また、弥生後期の寒冷湿潤な気候にあって、この地方の温暖な気候も移住を促進する要因であったものと考えられる。

西都原古墳群のある西都原台地から一ツ瀬川流域に広がる台地と沖積平野が呼邑国の比定地である。西都原の中心は、河口から約15kmの上流になる。その当時の河口付近は大きな入り江で汽水域は今よりも上流にあり、砂丘の多い宮崎平野の海岸線にあって、一ツ瀬川の水運は内陸まで運行可能な良津として、瀬戸内海以東から南西諸島に至る九州東南部の交易ルートの要所にあったものとみられる。

現在の宮崎県道24号線は、児湯郡高鍋町から宮崎市高岡町までの約36kmの県道である。その沿線には、北から児湯郡高鍋町にある持田古墳群、児湯郡新富町大字新田の川床土壙墳墓群、西都原台地の西都原古墳群、亀塚台地の下三財古墳群、東諸県郡国富町の本庄古墳群など宮崎の名だたる古墳群が立地しており、その先の宮崎県小林市から球磨川を経て八代海に至る経路や都城から大隅半島に至る道筋に通じていることからも、呼邑国は九州東南部交易ルートの主要結節点であったと考えられる。

呼邑国の呼（コ）は和語の〝子（こ）〟であって、邑（オウ）は〝むら〟、〝さと〟、〝くに〟などの意義から、子邑（こゆう）とは入植先の地を意味し、主として畿内や東部瀬戸内周辺からの流入が推測される。その開始は二世紀後葉の『魏志』に倭国乱と記され、奈良盆地の列島有数の唐子・鍵遺跡の環濠が埋没する頃で、後期末から終末期は土器や人々の移動が盛んな時期である。この地域での畿内・東部瀬戸内系の方形や円形の周溝墓の急増と古墳前期から中期の前方後円墳の夥しい集積が、その地方からの流入の証左であろう。畿内大和の墓制が、これほど濃密に分布する理由は他に考えられない。

児湯は呼邑の名残とみる。『日本書紀』景行天皇条には熊襲討伐のおり、この地に行宮を建て六年滞在したことを記す。律令時代に日向国児湯郡に国府や国分寺が存在したことは事実で、この地は有史以前の三世紀においても倭音で〝こゆ〟または〝こゆう〟国と称し九州東南部の要衝として倭国連合に属していたものとみる。

【華奴蘇奴国】クェヌスヌ国。大隅国姶羅郡・囎唹郡・肝杯郡。現在の鹿屋市および肝属郡（肝属川流域）。
九州南部の鹿児島県は、最終氷期後の約一万年前の縄文早期文化の先進地で、霧島市の錦江湾を臨む標高約250mの台地の上野原遺跡では、約九千五百年前の列島最古の定住を示す集落跡や壺形土器などの縄文早期の遺物が検出される。

フィリピン海プレートの沈み込みで生じた鹿児島地溝には、姶良、阿多、鬼界などの活火山となるカルデラが連なり、その火山活動は地域の環境・地層や人々の生活の営みに多大な影響を及ぼした。約三万年前の大噴火では鹿児島湾最奥部の姶良カルデラで噴出した火砕流堆積物（入戸火砕流）が鹿児島県全域と宮崎県南部の広い範囲に数十メートルから百メートルのシラスと呼ばれる厚い堆積層をその痕跡として残した。その後も約一万五百年前の桜島テフラ、約七千三百年前の鬼界カルデラの噴火、約五千五百年前の池田カルデラ、その後の何度かの開聞岳や桜島などの噴出物が積み重なってシラス台地を形成する。

姶良カルデラから南東へ20~30km先の大隅半島中部の肝属平野の北西部には、姶良カルデラのテフラの厚い堆積地層からなる南九州最大の笠野原台地が広がる。南北約13km・東西約10kmのシラス台地の辺縁部を高隈山御岳に源を発する肝属川が流れ現在ほぼ全域が鹿屋市である。その笠野原のシラス台地が、華奴の由来とみる。

使役通ずる三十国のほとんどの国名は、奴国、鬼国などの一文字か末盧国、伊都国などの二文字である。華奴蘇奴国は漢字四文字の並列的な文字の並びから、おそらく華奴と蘇奴の二つの小国あるいは地域を合わせたもので、華奴の華は呉音で〝クェ〟同音異語の灰〝クェ〟であろう。華奴（クェヌ）とは灰野（クェノ）のことで火山灰の堆積したシラス台地の意義と推察する。

姶良カルデラからの入戸火砕流が数十メートル以上堆積し、北から南に傾斜した笠野原台地上は、河川や湖沼などの水源は無く浸透性の高い地質ゆえに農耕には適さず、江戸前期まで人跡の及ばざる様な不毛の地であった。現在のように台地上が畜産や農作物の県下有数の生産地となったのは、近世以降の開拓民の投入、昭和の水道工事や灌漑用の水源としての高隈ダムの建設工事を経て、漸く恒常的に用水を確保できるようになったことによるものである。

したがって、弥生時代の集落などの遺跡も笠野原の台地上にはなく、その多くは台地下の肝属川流域の沖積地に偏在する。また、中後期の遺構も、肝属川（上流部は鹿屋川とも言う）の中流域の沖積地や東部志布志湾近傍の微高地や丘陵辺縁に分布する。

標高約７０ｍの笠野原台地の西縁で、弥生時代中期末から後期初頭の大規模な集落跡が発見される。王子遺跡（鹿屋市王子町・下祓町）である。棟持柱を持つ掘立柱建物など四十一棟の遺構や在地製の土器、北部九州や瀬戸内海系の土器、鉄器加工の鉄滓などが検出される。

また、志布志湾近傍の肝属川右岸の東田遺跡ではU字溝や弥生後期の方形周溝が検出され、肝属平野北部の大集落の田原迫ノ上遺跡や、南部にも弥生中期から古墳時代の名主原遺跡が明らかになっており、肝属平野には大隅半島にあって少なくとも一つのクニの存在が認められる。

笠野原台地辺縁の肝属川中流の鹿屋の地域が華奴であり、肝属川下流の沖積平野から志布志湾に面した肝付町・東串良町・曽於郡の地域が蘇奴と推定され、肝属平野一帯が華奴蘇奴国の比定地である。蘇奴は前述のように砂鉄を産出する野である。鹿児島県の砂鉄鉱床としては大隅半島、種子島とともに志布志湾の海岸沿いは、打ち上げ浜砂鉄の産出地としても著名であり、昭和三十年代まで製鉄の原料として盛んに採取される。

この国は銅剣・銅矛や銅鐸文化圏から外れており、水稲稲作が主体ではなく、狩猟・採集や漁労に加え装飾用の貝などの交易も盛んで、環状列石や男女の岩偶などの遺構が発掘された山ノ口遺跡にみられるように、この地方独特の祭祀文化をもつ。また、古代、襲の国と称される地で、『書紀』景行天皇の条の熊襲平定で知られる。華奴蘇奴国の呉音は〝クェヌスヌ国〟である。鹿屋の地名は、平安中期の『和妙類聚抄』に大隅国始羅郡の郷として記されたのが初現で、現在と同音の〝かのや〟、または〝かや〟であったものと考えられる。

すなわち、平安時代の鹿屋郷の時代にも笠野原台地上には村落はなく、現在の鹿屋市の中心市街地がある谷合の肝属川の流域に集積していたと考えられ、鹿屋は、灰野（クェノ）谷（ヤ）すなわち、笠野原のシラス台地下の谷間を意味する〝かのや〟であったものと推察する。また、先の景行記にも熊襲の首領や娘の名として、厚鹿文（あつかや）、市鹿文（いちかや）があり、この鹿文は鹿屋に通じる同音仮名でほぼ同じ地の異字名と考えられる。帯方郡使が聞き取り、陳寿が記した華奴蘇奴国から和名を復元してみると、〝クェヌスヌ〟→〝かのその〟あるいは〝かやのそおの〟となり、その仮名は、『書紀』の名称を借用して〝鹿文嚙哘国〟、また現在の地名文字では〝鹿屋・曽於国〟となる。

薩摩半島西北部の日置郡の市来貝塚からは奄美大島の土器とともにオオツタノハガイの貝輪の素材が検出され、また、弥生中期の貝輪未製品が出土する高橋貝塚は、貝輪の加工・中継地とみられ、南海産のゴホウラ、オオツタノハガイなどの貝輪交易が薩摩半島西岸は盛んな地域であったが、弥生中期後半から後期には、大隅半島の山ノ口式土器が奄美諸島の貝輪をともなう遺跡から出土するようになり、交易ルートも、大隅半島経由で瀬戸内海や畿内に至る九州東岸ルートも加わり、貝製品の需要地の変化により中継地となる華奴蘇奴国は大隅半島の要所として次第に勢力を強めていったものと考えられる。

肝属平野一帯には、列島最南端で鹿児島県最古の前方後円墳を含む塚崎古墳群の他にも、鹿屋市の岡崎古墳群、肝属川対岸に立地する肝属郡東串良町の九州最大級の前方後円墳を含む唐仁古墳群が、その北東約７ｋｍにも曽於郡の横瀬古墳群が四世紀後半から五世紀に出現する。鹿児島県西部の薩摩半島には前方後円墳は確認されず、その分布は東部大隅半島の志布志湾沿いに集中する。

これらの古墳群の分布は華奴蘇奴国の地域が、四世紀以降も大和政権に取って、少なくとも古墳中期まで九州南部における重要拠点であったことを示唆している。そして、五世紀以降九州中部から南部にかけて地下式横穴墓や地下式板石積石室墓が盛んに造られ、北部九州や朝鮮半島の影響を受けた埋葬文化が顕在化する。三世紀中葉の『魏志』の時代にも倭国連合の列島最南端の国として名を連ねていたものとみる。

【鬼国】キ国。木国、律令時代の紀伊国。現在の和歌山県和歌山市。

紀伊山地の山塊が大半を占める和歌山県の八割は森林で、弥生から古墳時代にはアカガシなどの常緑広葉樹やヒノキ、スギ、コウヤマキなどの針葉樹が繁茂し、農耕具、護岸・掘立柱・高床式建物などの土木建築や木棺、構造船、祭祀用具などの資材となる。

三重・奈良との県境にある大台ヶ原を源流とする紀ノ川は、和泉山脈と南側の龍門山系や護摩壇山系などの紀伊山地の間に開けた和歌山平野の中央を西流し紀伊水道に注ぐ。弥生後期から古墳時代には、その本流は大きく蛇行して和歌川から和歌浦に注ぐ川筋であった。和歌川の東岸に広がる沖積地及び岩橋山塊の西縁は弥生時代の早い段階で集住がみられる地域である。

なかでも、太田・黒田遺跡は、紀ノ川の河口から東方約5ｋｍ、紀ノ川の支流の大門川南岸の自然堤防上に立地し、弥生前期から稲作を始め中期後葉に集落の最盛期を迎え地域最大の拠点集落となる。弥生前期後葉の水田跡、竪穴住居跡、甕、壺などの土器、石斧、石包丁、石鏃、石錘などの遺物とともに、弥生中期の外縁付紐式袈裟襷文の銅鐸が出土する。銅鐸は島根県加茂岩倉遺跡出土の銅鐸の内の四個と同笵である。

この遺跡では土砂の堆積層から前期末と中期末の二度の洪水による氾濫跡が検出されており、また、弥生時代後期の遺構・遺物がみられないことから、中期末頃に廃絶したものとみられる。

その中期末から後期前葉には、太田黒田遺跡の東方の岩橋山塊、紀ノ川北岸の河岸崖上や丘陵上に高地性集落が出現する。和歌山市の広西の橘谷遺跡（標高約１００ｍ）、岩橋の天王塚弥生遺跡（標高約１

５０ｍ）、中流域の紀ノ川市竹坊の河岸崖上の堂坂遺跡、かつらぎ町の紀ノ川の中島に立地する船岡山遺跡でも弥生中期末に高地性集落が一斉に築かれる。それは、この流域に限らず、有田川、日高川河口付近の沿岸部にも分布し、紀伊半島東部の伊勢湾沿岸地域とも共通する。

近畿地方の高地性集落は弥生中期末と後期末頃に際立ち、中期末前後の高地性集落の多くは時期的にみて、紀元前後に発生が推定される南海トラフ巨大地震に起因するものと考えられる。この時、紀ノ川の中流域まで津波が浸入し、沿岸部は被災したものと推測される。

紀ノ川流域の氾濫原は弥生時代の水田地帯であったが、大雨や地震津波による河川の氾濫や洪水などの脅威に対しては脆弱であった。豊穣や地鎮祭祀に使われたとみられる銅鐸も和歌山平野を始め紀伊水道に面する有田川や日高川などの河口沿岸部に集中し県内でも三十数カ所の発見がある。

太田・黒田遺跡の東方約５００ｍに立地する秋月遺跡は、複数の方形周溝墓と前方後円墳よりなり、長軸約２７ｍの秋月１号憤の周溝より庄内式から布留式移行期の小型丸底壺が検出された。古墳は三世紀後半の邪馬臺国時代の県下最古の前方後円墳である。太田・黒田遺跡、井辺遺跡、秋月遺跡、天王塚遺跡などが立地する紀ノ川南岸の沖積地は、この国の中心地域であり、弥生後期末より継続して遺跡密度が県下で最も高く鬼国の比定地である。

秋月遺跡の東方の岩橋山塊の花山丘陵に四世紀末ごろに築造され始めた古墳は、五世紀には爆発的に増え、岩橋千塚古墳群として包括され、五世紀から七世紀の前方後円墳二十九基を含む円憤、方墳などの古墳は八百基を超える。

四世紀末から五世紀後半にかけて、朝鮮半島では、高句麗の南下政策に対峙する百済、新羅、伽耶との間で、たびたび武力衝突が起こり半島情勢は緊迫した状況にあった。倭も半島に戦力を展開する。永楽十四年（西暦４０４年）に倭が帯方の界に侵入したとする記述が高句麗の広開土王の碑文に見え、『宋書』倭国の条には、順帝の昇明二年（西暦４７８年）の倭王武の遣使上表文に「東のかた毛人五十五国を征し、西のかた衆夷六十六国を服し、渡りて海北の九十五国を平らぐ」とあり、この倭王武は雄略天皇に比定され、海北とみられる朝鮮半島の抗争に関与したことが記される。

急増する紀ノ川下流域の古墳群に副葬された甲冑や刀などの武具・武器、朝鮮半島系の陶質土器、韓式土器などの検出は、『書紀』にある雄略天皇九年の新羅征伐に朝鮮半島に渡った、紀北の豪族であった紀氏等の半島での軍事活動に関連したもので、また、紀ノ川右岸の河岸段丘の谷間で検出された五世紀中頃の鳴滝遺跡の掘立柱高床建物群は、武器や兵糧などの軍事物資の格納庫などの可能性が高く、この地域が畿内における兵站基地の役割を担っていたものとみられる。

五世紀代に出現する大陸の影響を受けた横穴式石室や地下式横穴墓の急増や墳墓への武器・武具類や朝鮮半島系の装飾品などの副葬は、その時代の朝鮮半島との関わりを濃厚に示すものである。これまで辿ってきた九州東南部の国々でも、前期末から中期の大規模な前方後円墳や円墳に加えて、横穴式石室や地下式横穴墓が混在する西都原古墳群、生目古墳群、本庄古墳群、横瀬古墳群などがある。いずれも朝鮮半島出兵時に動員された地域である。

すなわち、呼邑国、華奴蘇奴国の比定地とした地域と類似の事象が窺えるのは、黒潮による海上を通じた連繋は実距離以上に近いものであって、交流は邪馬臺国の時代にさかのぼるものと考えられる。

大宝元年（701年）に文武天皇の紀伊国行幸に随行した官人の調淡海（つきのおうみ）の次の歌が万葉集に載る。紀ノ川上流の奈良との県境の真土峠にて、

朝毛吉（あさもよし）　木人乏母（きひとともしも）　亦打山（まつちやま）　行木跡見良武（いきくとみらむ）　樹人友師母（きひとともしも）

（訳）木の国の人は羨ましいな　行きも帰りも真土山を見ることができるなんて

〝あさもよし〟は木の国の枕詞で、万葉集には、木の国、木の川などを仮名とする和歌がいくつも収められている。『魏志』に記す鬼国は、木材資源の宝庫であった倭名の木国のことであって、紀伊国の表記は和銅6年（713年）の雅字二文字の好字令によるものであろう。東に向かえば、紀ノ川が吉野川と名を変える辺りの奈良県五條市から北に進路を取り、金剛山の東麓を過ぎると奈良盆地は目前である。

律令時代に紀ノ川沿いに駅家が設けられ、紀伊の加太湾から海路で淡路に渡り阿波、讃岐など四国に至る南海道ができる。三世紀中葉の鬼国（木国）の時代にも、奈良盆地から直接紀伊水道に出て瀬戸内海や九州南部から南西諸島に至る外海に通じる要衝として、また海運に必要な造船技術と航海術を保有していたことから倭国連合に組み込まれていたものとみる。

以上、好古都国以下の、ここに連なるその餘の旁国は、邪馬臺国から西方の大阪平野の好古都国に至り、次に西方の四国に渡り不呼国、次に姐奴国、次に對蘇国を経て、さらにまた一海を渡り九州東部を北から蘇奴国、次に呼邑国、次に華奴蘇奴国と南下して九州本土の南部まで到達した後、最後は黒潮に乗って邪馬臺国の南西にある紀伊半島の鬼国に戻るルート上にある国々である。すなわち、いずれも邪馬臺国を起点として、西および西南方向に連なる諸国である。

(3) 為吾国に連なる国

東、西、西南の国々を巡り終え、次なる旁国の在処を邪馬臺国の北東方向にこれを尋ねる。

【為吾国】呉音でイグ国、漢音でイゴ国。令制下の伊賀国。現在の三重県伊賀市。

三重県の内陸、伊賀は地溝性構造盆地で、鈴鹿・布引山地、高見山地、大和高原などの周囲の山塊に源を発する木津川、柘植川、服部川などの本支流が縦横に流れる氾濫原を除く平地は限られる。

約四百万年前に、この地に古琵琶湖があった痕跡として、盆地の湖底堆積層の浸食作用で形成された低地を薄く被覆する砂礫層の下は稲作には不向きなシルト・粘土質で、寒暖の差が大きく降雨量の少ない盆地特有の気候により、伝播する水稲栽培も弥生前期には盆地内に到達するものの、県東部の伊勢湾西岸地域と比べると拠点的な集落の展開も緩慢で定着には有意差がみえる。

これに対して、伊勢の地域では、伊勢湾に注ぐ鈴鹿・布引・高見山地を源とする幾筋もの河川の流域に扇状地や三角州が発達し弥生遺跡が広く分布する。

松阪市の雲出川流域の遠賀川式土器出土の中ノ庄遺跡に始まり、弥生前期中葉には稲作は北上して、津市の安濃川流域の納所遺跡、鈴鹿市の鈴鹿川流域の上箕田遺跡などで水田や集落の展開が検出される。

中期を代表する納所遺跡は、県下最大の拠点集落で、膨大な土器や石器類、木製農工具や朱塗りの竹製縦櫛などと共に木製品の原材料や加工途中の未完成品が出土し、製品の製作と消費のみならず周辺地域への供給拠点としても機能していたようだ。

標高約5ｍの納所遺跡が衰退すると、その北西の丘陵標高20～50ｍの階段状の傾斜面に長遺跡という巨大な集落が出現する。竪穴住居、掘立柱建物など五百棟余りの推定規模の遺構である。

弥生中期末から後期初頭の拠点集落の一時的停滞や廃絶と高地性集落の出現は、納所遺跡の他にも、雲出川の支流中村川の標高約12ｍの下ノ庄東方遺跡から後方の丘陵標高約30ｍの天花寺小谷赤坂遺跡へ、また、松阪市の坂内川左岸の標高約20ｍに立地する阿形遺跡では後期前葉の一時的な空白期間に、近郊の標高約70ｍの川原表B遺跡が出現する。高地性集落の同時多発的な状況は、前述の通り四国の對蘇国、紀伊半島の西側の鬼国でも類例があげられ、紀元前後に推定される最大級の南海トラフ大地震による激甚災害と符合するものとしてこの伊勢湾岸地域でも認められる。

だが、弥生中期末の異変はあっても、弥生後期から古墳時代初頭の伊勢・志摩・伊賀の中では、伊勢湾西岸地域に数多くの集落が生まれ一貫して人口密度が高い地域であったことに変わりはなく、内陸の伊賀地方とは開きがある。

それは、自然地形に簡易灌漑を主とする当時の水稲稲作には、伊賀のように河川や丘陵で区切られた盆地では洪水や湛水などの危険性から広範囲に展開するのは限界があり、水系毎に分散して地域毎に纏まっていたものと考えられ、古墳時代初頭まで盆地内の広域を支配する勢力の存在は窺えない。

それでも三世紀末になると、伊賀盆地の中でも、木津川、柘植川流域を中心に大型古墳が出現し地域支配の様相に変化がみられる。

柘植川の上流約5ｋｍの北岸の円徳院の東山古墳は、三重県最古の高塚古墳（楕円墳）で、舶載鏡を副葬した三世紀末前後の古墳である。その西方には三角縁神獣鏡や鉄剣類を副葬した四世紀前半築造の山神寄建神社古墳が検出される。その後も柘植川の対岸佐那具町には総墳長188ｍの東海・北陸最大の前方後円墳となる御墓山古墳が五世紀前半に出現し、三世紀後葉から五世紀にかけて盆地内でも拓殖川流域が中心的な地域に変貌していく。

七世紀末に伊勢国を分割して成立した時の伊賀国は、南部の名張川流域の名張郡、伊賀盆地の中央部にあり長田川（木津川）を流域とする伊賀郡、東部の布引山系に源を発する服部川流域の山田郡、伊賀北部の木津川・服部川・柘植川の合流域の阿拝郡の四郡よりなる。

令制下に上野盆地の伊賀郡・阿拝郡のあった現在の伊賀市が為吾国の比定地である。古墳前期前葉まで盆地内で抜きん出た勢力を示す地域はないが、その地勢から要衝であったことに間違いはないであろう。阿拝郡には、七世紀以降の律令下に木津川の中流を山城から東西に走る官道が整備される。また、国衙が柘植川の北岸に置かれ、伊賀国分寺、国分尼寺も伊賀郡にあって阿拝郡との境界付近にその遺跡がある。

伊賀の四方には大和、山城、近江や伊勢地方があり、古代より大和を起点として諸国を結ぶ官道や街道が通じていた。

- 大和→宇陀→名張→伊賀→亀山→伊勢・尾張→（原東海道）
- 大和から木津川沿いに→笠置→伊賀→亀山→伊勢・尾張・三河へ（奈良時代の東海道）
- 大和→名張→伊賀神部→青山峠→津市・松阪市　伊勢へ（初瀬街道）
- 大和→名張→伊賀→甲賀から近江（湖南・湖東）へ

『書紀』には壬申の乱の折に、大海人皇子（天武天皇）が吉野から宇陀を経て伊賀国を北上し、名張から伊賀の積植（伊賀市柘植）の山の口に到着し、そこで近江京から鹿深（甲賀）を通り駆けつけた武智皇子と合流したことが記される。

律令下の奈良時代の国力分類でも大国の伊勢国に対して、租庸調も伊賀国、志摩国は下国の扱いで課せられた。それでも、伊賀には三重県三大古墳である前方後円墳や中後期の古墳群が数多く分布し重要視されたのは、そこが大和と伊勢・濃尾・近江・北陸との交通の結節点であり、官道が整備される以前から交易路の要所として、古代人が行き交う回廊の意味合いが強い地域であったことに他ならない。

為吾国は呉音でイグ国、漢音ではイゴ国。律令下の七世紀の畿内は、伊賀の横川（名張川）までとされる。三世紀において伊賀の地域は邪馬臺国に隣接する国として、丁度その境界の外、〝以て外〟、呉音で〝イゲ〟、あるいは邪馬臺国の〝以て後〟すなわち、呉音で〝イグ〟の国であった。後にそれが転訛し〝いが〟国と称せられるゆえんでもあろうか。邪馬臺国が倭国の政祭の中枢となる弥生終末期に、その北東に隣接する伊賀の地域は、地勢的に交通及び防衛上の要衝であったことから倭国連合に組み入れられたものと考えられる。

【鬼奴国】キヌ国。近江国の湖東。琵琶湖東部の彦根市、愛荘町、東近江市など愛知川下流一帯。

万葉の時代、近つ淡海（ちかつあはうみ）と称され、本州の括れ部に位置する近江は、伊勢湾、大阪湾、若狭湾の三海に通じる結節点となり、古来、水陸交通の要所である。

南北に長い琵琶湖の周囲に広がる近江盆地の気候は、湖西・湖北の冬は積雪が多い日本海気候、湖南は瀬戸内海気候、湖東中部の夏は太平洋気候で冬は日本海気候と地域間差がある。

百十九の一級河川が注ぐ琵琶湖の水面標高は約８４・４ｍであるが、縄文・弥生時代の推定される平均水位は現在よりも２～３ｍ程低く、肥沃な沖積地を形成する琵琶湖の周囲は水稲稲作に適していたことから弥生前期の早い段階に水田をともなう遺跡が出現する。しかしながら、琵琶湖畔に広がる三角州や氾濫原は洪水や琵琶湖の水位上昇により湛水の危険があり、弥生中期から後期の琵琶湖周辺の集落は、衰退や再生、分散や集住を繰り返しながら琵琶湖の東西南北それぞれに勢力分布を形成する。

湖北の長浜平野では、姉川支流の高時川の左岸高月町保延寺で、竪穴住居など三百棟の弥生中期以降の大集落や、琵琶湖北部の塩津湾を望む丘陵には、南北３ｋｍにわたり百三十二基の古墳が整然と並ぶ古保利古墳群が立地し、古墳時代初頭から後期まで前方後円墳、円墳などの築造が続く。琵琶湖を睥睨するように小高い丘陵上に築造された古墳群は湖北に一定の勢力を保持しつづけた集団のものであろう。

湖南では、野洲川がもたらす砂礫の堆積により扇状地や三角州からなる近江盆地最大の沖積低地が形成され、弥生前期に河口付近の氾濫原に水田をともなう服部遺跡が出現する。前期末の洪水で押し流され埋没した後には、三百六十基の方形周溝墓が密集する集団墓地となるが、それも中期末に埋没すると、弥生後期には再び環濠集落が営まれるなどの変遷をたどる。

また、中期には、服部遺跡の４ｋｍ南の野洲川対岸に、六条の環濠をもつ約25ヘクタールの多重環濠集落の下之郷遺跡が出現する。二十棟余りの南方系の掘立柱と独立棟持柱建物や大陸系の円形の壁立式建物などが整然と配置された環濠から、細型銅剣や環状石斧、銅戈の柄などの外来遺物が検出され、中期末に廃絶するまで琵琶湖の要衝に築かれた交易拠点であったと考えられる。

下之郷遺跡の南方約2．5ｋｍの扇状地に立地する伊勢遺跡は、後期としては列島最大級の遺構である。南北４５０ｍ、東西７００ｍの遺跡の内部で方形柵列内の大型建物群が検出され、その外周半径約１１０ｍの円周状にも六棟の独立棟持柱建物が配置され、総数十二棟の大型建物で構成する。それは、琵琶湖東岸を南下するＪＲ東海道本線と野洲川に沿って伊勢・東海方面から琵琶湖に至る道筋が交差する立地条件から、畿内と東海・北陸を結ぶ流通センターを兼ねた、湖南の在地集団の祭祀空間を伴う中枢施設などが想定されるのだが、伊勢遺跡は、早くも二世紀末には衰退する。その近傍の青銅器の工房跡が検出された下鈎遺跡や水運拠点となる下長遺跡などは、その後も継続することから、意図的に廃絶したものと考えられる。近傍の大岩山の大量の埋納銅鐸は、この地域の在地的な青銅器祭祀の終焉を意味し、伊勢遺跡の衰退と軌を一にするものであろう。

纏向遺跡が造営され始動する弥生終末期に、彦根市の琵琶湖東部の旧愛知川右岸の微高地に、弥生終末期から古墳前期前葉を中心とする大型建物を擁する稲部遺跡が出現する。纏向遺跡で検出されたものに次ぐ超大型建物、二十三棟の鍛冶工房、百八十棟以上の竪穴住居などからなる大規模集落である。また、大量の鉄塊・鉄片や鉄器加工具類が検出される。

琵琶湖の西岸では、畿内や東海に先駆けて弥生後期前半には、すでに鉄器を加工していた熊野本遺跡が発見される。その遺跡は高島市の安曇川左岸の饗場野丘陵に立地し四十棟余りの竪穴住居からなる高地性集落で、多数の板状鉄素材に加工跡のあるものや鉄鏃などが検出される。熊野本遺跡の廃絶跡地に隣接して墓域が形成され出現期の前方後方墳が築造される頃に、鉄器工房群を有する稲部遺跡が琵琶湖の対岸に出現することから、鉄器加工に関して両地域でなんらかの取引があったとも考えられる。

稲部遺跡は弥生終末期に突然出現する纒向遺跡と連動しているものとみる。

彦根市の稲部遺跡より琵琶湖対岸の高島市の熊野本遺跡まで渡船水上１０ｋｍであり、その北西方向は陸路で若狭湾に至る道である。稲部遺跡は奈良の纒向遺跡から伊賀越えで、甲賀を北上して琵琶湖東岸から水陸行で日本海に至るルートにあることから、鉄資源の流入経路に近い琵琶湖東岸に鉄器生産の一大拠点として新規に造営されたものと考えられる。倭国の祭政の中心となる邪馬臺国の出現により、琵琶湖周辺の地域再編が実施され在地的な祭祀と交易の中心であった伊勢遺跡が廃絶され、倭国連合の交易・情報ネットワークの結節点として稲部遺跡が誕生したものとみる。

神郷亀塚古墳（東近江市）は、稲部遺跡の南、愛知川の対岸に立地する三世紀前半の出現期の前方後方墳である。四世紀初頭には湖東平野最古の前方後円墳で三角縁神獣鏡など五面を副葬する雪野山古墳が、東近江市の独立山塊の頂上に出現する。その後も、近江八幡市の観音寺山麓の安土瓢箪山古墳、彦根市の独立山塊の荒神山古墳など四世紀中葉から末の築造が続き、纒向遺跡から東回りで稲部遺跡に至る琵琶東岸の南北約１７ｋｍの道筋には、それらの古墳が連なる。視認性に優れた高所での前方後円墳の築造は大和政権の支配が及ぶ標識であり、日本海・東海の中継地として、この地域が四世紀以降も重視されていたことの証左であろう。

稲部遺跡を中核とする、彦根市、東近江市、愛荘町など愛知川下流一帯が鬼奴国の比定地である。

湖東のこの地域は昔から近江上布という上質の麻織物の産地として知られる。物を編む技術は縄文時代にさかのぼるが、機織りと麻布の原料となる苧麻（カラムシ）は稲作とともに大陸から伝わる。苧麻や大麻などを麻布の材料とするには、草皮を剥ぎ、蒸し、灰汁抜きや流水に晒すなどの作業に大量の浄水が使用され、糸を紡ぐ行程には湿潤な環境が必要で、鈴鹿山系から湧き出る水量も豊富な愛知川流域は、湖東周辺の気候とともにカラムシの栽培や材料の加工に適し古来機織りが盛んな地域であった。弥生時代から現代に至まで機織りが盛んで上質な布の産地、すなわち、和語で衣（きぬ）国、そこが鬼奴（キヌ）国とみる。『魏志』倭人伝にも倭人の国は「禾稲、紵麻（カラムシ）を種え、蚕桑・緝績し、細紵・縑緜を出だす」とある。

【邪馬国】ヤメ国、やま国。山背国乙訓郡、現在の京都府向日市と長岡京市を中心とする桂川西岸地域。

山城盆地（京都盆地）は、四周を比叡醍醐山地、摂丹山地、丹波高地、生駒山地や奈良丘陵などの山塊に囲まれ、東西約１０ｋｍ、南北約３５ｋｍを断層崖が平行する地溝性盆地である。盆地内を北部の北山山地に源を発する桂川と鴨川、琵琶湖を水源とする宇治川、伊賀の山塊を源流とする木津川が、盆地の中央で合流し淀川となって大阪平野を貫流し大阪湾に注ぐ。

木津川、桂川、宇治川の三川が合流する所の東方、伏見、宇治、久御町に跨がるあたりに、昭和十年代の干拓で消失する周囲約１６ｋｍの巨椋池があって、弥生時代には宇治川が西流しそこに注いでいた。その巨椋湖を境にして、以北の宇治川、鴨川、桂川の流域と、以南の木津川流域の南北山城に二分される。

水稲稲作は弥生前期の前六世紀ごろには京都盆地に到達する。

北山城では、向日町・乙訓丘陵と桂川の間の緩やかな傾斜地に、盆地内でも最古の環濠集落である雲宮遺跡が立地し、弥生中期には拠点集落となる神足（こうたり）を始め、鶏冠井（かいで）、羽束師（はづかし）、東土川、森本遺跡など多くの集落が分布する盆地内でも屈指の稲作地域となる。また、桂川西岸の狭隘な平野で始まった水稲稲作は、弥生前期中葉には桂川、鴨川、宇治川沿いに京都盆地を拡散していった。

これに対して、南山城では、旧巨椋池の南岸の弥生中期の市田斉当坊遺跡（久御山町）は、竪穴住居九十六棟、方形周溝墓四十八基などの遺構からなる南山城最大の集落跡であるが、大半が中期のもので弥生後期につづく遺構に断絶がある。旧巨椋池の周辺は京都盆地で最も標高が低く木津川の氾濫原とも重なり、遺跡の分布は希薄な地域で、弥生後期に巨椋湖以南の木津川流域に高地性集落が出現し、幣原（八幡市）、森山（城陽市）、田辺天神山（京田辺市）、城山（山城）などの遺跡が周辺の丘陵や山頂に分布するものの、弥生終末期まで過疎の地であったと云ってもよい。

北山城では、古墳前期に画期があり地域勢力の台頭がより鮮明になる。

向日市物集女（もずめ）町で検出された東西8ｍ・南北8.6ｍの大型掘立柱建物を伴う中海道遺跡は、三世紀中葉の祭殿か豪族の居館とみられる。それに対応するように南西の向日丘陵には高塚古墳の築造が続き、乙訓に有力首長の出現を窺わせる墓域が形成される。

向日丘陵古墳群の中でも最古の五塚原古墳は、三世紀中葉の前方後円墳で、バチ型の前方部と後円部が分離した纏向の箸墓と類似の段築構造である。全長94mの前方後方墳の元稲荷古墳も三世紀末の築造で、続く四世紀初頭の寺戸大塚古墳、四世紀中葉の妙見山古墳は前方後円墳である。

古墳前期の三世紀代に、山城盆地内で築造された畿内型の前方後円墳は桂川西岸地域に偏在し、唯一の例外とも云える古墳が、木津川中流右岸の丘陵裾野に立地する三世紀末の椿井大塚山古墳である。山城でも最大級の全長約180mの前方後円墳の竪穴式石室から三角縁神獣鏡など銅鏡三十六面が検出される。南山城の木津川流域の低地や氾濫原は常に水害などの危険に晒され、集落分布も希薄な過疎の地に、隔絶した規模の古墳が突然築造される理由は木津川の水運に関わるものの他には考えにくい。

椿井大塚山古墳に副葬された多数の銅鏡は威信財とみられ、夥しい数の刀剣や鉄鏃などの武器類や小片革綴冑などからすると被葬者は明らかに武人であろう。木津川中流の近隣には椿井大塚山古墳の基盤となる拠点集落や工房群などの遺跡は知られていないことから、この古墳は在地勢力によるものではなく、大和政権によって派遣された高位の者の墳墓と推定される。それまでの邪馬臺国連合の緩やかな結びつきとは異なり、大和政権が直接支配する新たな幹線道として、三世紀後半には大和から木津川・淀川を降り、瀬戸内海西方に至るルートの構築が重視されたことによるものと考えられる。

すなわち、大和の黒塚古墳を起点として、椿井大塚山古墳の位置する木津川を下り、巨椋湖・淀川から瀬戸内海沿いに北部九州に至る道筋には、摂津の西求女塚古墳、播磨の権現山51号憤、備前車塚古墳、そして豊前の石塚山古墳などの三世紀末ごろに出現する古墳は、どれも多数の三角縁神獣鏡を含む銅鏡と武器類や武具を副葬しており、目的を同じくするものであろう。いずれの古墳もその立地は比高差のある丘陵や沿岸部に築かれており、畿内型の前方後円（後方）墳の墳形から一目して、それとわかるランドマークとなる。

また、黒塚古墳や椿井大塚山古墳から出土する三角縁神獣鏡には多数の同笵鏡や同型鏡が存在し、西求塚を始め、その後に築造される古墳にも副葬される。共通物の配布は、畿内を中枢とするネットワークの結束を意図したものであろう。

前方後円（後方）墳は、畿内勢力の支配が及ぶ事実を知らしめる外形的標識として築造され、また三角縁神獣鏡などの副葬品は、その物的証拠として分配されたものとみる。しかし、それは臺與の時代より後の三世紀後葉から四世紀以降のことである。

山城国の全域を見渡しても、早期に畿内の墓制である前方後円墳を導入し、また首長の系譜をたどることができ傑出した勢力の存在を示す地域は、後の山背国乙訓郡、現在の向日市及び長岡京市の一帯をおいて他にはなく、そこが邪馬国の比定地である。

淀川を遡上し大山崎町と八幡市の狭隘部を抜けると、そこは京都盆地を取り囲むように200m～300m前後のなだらかな丘陵と背後の高い峰々が幾重にも織りなす山並みの風景に変わる。

七世紀には山背国の表記があり、紀元794年の平安京遷都の折に、山河が襟帯して自然の城のような地形から山城国に改称したとされる。『古事記』では山代、『書紀』や『万葉集』では山背の仮名である。山背は山を背後にした所、山代も山麓、山裾などと同義である。本来の和語の背は〝せ〟であり山背（やましろ）は山の〝うしろ〟が転訛したもの、また、城の和語は〝き〟であって、〝しろ〟の訓読みは当て字であろう。

それにしても、『魏志』にある三世紀の邪馬国の記述では〝やま〟国と称し〝やましろ〟国の呼称とは異なっていた。周囲が全て山の代や山の背であるならば、視点を変えれば盆地の意義に他ならない。すなわち、邪馬〝やま〟とは本来は盆地のことであろう。

邪馬国は京都盆地西部の桂川、鴨川、木津川が合流する近傍の、桂川西岸の緩やかに傾斜した肥沃な沖積地にあり、乙訓を起点として、淀川から瀬戸内海へ、北方の丹波、近江から日本海および北陸方面へ、東は木津川を遡上して伊賀・伊勢方面に至る水陸交通の要衝にある。三世紀の邪馬国の時代から約五百年の歳月を経てこの地に新都が造営される。八世紀末の長岡京遷都である。

【躬臣国】呉音でクジン、漢音はクシン国。後の越中国婦負郡、現在の富山県富山市。

日本海に北面する富山県は、東に立山連峰が屹立する飛騨山脈、西に医王山・宝達山脈、南に飛騨高地と三方を険阻な山岳や峡谷で新潟、長野、岐阜、石川と県境をなし、周囲の山岳に源を発する黒部・常願寺・神通・庄川・小矢部川などが富山湾に注ぎ、流域には扇状地が発達し沿岸部に肥沃な沖積低地を形成する。内陸の洪積台地や山塊では石斧、石鏃、石錘などの石材や玉類などの装飾素材を産出し、縄文時代前中期の遺構から夥しい数のそれらの遺物が検出され、当時の活動の痕跡を示す遺跡が分布する。

初現が縄文時代早期末にさかのぼる玦状耳飾りは、八千年から七千年前の中国新石器時代の興隆窪文化遺跡で発見された中国最古の玉製品の玦に似ていることからその名がある。環状の一部にスリットのあるC字形を基調とし楕円形や三角形など種々あり、耳飾りやペンダントなどの装飾品として列島各地に広まる。原材料は比較的硬度が低い滑石や蝋石が用いられ、その原石は長野県北部の白馬岳連峰から北の富山県朝日町の山麓で採れる。装身具の加工遺跡も長野県、新潟県西部など富山県とその周辺地域に集中し、富山東部の朝日町の明石A遺跡や上市町の極楽寺遺跡では、玦状耳飾りに玉類の完成品や未成品、原石や剥片などの膨大な遺物が採取される。

また、約五千年前の縄文中期には、富山県朝日町の境川から新潟県の糸魚川市の早川にかけて硬玉（ヒスイ輝石）の加工製作遺跡が出現する。ヒスイの原石は、姫川上流の小滝川、青海川流域が主要原産地として著名である。糸魚川の転石が富山湾東部の宮崎海岸にも流出し、その漂石も加工用に採取されたものとみられ、縄文時代のヒスイ製品のほとんどが、富山県の境川から糸魚川市の海岸に迫る舌状台地に位置する工房遺跡で製作されたものが占める。

ヒスイ加工品は装身具や威信財となるが、半透明で深みのある緑色の輝きから呪力をもつものとして古来祭祀具としても珍重される。難易度の高い大珠や勾玉などの硬玉の加工品の製作は、もともとこの地域にあった磨製石斧や玦状耳飾りの加工技術をベースにしたものであろう。

富山県の水稲稲作は正印新遺跡（上市川町）や石塚遺跡（高岡市）で遠賀川式の土器が出土したのが

最古期で、後期前半までの遺跡は、東部の上市川・白岩川の扇状地や西部の庄川の下流域に分布し、河川勾配が大きく列島屈指の急流で知られる常願寺川や神通川流域の氾濫原では希薄である。

ところが、富山平野の遺跡分布の様相は弥生後期末から古墳前期にかけ一変する。

呉羽山断層帯の隆起と沈降で形成された呉羽・羽根丘陵が、富山平野を二分するように北東から南西方向に弧を描く。その南北約12kmに渡る丘陵全体が墓域と云ってもよいほど、弥生時代後期末から古墳時代の遺構が濃密に分布する地域に変貌する。

神通川河口から約4km内陸の河岸段丘上に立地する百塚住吉遺跡の二基の古墳は、小ぶりながら周溝をめぐらせた古墳前期の県内最古の前方後円墳とみられる。

また、丘陵南部の中位段丘の杉谷には、弥生終末期から古墳前期の十基余りの古墳や多数の方形や円形周溝墓が混在する墓域が形成される。その一番塚は近江・東海系の前方後方墳で、杉谷4号墳は島根や鳥取などの山陰の墓制の四隅突出型墳丘墓である。中には北部九州に分布するガラス小玉や絹織物の断片が付着した素環頭太刀を副葬するものまである。

さらに、杉谷古墳群の南、羽根丘陵と富崎丘陵に立地する王塚・千坊塚遺跡群は、六基の四隅突出型墳丘墓が混在する首長層の高塚古墳とみられる。まず六治古墳（四隅突出型墳丘墓）が築造された後に、向野塚古墳、勅使塚古墳、王塚古墳といずれも前方後方憤が羽根丘陵に連続して築造され、勅使塚古墳は前方部が低く撥型で三世紀末ごろの築造で、県下最大の前方後方墳で東海系の勢力の台頭が窺われる。

富山平野の呉羽・羽根丘陵から神通川流域一帯の遺跡急増は、出雲系の四隅突出型や東海・近江系の前方後方型、方形周溝墓や前方後円墳など畿内系の墓制をもった人々が各地から入植地として移住し定着した結果と推定される。

それは、当時はまだ河川の流域に広がる富山平野の開拓の余地が大きく、鉄器の導入が拍車をかけたものとみられ、海産物や鉱物資源に恵まれ、何よりも玉造の技術や原材料は欠かせない誘因であったであろう。

島根や鳥取など山陰に次ぐ十基の四隅突出型墳丘墓を始め、前期の前方後方墳や前方後円墳などの異なる墓制が混在する状況は、北陸全域を見渡しても際立ち、その富山市が躬臣国の比定地である。

躬臣国は、七世紀末の呼称で越中（こしのみちのなか）にあって山陰、北部九州、飛騨・美濃・能登や東北地方との水陸を利用した交易の要衝として倭国連合ネットワークの北陸での結節点であったと考えられる。

律令時代の越国（こしのくに）は福井から山形の庄内に至る広域の呼称で、『古事記』など古くは、高志国、古志の表記もみえる。七世紀末に越前・越中・越後に三分割され、大宝二年（702年）に越中・越後の再編で、越中国は砺波・射水・婦負・新川の四郡からなる上国で、ほぼ現在の富山県の範囲となる。

縄文以来、石斧や玦状耳飾りに硬玉加工などの特殊技術を保有していた躬臣国の、呉音・漢音は（クジン、クシン）であり、また、高志、古志も呉音でそれぞれ（コウシ）、（クシ）である。〝コウシ〟〝クシ〟とは勾玉の石のことと推察する。勾は呉音で〝ク〟、漢音は〝コウ〟である。石は単字では〝イシ〟

だが語尾の場合は出石（イズシ）、明石（アカシ、アゲシ）などのように単音〝シ〟である。すなわち、勾石は〝クシ（古志）〟あるいは〝コウシ（高志）〟の地名の由来とみる。

富山市の神通川左岸の河口から約５ｋｍに位置する縄文時代、約六千年前の小竹貝塚から奄美や沖縄の南西諸島を生息地とする南海産のオオツタノハの貝殻を刳り貫いて作った腕輪が、これも最古級のヒスイの加工品とともに出土する。南西諸島や北部九州と通じた海洋交易によるものであろう。

躬臣国とその周辺の地域は縄文時代の玦状耳飾りやヒスイ勾玉にさかのぼる玉製品を交易とする玉造の先進地であり、躬臣国と出雲や畿内との交流は、必然的に玉作りの技術が逆流し、古墳時代には出雲や大和でも玉造が隆盛する。出雲の花仙山の玉髄の一種メノウを素材とする古墳時代の勾玉や管玉の工房跡も技術移転の結果であろう。

以上、邪馬臺国を起点として其の東北には為吾国が、そして次に鬼奴国、次に邪馬国、次に躬臣国がそこに連なる。すなわち、後の伊賀国、近江国、山城国、越中国が、これにあたる。

⑷ 巴利国に連なる国

『魏志』にある其の餘の旁国とは、邪馬臺国を起点とし、それに連なる国々である、と推定して列挙の通り順次辿ってきた。それは東、西、西南、東北の国々であった。邪馬臺国（奈良纏向）の南、東南は海洋であるから、残る旁国は、邪馬臺国を起点とする八方の内で西北の国のみである。

【巴利国】ハリ国。延喜式の播磨国揖保郡。兵庫県揖保川流域、たつの市、揖保郡太子町、姫路市西部。

播磨灘は、およそ瀬戸内海東部の淡路島から備讃瀬戸の境にある小豆島までの東西約６０ｋｍの紡錘形の海域を指し、多島海で知られる瀬戸内海にあっては、家島諸島の他に視界を遮る島々はなく、狭隘部の明石海峡と鳴門海峡を除けば潮流も比較的穏やかである。

北の播丹山地から幾筋もの支川を集めて、西より千種川、揖保川、夢前川、市川、加古川の播磨五川が播磨灘に注ぐ。縄文末期の海退で陸地化する沿岸部の砂堆上や三角州、各河川流域の氾濫原に水田に適した低湿地が形成され、西方から伝播した稲作は弥生前期前葉には明石海峡を越える。

兵庫県南西部の播磨平野では、縄文晩期と弥生前期の土器が伴出する遺構や、縄文晩期にさかのぼる屋内の周りに高床部を設けた在地的な住居形態が弥生中期以降も検出され、縄文と弥生稲作文化の融合が窺える。だが、弥生前期から後期まで継続する遺跡となると皆無に等しく、中期後半から後期に多くの入植者が流入し、集住と分散を繰り返しながら次第に拡大していった痕跡を各河川の流域に留める。

播磨平野の弥生終末期から古墳前期の遺構に限れば、加古川・市川両岸の東播磨よりも西部の揖保川流域に墳丘墓や前方後円墳などが集中し、歴然とした差がある。

揖保川右岸の臨海部、たつの市御津町の石見港から見上げる尾根には、前方後円形積石塚七基よりなる石見北山古墳群が立地し、西方の綾部山の尾根には、阿讃地域の石囲い石槨二重構造の綾部山３９号墳が三世紀前半に出現し綾部山古墳群を形成する。約３ｋｍ上流には権現山古墳群が立地し、その５１号墳は、特殊器台形埴輪と三角縁神獣鏡を伴出する列島唯一の前方後方墳である。

また、５ｋｍほど上流の養久山の尾根には、養久山古墳群と竜子三ツ塚古墳群が立地し、その養久山５号墳は南北に突出部を持つ弥生末期の双方中円墳、養久山１号墳は、三世紀中葉の前方部が撥型の古式の前方後円墳である。さらに揖保川中流の、たつの市新宮町の吉島古墳（全長約３０ｍの前方後円墳）は三世紀後半の築造で、内行花文鏡や三角縁神獣鏡など舶載鏡六面を副葬する。

揖保川の旧河道の太子町と姫路市の境界付近にも三世紀の山戸古墳群があり、その山戸４号墳は古く讃岐系の石塁壁でできた竪穴式石槨の初期の前方後円墳である。その近傍にある纏向の箸墓と相似形の撥型の丁瓢塚（よろひさごづか）古墳を除けば、どれも墳長が３０ｍから５０ｍの小型の古墳であるが、西播磨は弥生終末期の墳丘墓や出現期の古墳が突出して多い地域である。

揖保川流域に遺跡が集中する要因は、瀬戸内海気候と播磨灘周辺地域の地勢にあると考えられる。播磨灘を挟み兵庫県と香川県は国内有数の溜め池の多い地域である。特に、兵庫県の播磨南東部、淡路島、香川県の讃岐平野の溜め池の分布は稠密で、共通するのは、降水量が少なく河川や地下水からの取水が容易ではない地域で、弥生時代の農業用水や生活水の確保の観点からすれば水稲稲作の適地とは云えない。対する播磨平野西部は、豊富な水量を誇る揖保川の中下流域に沖積地や低湿地が形成され、稲作を展開するには比較的恵まれた地域であったと云えるであろう。

播丹山地の標高約１１３９ｍの藤無山に源を発する揖保川は中上流域で流れが速く、播磨風土記にも宇頭（うず）川の呼称で古代より暴れ川として知られる。引原川、三方川など十余の支川を集め宍粟市一宮あたりで合流し、河川によって運ばれる膨大な量の堆積物を下流に押し流しながらその流路を目まぐるしく変えた幾筋もの痕跡がみられる。下流域では河川の氾濫による洪水が頻発し流出して荒地となった土地は、繰り返し開墾を余儀なくされ大勢の人が動員されたと云う江戸時代からの数々の記録が残る。

それでも、旱魃に見舞われ可耕地も限られる水不足の被災地域からの格好の入植地として、播磨西部には弥生後期以降も多くの移住者が流入したものと考えられる。巴利国の音〝ヘリ〟または〝ハリ〟は墾〝はり〟で開墾に由来するものであろう。

また、弥生終末期の墳丘墓や初期の古墳は、阿讃地域に多い積石塚が散見され、讃岐産の大型複合口縁型土器が墳丘から数多く検出されることに加えて、出土する畿内・瀬戸内・山陰系の土器の中でも煮炊き用の甕は讃岐、阿波の影響が色濃く、揖保川流域の墳丘墓や古墳群の中に讃岐の墓制がみられるのは、その地域との密接な交流を示し、讃岐などの外来の移住者により主導的に開墾が行われ、弥生後期後葉の寒冷化が、それを促進したものと考えられる。

また、揖保川流域に、労力を傾注し執着した理由は交通の要所であったからに他ならない。

そこは律令時代の五畿七道のひとつ山陽道の入り口である。揖保川を遡上すると、上流の宍粟市から朝来、養父から但馬、丹後へ、また、宍粟市から若桜を経由して因幡へ、あるいは、たつの市新宮町から佐用町、美作市を経由して伯耆、出雲など山陰に至る出雲街道の戸口にあたり、宮津や石見などの天然の良港は瀬戸内海の東の結節点であったと考えられる。一大勢力が結集する揖保川流域の、たつの市と太子町、姫路市の西部が巴利国の比定地である。

延喜式にある播磨国は、八世紀に加古川以西の針間国（飾磨郡、神埼郡、揖保郡、宍粟郡、佐用郡、赤穂郡）に、東の明石国（明石郡、賀古郡、印南郡、美嚢郡）と加古川中上流域の針間鴨国（賀茂郡、多可郡）を編入統合し、十二郡で構成され好字令により播磨国となる。巴利国は統合される前の針間国の域内にあたる。

三世紀末まで揖保川流域に集中する遺跡群も、四世紀になると開発や築造は停滞し、四世紀末から五世紀にかけ再び活況を呈する状況になったときには、開拓は播磨平野全体に及ぶ。渡来民を含む入植者の急増と灌漑や河川改修などでの鉄器具の普及に伴う土木技術の向上もあって、東播磨丘陵の未開地にも及ぶ広域の開墾が行われたものと考えられる。市川以東の加古川流域など播磨東部にも大型の前方後円墳が出現し、播磨の国の重心は東方に移動する。〝墾〟〝はり〟の地域も拡大し墾間〝はりま〟と称されるゆえんであろう。五世紀前半には播磨最大の前方後円墳である墳長１４０ｍの檀場山古墳が市川の左岸に出現する。巴利国は領域を拡大しながら後に針間国、播磨国と変遷したとみる。

【支惟国】キユイ国。後の吉備国（備中）。岡山県倉敷市・岡山市

岡山県の地勢は北部に中国山脈が連なり、その山陰と山陽を二分する県北の脊梁山地と県南の沖積平野の間には、面積の三分の二を占める吉備高原が広がる。西より高梁川、旭川、吉井川の三大河川が岡山平野を南流して瀬戸内海に注ぐ。

約七千年前の縄文海進の後に海水面が徐々に下がり瀬戸内海の現景が形成される。弥生から古墳時代には倉敷市北部と岡山市南区の大半はまだ海面下にあり、児島半島の北は東の播磨灘から西の水島灘に抜ける〝吉備の穴海〟と称する水域であった。その後、中世から近代まで続く新田開発や大規模干拓と、上流の鉄輪流しや洪水による膨大な砂礫の堆積により児島湾が漸次縮小し半島として繋がるのは江戸前期のことである。瀬戸内の土器製塩は児島が発祥である。弥生中期の児島味野の仁伍遺跡では、加熱跡のある円錐形に台脚のついた初期の製塩土器が検出される。製法は海藻の灰に海水を混ぜ人工的に塩分濃度を高めた鹹水を専用の土器に移し煮沸煎熬して結晶塩を採取する。

岡山平野の水稲稲作開始は弥生前期の早い時期で、旭川西岸の津島江道遺跡で検出された水田遺構はこの地方では最も古い。その後も旭川西岸には前期の集落と水田を伴う津島遺跡や弥生中期の南方遺跡などの大規模な集落が出現し、その一帯は後期には大水田地帯となる。

弥生中期末まで増加傾向にあった三大河川流域の集落分布は、後期になると、旭川流域に加えて、総社盆地で高梁川の分岐した流れを取り込み南流する足守川流域に集中し、農耕以外にも鍛冶やガラス加工などの手工業が盛んな地域となる。弥生後期の百間川原尾島遺跡や旭川西岸の津島遺跡では鉄器の製作が窺える鉄片、鉄鏃，鉄滓が、鹿田遺跡や今田遺跡ではガラス屑や焼土などガラス加工跡が検出される。また、後期になると児島から対岸の足守川や旭川流域の沿岸部に土器製塩の拠点が移り支配的となる。

足守川流域には高塚遺跡、津寺遺跡、加茂遺跡、矢部南向遺跡、上東遺跡などの弥生後期から古墳前期の集落が南北に連なり、集落跡からは銅鐸などの青銅器や中国の貨泉、水銀朱・ベンガラなどの精製土器が検出される。それは、一大勢力が結集する瀬戸内最大の交易ネットワークの結節点であったことを示すもので、旭川、足守川の両地域に集落や工房が集中した結果と考えられる。

また一方で、岡山平野は、後期末の自然災害の痕跡が広範囲で検出される地域でもある。そのことが、足守川流域への集住を促進した外的要因であったのかもしれない。

吉井川上流の苫田郡鏡野町の久田原遺跡では、後期末にこの地域を襲った土石流で埋まり、広い範囲で1ｍを超える岩石や砂礫が検出される。また、旭川下流の百間川原尾島遺跡から沢田・兼基・今谷遺跡に至る約2．5ｋｍに及ぶ大規模な洪水砂礫で覆われた水田跡が発見される。

さらに足守川西岸の河口付近にあった上東遺跡も後期末に洪水で埋没し、波止場遺構から国内各地の土器や朝鮮半島の外来土器、約一万個の桃核や破砕された製塩土器などの夥しい数の遺物が検出される。

これらの後期末に岡山平野を襲った土石流をともなうような甚大な自然災害は、東海から西日本の広い地域でも、各地でその痕跡が検出されており、偶発的なものではなく気候変動の影響もあると考えられる。

後期末に岡山平野を襲った事象と相前後して、上東遺跡の北約1．2kmの足守川西岸の王墓山丘陵北端に、楯築弥生墳丘墓が出現する。二世紀末頃の築造で、北東と南西に突出部をもつ双方中円墳で全長約80mの弥生後期末としては隔絶した規模の墳丘墓である。その径約45mの憤頂中央部を深く掘り下げた土壙に木槨を造り、中には大量の朱を敷き木棺が収納されていた。

墓壙上の円礫堆には、飲食儀礼や供献用の土器類、特殊器台に、人型の土偶や土製炭化物などの破砕された雑多なものが廃棄されたように混在する。また、墳丘上の収納庫には、大正時代まであった楯築神社のご神体とされる亀石と称される弧帯文石が納められていた。それは悪霊の封じ込めを呪術的に表現したものか、複雑に巻く弧帯文石の先端には亀の頭か人物の顔のようなものが刻まれている。

また、墳丘上の巨大な立石や墳丘周りの縄文的な環状列石などの威容を誇る外形とは、およそ不似合いな副葬品は、小振りの鉄剣一口と首飾りに多数の玉類の他には、銅鏡その他の威信財はなく簡素である。墓壙上に廃棄され欠損した土偶や一部炭化し細かく破砕された弧帯文石などから、被葬者はこの地域の首長とは限らず、祭祀を司る妖術を有する不覡者の可能性も考えられ、後期末のこの地域を襲った自然災害を契機として築造され、その災禍を取り除く祓いと合わせて墳丘上で葬送と鎮魂の儀礼が実施されたものと推測する。

古墳時代初頭には早くも、岡山平野で畿内・東海系の前方後円墳や前方後方墳の築造が始まる。それは、纏向を中枢とする畿内勢力によるもので、瀬戸内海最大のハブであるこの地域の掌握を示すものと考えられる。築造年代は順不同であるが、東から吉井川西岸の浦間茶臼山古墳、旭川東岸の備前車塚古墳、旭川西岸の都月坂1号憤・七つぐろ1号憤、足守川東岸に中山茶臼山古墳が、また、旭川の臨海部には操山109号憤、網浜茶臼山古墳が前期前葉に出現する。しかし、それはまだ足守川を西へ越えるものではなく後の備前の領域に止まるものである。

初期の古墳が岡山平野の備前の領域を結ぶ一定の線上に立地することから、在地勢力が勝手に築造したものではなく、それらの古墳の被葬者が畿内から派遣された者か、在地の首長などであったとしても、少なくとも畿内勢力と通じた者であったということは云えるであろう。すなわち、前方後円墳（後方墳）は在地勢力にとっては地域でのステータスであったが、同時に畿内勢力の支配が及ぶ表象であったに相違ない。

支惟国の比定地は、後の備中国、現在の足守川流域の総社市、姫路市北部、岡山市北区などに跨がる地域である。

支惟国は、呉音で〝キユイ〟国。〝ゆい〟は古語で結ぶ、結わえる、束ねるなどの意義の結（ゆい）であろう。〝くくる（括る）〟や〝くびる〟の類似古語もある。九州・山口の方言として、結ぶ、束ねる、縛ることを〝きびる（結びる）〟と云う。〝きびる〟と〝くびる〟は異音同意義の訛りであろう。

支惟（キユイ）の支は岐の意であることは、都支国（土岐）、姐奴国（讃岐）でも言及した。支惟国は九州、近畿、山陰、四国を十文字に繋ぐ結節点（瀬戸内海のハブ）であり、中国山地を越えれば出雲、伯耆，因幡など日本海に面する国々に通じる要衝にあり、倭の使役通じる三十国の中でも枢要な位置を占めていたものと考えられる。

古語の髪結（かみゆい）の仮名遣いでは〝い〟が語尾の場合は〝ひ〟を用い〝かみゆひ〟となる。支惟（キユイ）も岐結（きゆひ）→きひ→きび（吉備）と転訛したとみる。

【烏奴国】ウヌ国。穴門国、律令下の長門国、現在の下関市。

三方を海に開く山口県は長大な海岸線を有し、響灘（日本海）は、関門海峡で周防灘（瀬戸内海）と通じる。

中国地方を横断する中国山地の北寄りの高峻な脊梁も県東部までで、西部は標高500m程のなだらかな山並みに変わり、山間部に源を発する比較的流れが急で短い河川が多い。南の瀬戸内海側および、西・北の日本海側ともに沈水海岸で、河口部や小盆地を流れる河川の流域に弥生遺跡が分布し、取り分け西部の下関市中南部に縄文後期から弥生時代の遺跡が集中する。

響灘沿岸から東へ約300m、綾羅木川右岸の標高10mから25mの洪積台地に、弥生時代前期から中期の大集落、綾羅木郷遺跡が立地する。珪砂の採掘作業で遺跡の南側は破壊され大半は消失するが、西の台地から千基余りの貯蔵穴と、大型の土器棺や甕など各種の土器、土製紡錘車、石包丁、磨製石斧、打製・磨製石鏃、土錘、炭化米や麦の栽培植物や魚介類などの動植物の食料残滓が検出される。また、黥面土製品、鉄製の刀子や玉類などの装飾具に加えて大陸の稲作文化に由来する土笛の陶塤が出土する。

次に、綾羅木郷遺跡の北方約５００ｍに位置する梶栗浜遺跡は、弥生前期末から中期の埋葬遺跡で、箱式石棺に九州以外では希な古式の朝鮮半島系の多紐細文鏡と有柄細形銅剣を共伴し、他にも複数の箱式石棺から碧玉・銅剣・銅鏡などが検出された。綾羅木川左岸の伊倉遺跡は、前期から中期の袋状貯蔵用竪穴と墓壙や終末期の住居群よりなる大規模な複合遺跡である。

さらに、南西約１．２ｋｍの稗田地蔵堂遺跡では箱式石棺から前漢の直弧文銘帯鏡に管玉と二本の青銅棒が発見される。青銅棒は金メッキが施された中国で貴人の乗る車の蓋を飾る蓋弓帽で、国内では唯一の出土であり、また銘帯鏡は三雲南小路王墓や立岩の甕棺墓に副葬されたものと同類のものである。遺跡は、響灘に面する県西部は中国大陸や朝鮮半島に近接し、北部九州とさほど変わらない時期に青銅器文化が流入していたことを示唆する。

下関市豊北町の西海岸の砂嘴で発見された土井ヶ浜遺跡は前期から中期初頭の集団墓地で、埋葬域から三百体を越える人骨、硬玉製勾玉、ガラス製の玉類、ゴホウラ製貝輪などの装身具が出土する。埋葬された人骨の高顔扁平高身長の形質は、縄文人とは異なり、江南や山東などの大陸系と類似した特徴が認められると云う。

県西部には他にも中期中葉の埋葬遺跡である豊浦町川棚の中ノ浜遺跡や下関市の吉母遺跡などが分布し、響灘沿岸は大陸からの青銅器や稲作文化の伝播に伴う密接な人的交流を色濃く示す地域である。

山口県の墓制は奴国や伊都国などの甕棺墓はほとんどみられず、箱式石棺墓、土壙、石囲墓、支石墓などである。九州北東部の宗像などの響灘沿岸共通の墓制で、四世紀初めまで多くは弥生時代の墓制の継続と考えられる。

四世紀前半の周南市の竹島御家老屋敷が県内最古の前方後円墳で、魏鏡の正始元年銘の三角縁神獣鏡と呉で作られた劉氏作神人車馬画像鏡が後円部の竪穴式石室から伴出する。魏鏡と呉鏡の共伴は他に類例がない。畿内型の古墳の出現は大和政権が本格的に瀬戸内海ルートの開拓と掌握に乗り出した証で、以後、前方後円墳は周防灘沿岸の東西へ広がりを見せる。西部の響灘沿岸の綾羅木川流域にも四世紀末頃に墳長74m下関市最大の仁馬山古墳が出現し、後続する五世紀の若宮古墳は次代の首長墓とみられる。

本州西端の下関市と北九州市の境界となる関門海峡は、古来より穴戸海峡、馬関海峡とも称され、国内でも屈指の潮流で知られる航海の難所であった。

本流である大瀬戸までの海峡の長さは約28km、壇ノ浦付近の最狭部の早鞆瀬戸では満潮、干潮時に東西の流れが変わり、最大流速約10ノットの潮流が発生する。弥生時代の手漕ぎ船の2~3ノットの航速では到底そこを通過することは困難であり通行は容易ではなかった。そのため当時は、響灘から瀬戸内海の周防灘へ抜ける方法として、現在の下関市の綾羅木川河口を遡上し、逢坂峠を経て住吉神社・長門国一宮付近を通り、長府宮内の忌宮神社に至る東西約7kmの水陸を利用した経路が主要な道筋であったものと考えられる。

三世紀の邪馬臺国の時代の関門海峡は、まだ通過困難な隘路であり、綾羅木川流域から豊浦（長府）に至る響灘と瀬戸内海を結ぶ陸路が最も安全確実な選択であった。外洋に通じる陸海の要衝に位置する下関市の南部が烏奴国の比定地である。

穴門は、関門海峡を指し律令時代以前から穴戸、穴門国と称し、綾羅木川から豊浦郡部を本拠とする豪族穴門国造が治めていた。『書紀』仲哀天皇条に穴門豊浦宮を興すとある。七世紀後半の白村江の敗戦後の律令下に門司側が豊前国、下関側が長門国となる。そして、外敵からの防衛上の観点から大和に至る間に金田城、大野城、基肄城、屋島城、高安城などの山城が築かれる。天智天皇条665年の長門城築造の記述も、その一環であろう。

烏奴国は呉音でウヌ国である。〝ウヌ〟は〝あな（穴）〟のことで、穴は関門海峡を指す穴戸あるいは穴門とみる。七世紀の律令体制で穴門国と阿武国が統合して長門国となる。烏奴国は小国ではあったが周防灘と響灘に通ずる境界に位置し、九州北部や朝鮮半島との交通や情報が合交する要衝にあった。

（女王が統べる連合に属さない国）

『魏志』に「烏奴国の次に奴国有り、此れ女王の境界の尽きる所。其の南に狗奴国有り」とある。この烏奴国（下関市）の次にある奴国とは、前出の伊都国の東南に位置する奴国（春日、福岡市）に相違ない。したがって、その南に有ると云う女王に属さない狗奴国も、その境界の南にあるはずである。

【狗奴国】クヌ国。熊本県山鹿市・菊地市を中核とする北部の菊池川流域から中部の白川、緑川に至る地域。

九州の中央に位置する熊本県は、東の九州山脈、阿蘇外輪山に続く高原台地を経て西の沿岸部の沖積平野へ至る東高西低の地形である。東部山岳に源を発する菊池川、白川、緑川、球磨川が西流し有明海・不知火海に注ぐ。沿岸部を除き北部は筑肥山地が迫り東部・南部も九州山地が連なり、県境のいずれも深山渓谷が織りなす地形は、古名の隈本の由来でもあろう。

縄文前期の轟式土器に続く宇土市曾畑貝塚で発見された曾畑式土器は、沖縄から朝鮮半島まで南北に広く分布しており、有明海沿岸は縄文時代から海洋交流が活発であったことを物語る。天草の本渡市大矢遺跡では、四千年〜五千年前の稲もみの圧痕のある土器の発見があり、山鹿市の東鍋田遺跡でも縄文時代のプラントオパールが採集され、有明海は熱帯ジャポニカ（陸稲）の江南より列島への伝播ルートの一つであったようだ。

水稲稲作は筑後川を越えて弥生前期後半には玉名平野から熊本平野の沿岸部に到達し、前期末には宇土半島以北の平野全域に及ぶ。菊池川が有明海へ注ぐ玉名平野の水稲栽培の開始は県内でも早く、河口付近の両迫間日渡遺跡は最古の弥生前期の水田跡である。

九州北西部を中心とする甕棺墓は緑川から宇土半島あたりが南限とみられ、玉名市築地の東大門遺跡の甕棺墓群は、それが弥生中期に菊池川中流域にも達していたことを示し、後期には菊池川流域に環濠集落がいくつも出現する。なかでも、東西約１５ｋｍ、南北約４ｋｍの菊鹿盆地の菊池川右岸の自然堤防上に立地する山鹿市の方保田東原（かとうだひがしばる）遺跡は、約４０ヘクタールの流域最大の環濠集落である。

その限られた調査範囲でも、防御用と推定される南北に走る幅８ｍの大溝を含む数本の溝状遺構に、住居跡百二十軒、国内最大級の巴形銅器や小型彷製鏡などの銅製品、国内唯一の石包丁形鉄器や鉄鎌・刀子・鉄鎌・鉄斧などの鉄器や鉄片、鉄器加工や土器製作の遺構が検出される。また、北部九州、山陰や瀬戸内海、近畿地方などの他地域からもち込まれた夥しい数の土器が出土し、それらの地域間の盛んな交流が看取される。菊池川流域には他にも直径３００ｍの多重環濠うてな遺跡、小野崎遺跡、諏訪原遺跡などの弥生後期の環濠集落が互いに連繋するように立地する。

方保田東原遺跡の出現と連動するように、北は菊池川から南の白川、緑川流域にかけて、また東部は阿蘇谷から大野川流域の、いわゆる阿蘇外輪山やカルデラに源を発する河川の流域や阿蘇谷内部の広い地域に鉄器加工の遺構が分布する。

方保田東原遺跡の西約１２ｋｍ下流の玉名郡和水町の菊池川左岸の諏訪原遺跡は、南北約８００ｍ・東西約４００ｍの領域に多重環濠を巡らす弥生後期から古墳時代初頭の集落である。約七十軒の竪穴住居跡とともに鍛冶工房と思われる四基の遺構から大量の鉄片や鍛錬鍛冶の鉄滓が出土し、大々的に鉄器を製造していた跡が検出される。さらに河口に近い玉名平野の下前原遺跡も鉄器加工の遺構である。

緑川、白川流域では二子塚遺跡、山尻遺跡、西弥護免遺跡の遺構から焼土、木炭、鉄片や鍛造剥片、鉄滓などが出土した。また、東部の阿蘇カルデラ内にも、幅・津留集落遺跡、阿蘇狩尾遺跡群、池田遺跡、下山西遺跡などの多数の鉄器加工跡のある集落が分布する。

弥生後期に西日本の広範囲で鉄器の検出が急増するものの九州の鉄器出土数は他を凌駕する。熊本県は福岡県に次ぐ鉄器出土量を誇り、鉄鏃などの狩りや武器用に限ればその出土量に遜色はない。

阿蘇カルデラに蓄積した火山性降灰物を成分とする褐鉄鉱、沼鉄鉱が沈殿堆積したものが阿蘇黄土で、高温加熱してできたベンガラ（赤色酸化鉄顔料）は縄文時代より土器の釉薬として、また、弥生墳墓や古墳の石室や石棺内部の散布や塗布材などの様々な用途になる。鉄成分比率は高く、溶融温度に影響するチタン含有量が桁違いに少なく、比較的低温還元で原始的な設備でも鉄塊が得られる特徴がある。第二次大戦中には鉄資源として利用されてもいる。

しかし、弥生時代の列島の鉄器生産は舶載の鋳鉄の鍛冶加工が主体で、製鉄そのものはないというのが通説である。だが、小型の鉄鏃や工具類には砂鉄や阿蘇黄土などの国内資源で代用された可能性が考えられる。阿蘇カルデラ内に源を発する鉄素材を求めて菊池川や白川流域、さらに阿蘇谷に多くの集落が築かれるようになったのではなかろうか。

この地域では酸化鉄を含む赤褐色の土を赭（そお）と呼ぶ。阿蘇（あそ）は阿赭につうじ、これまで辿ってきた蘇奴、華奴蘇奴などの蘇の付く国は、いずれも砂鉄や鉄鉱石、湖沼鉄などの鉄素材の産地である。

菊鹿盆地を拠点として鉄器生産を広範囲に展開し一大勢力となる地域が、狗奴国の比定地である。南は宇土半島から白川・緑川、東方は阿蘇谷に至る広域が狗奴国の支配領域であったと考えられる。

狗奴国は呉音で〝クヌ〟国である。『魏志』倭人伝の冒頭に近い文節に、帯方郡から邪馬臺国に至る道程の倭の北端として、朝鮮半島南岸の狗邪韓国の名がある。狗邪は呉音で〝クヤ〟であるが、狗邪韓国の比定地は四世紀の三国時代に伽邪諸国の一国として朝鮮半島南部の金海市付近にあった金官国が有力視される。

狗邪韓国が後の伽邪諸国の領域にあったとすれば、狗邪の呼称も〝クヤ〟ではなく〝カヤ〟韓国であったものと考えられる。前出の烏奴国も呉音で〝ウヌ〟だが、穴〝アナ〟と推定され、福岡平野の奴国も〝ヌ国〟ではなく那珂の那〝ナ国〟に該当する。また、『魏志』に記された倭国の国名や人名に〝オ〟行音は皆無であることから、おそらく、倭人の発する〝ア〟行、〝オ〟行の音は、当時の漢人には〝ウ〟行の音として捉えられていたものと推定される。卑狗の呉音〝ヒク〟の場合は、比古〝ヒコ〟である。

同様に狗奴の字音からすると、熊本県の菊池川流域を拠点とする狗奴国の倭の呼称も〝クヌ〟ではなく〝カナ〟国であった蓋然性が高い。すなわち、〝カナ〟とは鉄（かな、かね）である。鉄（テツ）は漢音である。訓読みは〝かね、くろがね〟であり鉄輪（かなわ、かんなわ）などの古代からある地名も豊後にみえる。鉄器の生産力を高めて勢力を拡大し邪馬臺国に対抗する強豪国となるこの国の呼称としても〝鉄（かな）〟国が最も相応しく交易相手国からそのように称されていたに違いない。

魏の正始八年（西暦247年）「倭の女王卑彌呼、狗奴国の男王卑彌弓呼と素より和せず、相攻防する状を説く」と『魏志』にあり、邪馬臺国の卑彌呼と狗奴国の卑彌弓呼とは長年敵対関係にあった。

狗奴国の比定地の周囲を見渡せば、西部は有明海に面し、北部から東部にかけて倭国連合の伊都、奴、不彌、蘇奴、呼邑の諸国が隣接する。北部は筑紫平野の中央を流れる筑後川を挟み奴国の境界付近や東部の大野川流域から別府湾に抜ける地域が狗奴国との攻防ラインであったと考えられる。

福岡平野から筑紫平野に至る途中は、東側が三郡山地、西側を背振山系が迫る狭窄した地形で、そこを南下すると九州最大の筑紫平野が開ける。そこは、南部の耳納山地・筑肥山地まで肥沃な三角地帯を形成し、弥生集落が密集する地域で、また、南部の有明海沿岸地域と北部の玄界灘沿岸地域を結ぶ結節点でもある。

狭窄部から筑紫平野北部には、畿内型の古墳前期の高塚古墳が北部九州の中でも他に先駆けて出現する。筑紫野市の原口古墳は前方部が撥型の古式の前方後円墳で、小郡市の津古生掛古墳は棺外から庄内式並行期の定角式鉄鏃が検出された三世紀後半の県内最古の前方後円墳である。朝倉郡筑前町の焼ノ峠古墳も三世紀後半の九州最大の前方後方墳である。それらを墓制とする近畿・東海地域からの人の派遣があり、それは奴国の国境近くに拠点を構え南の狗奴国と対峙するものであろう。

これに対して、そこから南方約10km先の熊本県との県境を越え山間を抜けると菊池川と交差し、この交点の菊池川流域の対岸にあるのが、複数の鉄器工房を有する前述の諏訪原遺跡である。現在の地名で和水町江田にあり、有明海から上流約15kmの菊池川左岸に位置する。

菊池川の中下流域の河川勾配は緩やかで、国内最大と言われる有明海の5～6mの干満差や人工の堰などが築かれてなかった弥生時代を想定すると、江田付近まで海水が遡上する汽水域で、有明海から簡単に船も乗り入れることができたであろう。

諏訪原遺跡は、菊鹿盆地から有明海に至る菊池川と九州北部から熊本南部に至る陸路が交差する要所にある。三重に巡らす環濠はまさに要塞で、有明海の海路や北部九州との通交を統制する重要拠点になるだろう。江田の地名は平安時代編纂の倭名類聚抄にあり、近傍には、列島最古の銀象嵌銘太刀が検出された五世紀末の江田船山古墳が立地する。また、白川から菊鹿盆地にいたる要所にある西弥護免遺跡や、阿蘇谷の阿蘇狩尾遺跡群などで出土した夥しい鉄鏃などの鉄器類から、そこが狗奴国の武器補給基地を兼ねた要塞としても機能していたものと考えられる。

三世紀に倭国連合のネットワークができ、その後、九州東部の宇佐に赤塚古墳、国東半島に下原古墳、宮崎の西都原古墳群、生目古墳群などの畿内型の前方後円墳が古墳前期に一斉に築かれる。したがって、狗奴国の領域の周囲には西方の有明海側を除けば、三世紀後葉から四世紀初頭には狗奴国包囲網ともいうべきものが成立していたであろう。だが、狗奴国のその後の動向は定かではない。

狗奴国の領域は、前方後円墳・後方墳などの近畿・東海型の高塚古墳の出現が、九州で最も遅い地域である。四世紀後半まで一基もみられず、そこは空白地帯であった。

ところが、四世紀末から五世紀中葉にかけて菊池川下流域に山下古墳、経塚・大塚古墳群が、中流域には岩原古墳群や竜王山古墳、津袋古墳群が、阿蘇谷にも中通古墳群などが出現するようになり前方後円墳、円墳などが広範囲に分布することから、四世紀後半から末にかけて狗奴国の勢力範囲は縮小し、五世紀初頭には大和政権の支配がこの国の中枢部にも及んだものと考えられる。

四世紀後葉から五世紀にかけて朝鮮半島への列島各地からの出兵派遣を契機として、大陸や半島の影響を受けたとみられる新規墓制が九州の広域に出現する。四世紀後葉から九州北部では竪穴式石槨から横穴式石室へ、五世紀から六世紀にかけて石室内や入口に線文や彩色を施した装飾古墳が北部九州や熊本県を中心に列島各地に広がりをみせる。三世紀の狗奴国の領域であった菊池川流域は、六世紀には国内でも屈指の装飾古墳が集積する地域へと変容する。

『魏志』には、奴国の名が重複しているが、女王国の境界にある奴国は、すなわち、伊都国の東南百里にある奴国のことであって、烏奴国の次にあり、かつ狗奴国の北にある位置関係は明解である。

狗奴国は有明・不知火の海洋ルートによれば南西諸島との南海交易も有利であり、有明海から大村湾を抜ければ朝鮮半島や大陸にも近く、東部の阿蘇から大野川沿いに別府湾に至れば瀬戸内海交易ルートも活用でき地理的利便性に優れ、加えて阿蘇カルデラを源とするベンガラや鉄素材、有明海沿岸の製塩などの資源にも恵まれ、倭国連合のネットワークに些かも依存する必要がなかったことが、独自路線を展開し邪馬臺国の卑彌呼の強敵として存在し得たゆえんであろう。

以上、陳寿が『魏書』東夷伝倭人の条に列記した全ての其の餘の旁国を尋ね、その比定地を明らかにし終えた。

(5) 海外の国(南と東南の国)

倭人の条の後段には、「女王国の東、海を渡り千余里に復国あり、皆、倭種なり。又、侏儒国有り、其の南に在り、人長は三、四尺、女王を去ること四千余里。又、黒歯国・裸国有り、復其の東南に在り、舟行一年で至る可」と記される。

女王国の東、すなわち、邪馬臺国の東、海を渡り千余里に復ある国とは、邪馬臺国の比定地である奈良の桜井市から、東方の伊勢湾沿岸より海路で遠州灘を東へ渡ると、一渡海千里の距離を100km～150kmとすると、それは静岡県の浜松から駿河湾の入り口の御前崎の間になるから、皆、倭の種族である国とは静岡県以東の国々、すなわち、関東方面の東国を指すものであろう。

次に記された邪馬臺国の南、及び東南の方向は、紀伊山地の森林で覆われ、紀伊半島の山塊が迫るリアス式海岸の先は熊野灘である。したがって、女王国を去ること四千里に在る侏儒国と舟行一年で至る黒歯国・裸国は邪馬臺国の南の熊野灘の入り江より、南および東南方向に船出し海洋に、これを求める他はない。

【侏儒国】シュジュ国。律令時代の多褹。鹿児島県大隅諸島の種子島。

種子島は、大隅半島の南方約40kmの海上にあり、南北約60km・東西約5km～10kmの南北に細長い離島である。標高282mの回峯が最高地点で、海岸段丘が発達した海食台地よりなる。種子島の西方約20kmに屋久島があり、それはフイリピン海プレートの沈み込みによる地下のマグマが隆起する造山運動により形成されたもので、九州最高峰の宮之浦岳などの1900m級の山岳が屹立し島全体が円形に近く種子島とは地勢が異なる。

縄文後期に鹿児島県南部を中心に長崎県五島列島から南は沖縄本島まで広く分布する市来式土器は、種子島の浅川牧遺跡、屋久島の一湊松山遺跡や横峯遺跡でも検出され、縄文時代末期まで種子島・屋久島ともに九州、山口、四国東南部を含めた広域海洋流通網に関わっていたものと考えられる。

しかしながら、北部九州で水稲栽培が始まり、西日本の各地に稲作文化が漸次拡散していく過程で、それまでの九州本土と薩南諸島との密接であった交流は影を潜める。

種子島南東沿岸部の海抜約6mの砂丘で検出された広田遺跡は、弥生後期後半から古墳時代後期の集団墓地である。それは、この地域の弥生中期以降の空白を埋める一つの発見である。

南島固有の合葬を含む埋葬遺構から、オオツタノハやゴホウラの貝輪や小玉連珠などの貝製装飾品を身に着けた百六十体ほどの人骨、四万四千点余の貝製品や貝符などが出土する。豊富な貝製装身具、屈葬や二次埋葬などの南方的な特徴に加えて、古代中国の青銅器や玉器などの装飾に用いられた饕餮(とうてつ)文・

蟠螭文が施文された貝符、イモガイを加工した竜佩形垂飾品などの装身具が検出される。

広田遺跡の豊富な装身具の副葬や夥しい貝製品は、それらの消費地でもあったことを示し、オオツタノハは種子島を始め薩摩諸島やトカラ列島の近隣で、大型のイモガイも奄美から入手可能であり、広田遺跡から発見された独自文様の加工品は沖縄、奄美でも出土する。

また、広田遺跡で検出された成人の人骨から推定される平均身長は、男性が約154cm、女性が約143cmで、北部九州、山陰や瀬戸内海などの西日本の弥生人の中でもきわめて身長の低い人々の集団であった。

弥生時代の北部九州の金隈、三津長田、山口県の土井ヶ浜、愛知県朝日遺跡などで検出された人骨から推定される人々は高身長であるが、五島列島や長崎などの西北九州の弥生時代の遺跡で検出された人骨は縄文時代の人骨の形質に類似して低身長であり、一概には論ずることができない地域差が認められる。

総じて弥生時代の人骨は多様だが、縄文時代のそれは類似の傾向があり明らかに弥生時代の形質とは異なる。縄文時代の人骨からは、脳頭蓋と顔面幅が大きく高さが低い短頭・低顔で、眼窩は方形で広く鼻根部は隆起し鼻幅は狭く彫りの深い顔で低身長であるなどの特徴が挙げられる。

広田遺跡で検出された人骨も、縄文時代の形質や風習を保持した縄文人の後継のようでもあるが、また他では見られない異質な有意差もある。

頭蓋骨は、後頭部に意図的に扁平にする人工変形頭蓋の形跡があり過短頭である。男女とも腕輪やネックレス、ヘヤバンドなどに豊富な貝装飾品、ガラス飾り玉、独自の貝符や垂飾品を着装して埋葬されており、貝符は沖縄・奄美でも検出されているが九州本土では確認されていない。竜佩形垂飾品の検出は広田遺跡のみである。また極端な屈葬や縄文人の抜歯とは異なる渡来系弥生人に見られる上顎側切歯の抜歯などの特異な習俗や墓制を有し、外来要素を色濃く残している集団と考えられる。

南西諸島では縄文時代の九州南部地域との一体で緊密な関係は弥生時代になると一変し、労働集約的な稲作文化とは距離おいた地域として、漁労採集・畑作に、貝製品やその素材の産地や消費地でもあった地域の島嶼間での交流を主としながら、貝符や埋葬、抜歯などの風習を古墳時代まで継続して固有の文化を醸成していたものと考えられる。

もちろん、その間も有明海や九州東部・瀬戸内海との貝輪などの装飾資材の交易は継続するが、外部から南西諸島への定住化をともなわず、人の流動も限られていたものと考えられる。交易の対価として中国古代貨幣の明刀銭、五銖銭やガラス装飾などがもたらされる。広田遺跡の埋葬遺構で検出された饕餮文などの大陸由来の文様なども、その流通経路で伝来したものか、渡来民によるものと考えられる。

西北九州の弥生人の容貌にも近似したところもあるが、その際立った短頭で低身長の体躯と特異な習俗から、たぶん言語も些か異なっていたのではないかと考えられる。このことが倭人とは異質な集団として誇張されて伝わり表現されたものが『魏志』にある侏儒国であろう。種子島がその比定地である。

女王国の南にある侏儒国には、身の丈が三、四尺の人があり、女王国よりその距離四千余里と『魏志』にある。比定地までの道程を辿ってみよう。奈良盆地に在った女王国の南方より船出するには、現在の五條周辺から紀伊山地を山越えして十津川に至る。そこから熊野川に沿って南下し河口にある新宮市の入り江に到る。

新宮市の熊野川が注ぐ入り江から出航し先ずは南方に進路をとる。熊野灘を紀伊半島の東岸沿いに約35km南下すると南端の潮岬に達する。岬の先端で西に舵を切り紀伊水道の南方海域を北側に弧を描きながら反時計まわりの還流に乗って室戸岬に達する。出航して約140kmの最初の渡海である。

二回目の渡海は、室戸岬よりこれも西流する土佐湾の沿岸流に乗り足摺岬に達する。その距離約120km。三回目は、豊後水道から日向灘を北から南に流れる沿岸流に乗って渡海し宮崎県西都市付近に寄港する。そこは前述の呼邑国（児湯）である。その距離約130km。呼邑国から日南海岸を南下し四回目の約140kmの渡海で侏儒国の比定地、種子島に到達する。

新宮市の入り江から種子島までの四渡海は、海上四千里で、女王国から紀伊半島南部新宮市までの陸路を合わせて『魏志』の記載のとおり、侏儒国まで四千余里で合致する。

『書紀』には、天武十年十月（西暦681年）に多禰（種子島）に遣わした使者が島の地図を貢上したことが記されており、その国は京（飛鳥浄御原宮）を去ること五千余里とある。この場合は京より難波津にでて大阪湾から出航したとみられ、室戸岬までは約200kmの距離があり、一度の渡海では航続距離が長過ぎる。紀伊半島西岸の由良あたりに寄港して二度の渡海で室戸岬に至るのが順当である。すなわち多禰（種子島）までの五渡海は五千里であり、陸路を加え五千余里となる。七世紀末でも、海路の里程として有用であることを示している。

広田遺跡の最下層に埋葬された人たちは、春秋戦国時代の青銅器などに用いられた文様を持つ貝符や多くの垂飾品を装身具としている。黄河・長江文明にさかのぼる起源をもち、約四千年前の古代王朝・夏との戦いに破れ揚子江に逃れ、さらに中国南部に離散と移住を余儀なくされた苗族文化の遠来を想起させるものがある。苗族の人々は短頭、低身長などの外形的な特徴を有し、精巧で華麗な装身具や護符の意味合いもある多様で緻密な刺繍文様を施した服飾などで、文字を持たず伝承により伝統文化を今に伝える。

東シナ海に北西の季節風が強まる冬季を除いて、江南の揚州沿岸から東に漕ぎ出せば、遣唐使船などの記録から、九州西北の五島列島から南は薩摩半島西岸の間の、どこかに到着したものと考えられる。さらにもっと東南に流されたとしても、フイリピン沖から台湾を抜けトカラ列島を通過したあたりから流れを変え、屋久島・種子島の南東側を太平洋への入り口とする黒潮本流により、屋久島か種子島に漂着する確率が高いのである。

世界有数の海流である黒潮は、流速毎時３～７ｋｍで幅約１００ｋｍの大きなベルトコンベアとなり、そこを手漕ぎ船など人力のみで横断しようとする者にとっては、越えがたい障壁ともなる。

そのことは約七千年前に始まる台湾の大坌抗文化や円山文化などの先史文化が、２００ｋｍ先の宮古・

八重山諸島には伝わらず、他方南部琉球では下田原期として独自文化を形成するなど、間を流れる黒潮本流が大陸との交流を阻み、相互に影響を及ぼすことなどなかったことを示しており、むしろ、南方のフイリピンやインドネシアのシャコガイ製の貝斧の形態などで共通性が認められる。

南西諸島の弥生時代、古墳時代の遺跡出土の人骨から判明したことは、身長や頭蓋などの形質に限れば広田遺跡で埋葬された人々が特異なものではないことである。種子島の中種町の鳥ノ峰遺跡など他の埋葬遺跡から発見された人骨は、その特徴や抜歯などの習俗も広田遺跡で発見された人々と変わらないものであった。また、沖縄や奄美その他の島嶼などの弥生時代の人骨も殆ど類似で、皆縄文人の形質を保持しておりいずれも短頭・低顔・低身長である。

つまるところ、侏儒国とは、縄文時代からの習俗や生活環境が劇的には変わらず、縄文人の形質を保持した均質な人々で成り立つ地域のことである。広義には南西諸島全体を指しているとも言える。もちろん、古墳時代初頭の西日本一帯においても縄文人の形質をもった人が混在していたのは間違いないが、これほどまでに均質ではなかっただけのことであろう。その違いは、千有余年に及ぶ弥生時代の水稲耕作の拡大による食糧事情などの生活環境や、形質の異なる渡来民などとの混血など種々の要因が絡んでいると考えられる。

この百年で日本人の体格は、食を含めた生活環境などの著しい変化もあって身長の伸びも過去最大となる。江戸時代の人骨から、江戸住民の平均身長は弥生時代や古墳時代の人々よりも、かなり低く広田遺跡の埋葬人骨と変わらないような低身長であったと云う。

畿内方面から渡海してくると大隅半島のすぐ南にある南西諸島の最初の到達地が種子島であった。魏の帯方郡使が倭人より伝え聞いた侏儒国の人々は、古墳時代においてもなお縄文人の形質を保持しており、稲作民とは異なる習俗や言語などから、当時は倭種と見なされなかったに過ぎない。

種子島の島民が歴史に記されるのは七世紀以降である。日本書紀の天武六年（677年）の「多禰島の人らを飛鳥寺の西の槻の木の下で饗応した」とあるのが初現である。さらに、天武十一年の隼人、多禰人、掖玖人（屋久島）、阿麻彌人（奄美）などの俸禄や貢物などの記載が増え、南西諸島への関与を深めたものとみられる。

戦前（昭和）の種子島の島民の身体測定では、他の薩南諸島や九州本土の人々と比べて、もはや身長や体型に顕著な有意差はなく、ただ薩隅や奄美とも言語や習俗が幾分異なっていたというだけであった。

【裸国・黒歯国】西部ミクロネシア、マリアナ諸島

次に、女王国（邪馬臺国）の東南に裸国・黒歯国があり、およそ一年の航海で至ると記される。裸国・黒歯国とは、倭人からの伝聞によるもので、腰簑を纏う人々、お歯黒の習俗のある南方の国々の仮称であろう。

女王国より、それらの国々に至る最も可能性の高いルートを辿ってみる。東南方向の外洋航海の出航地としても、和歌山県の熊野川河口の新宮の入り江が最短である。南東方向に漕ぎ出せば、本州最南端の紀伊半島沖合５０ｋｍから１００ｋｍ先を東流する黒潮に乗り、約３００ｋｍ先の伊豆七島の三宅島から八丈島のあたりに達する。

そこには百余島嶼よりなる伊豆諸島、三十余島の小笠原諸島、十六の島で構成するマリアナ諸島が南北に連なり、全体で伊豆・小笠原・マリアナ島弧を成している。それは太平洋プレートのフイリピン海プレート下への沈み込みによって、一千万年かけて西方から徐々に移動し現在の位置に形成されたもので、弧を描くように海溝と島々が連なる全長約３０００ｋｍに及ぶ弧状列島である。

小笠原諸島の最高標高は南硫黄島の９１６ｍ、マリアナ諸島ではアグリハン島の９６５ｍで、航海中それぞれの諸島内の島影は、ほとんどの島嶼間で目視可能であり島伝いの航法が可能である。けれども、伊豆諸島南端の孀婦(そうふ)岩と小笠原諸島北部の聟島(むこじま)の間と、小笠原諸島南端の南硫黄島とマリアナ諸島の北端パハロス島の間は全く島影が望めない区間が存在し、海図や羅針盤などない古代には熟達した船乗りであっても、渡海するのは容易なことではなかったであろう。

　しかしながら、周囲を海に囲まれた日本列島には古代の人々の旺盛な航海の軌跡がある。黒曜石の海上交易は旧石器時代からあり、九州佐賀県の腰岳、北海道の白滝、伊豆の神津島などの黒曜石は数百キロ先まで海路で運ばれている。七千五百年前の千葉県の雷下遺跡で、国内最古の丸木舟の残片の検出例があるが、移動手段が当時そのような小型の丸木舟だとすれば、現代では想像がつかない超人的な航海であったと云ってよい。

鹿児島県加世田市の一万二千年前の栫ノ原（かこいのはら）遺跡で出土した丸ノミの片刃石斧は、丸木舟の刳り貫きなど木材加工に用いられるもので、列島内はもちろん世界でも最古のものである。栫ノ原形の丸ノミ石斧は九州南部を中心に沖縄本島から五島列島まで分布しており、すでに縄文時代草創期に海洋交易で流通していたことが窺える。

また、屋久島やトカラ列島など薩南諸島に生息するオオツタノハの貝輪の最古の製品が、約八千年前の当時は有明海の沿岸部であった佐賀県の東名遺跡で検出されたのを始め、約六千年前の富山市小竹貝塚や縄文時代後期の北海道洞爺湖町入江貝塚でも出土している。さらに、北海道伊達市で検出された沖縄など南海にしか採れないイモガイの貝輪は、数千キロに及ぶ日本海交易があった証である。

オオツタノハは国内でも限られた地域でしか生息しない。近年、伊豆諸島南部にも生息域があることが明らかになる。三宅島から八丈島、南の鳥島でも生息が確認されている。伊豆大島の下高洞遺跡や三宅島のココマ遺跡では縄文時代後期から弥生時代のオオツタノハの加工や集積跡が検出されている。千葉県の市原市の貝塚や三浦半島の海蝕洞窟跡でも貝輪と数多くの未完成品が出土し、伊豆諸島南部産のオオツタノハの加工地であったことが解明された。

したがって、弥生終末期の時点の倭人は、少なくとも西は九州南部から南西方向に連なる沖縄諸島まで、東は伊豆半島沖から南北に連なる伊豆諸島南端までの島嶼の存在を認識していたであろう。

その先の海域には、列島の縄文後期から弥生時代にかけて変容する一大画期があった。

伊豆諸島の南には広大な太平洋の無数の島々からなるオセアニアがあり、四千年前まで殆ど無人島同然であったが、ミクロネシアやポリネシアに約三千六百年前から東南アジア方面から人々が移住しはじめ、列島の弥生終末期までには、ハワイ、イースター島、ニュージーランドなどの島を除き大半の島々への入植で埋め尽くされつつあった。

それは、オーストロネシア語族の故地である台湾とその対岸の現在の福建省などの中国南部の大坌抗文化（約七千年前から四千八百年前）の末期を起源とするものである。

赤色彩色土器などの固有の文化を有するオーストロネシア語属の人々は、約五千年前から台湾を出て南方へ移動を開始する。約五千年前には南のフイリピン、約四千五百年前から四千年前にはボルネオやセラウシュ島からジャワやスマトラまで、人々の拡散によってオーストロネシア語圏は東南アジアの島々に拡大する。

約三千六百年前の、インドネシア東部のハルマヘラ島からメラネシア、ポリネシアに移動した人々を第一群とすると、前後して、東方のミクロネシア西部のマリアナ諸島に移動を開始したオーストロネシア語属の人々がいた。それを第二群とすると、北部マリアナ諸島で発見された赤色スリップ土器に似たものがフイリピンにもあり、フイリピンから約２２００ｋｍを無寄航で走破し、マリアナ諸島に直接到達したものと考えられる。

無島海ともいえるフイリピン海盆を常に吹いている西向きの貿易風に逆行する西から東への航海には、三角帆付アウトリガーカヌーの使用と、タッキング走法の熟達や太陽・星や波・風などの位置情報を活用した航海術を駆使することで可能になったもので、この時代に始めてそれが実現する。

先史時代にマリアナ諸島から小笠原や伊豆諸島まで北上した人たちがいたことを示す痕跡が検出されている。その一つが、小笠原諸島の父島から南南西約２１０ｋｍにある周囲約８ｋｍの北硫黄島にある石野遺跡である。東西約２ｋｍの東側の海岸に面した緩斜面にある石野遺跡では、積石などの配石遺構の周辺から多数の土器片、打製石器、磨敲石、貝斧などが出土し、その近隣の海を臨む斜面には線刻画が描かれた巨石も発見される。

それらの遺物の中でも厚手の無文土器やシャコガイの復縁部を研磨した貝斧の特徴は、南方のマリアナ諸島によく見られるものであることから、その方面から来島した紛れもない物証であろう。土器に付着した炭化物、シャコガイの放射性炭素年代測定では約二千年前のものとされ、列島の弥生後期初頭にあたる。祭祀遺構もあるようで一定期間この島に定住した跡なのであろう。石野遺跡のある北硫黄島からマリアナ諸島の北端のパハロス島まで約６００ｋｍの距離に過ぎない。

マリアナでは厚手の無文土器をともなうラッテと称される石柱遺構が九世紀に出現する。石灰岩を切り出し二列平行に並べた高さは１・５~２・５ｍ石柱に半球状の上面が平らな石を載せたもので用途は不明で、祭祀施設、墓石・埋葬施設などの説があるが、その多くは沿岸部に分布していることから、高床式家屋の支柱説が有力である。マリアナ諸島に多い丸ノミ形の特徴ある石手斧は、ラッテの石材加工に必須のものであって、この時期のものである。

マリアナ諸島のラッテ期にも来航を示す丸ノミの石斧が小笠原、伊豆諸島で収集されている。小笠原諸島の父島、北硫黄島、八丈島などで客土にまぎれて発見されたもので出土地が不明なものもあるが、それらは明らかに、マリアナ諸島から伊豆諸島八丈島あたりまで北上してきた人たちがいたことを物語る証拠である。

また、小笠原諸島の父島、母島には縄文時代の打製石器や貝製品などの縄文人の遺物と云えるものも検出されていて、日本列島からの倭人の足跡も確かにある。関東、沖縄本島、グアムから北硫黄島まで約１３００ｋｍから１４００ｋｍで、ほぼ等距離にある。北硫黄島の榊ケ峯７９２ｍと小笠原諸島最高標高の南硫黄島９１６ｍは海の道標となり小笠原諸島周辺には、探査や新天地を求めて、あるいは漂着も含め数百年単位でみれば、北、南、西方から何度かそこを往来する海洋民のアプローチがあったであろうことは想像に難くない。なかには、さらに南下してマリアナ諸島まで至る倭人がいたとしても不思議ではない。

身体装飾としての入れ墨や歯を黒く染める風習は先史石器時代からあり、お歯黒は中国南西部、インドネシア、ベトナム、フィリピンなどの東南アジアやミクロネシア、ポリネシアなどの各地で見られた習俗であった。ポリネシア最後期の入植先ニュージーランドのマオリ族も黒歯が認められたことから、オーストロネシア語属の拡散した地域に共通する習俗と考えられる。列島にも奈良時代に伝わり平安貴族の間で広まり、江戸時代には既婚女性の風俗となるが、明治の禁止令により現代社会では全くみられない。

十九世紀以降の欧米によるこの地域への進出や属領化などによって、現地のお歯黒の習俗は忌諱され廃れてしまったが、ミクロネシアのマリアナ諸島のサイパン、ヤップ諸島、パラオでは、お歯黒をした人が目撃され、現代でも中国貴州省のミャオ族やベトナム北部の先住民族には、お歯黒をする女性が認められたと云う。

整理すると、弥生時代の日本列島の南方には、黒歯国と言えるものが中国南部、台湾、フイリピン、ミクロネシアの国々など複数存在した。その中で、邪馬臺国の東南方向に位置するのは、マリアナ諸島およびグアム、ヤップなどのミクロネシア西部である。そこが倭人伝にある帯方郡使の査問に答えた倭人の知る黒歯国・裸国の比定地である。

紀伊半島南岸から東の伊豆諸島、小笠原諸島を経由し、マリアナ諸島の南部まで約３０００ｋｍである。前述の不彌国から邪馬臺国に至る日本海側の航海距離約４００ｋｍ余りの船旅が一ケ月を要したものであったから、目視可能な島影もない渡海区間があるマリアナ諸島までの航海のことや、倭人の船が丸木舟か舷側のついた準構造船程度のものであったことを考慮すると、弧状に連なる島嶼に沿った航海距離は、舟行一年を要して到達可能な比定地として妥当である。倭人がマリアナ諸島まで航海した経験をもとに、実在の国として黒歯国や裸国を捉えていたのは間違いないであろう。

4 使譯通ずる所の三十国

(1) 使譯通ずる倭の三十国の比定地と方位

『魏志』倭人の条に記された順番に、帯方郡より倭に至る邪馬臺国以北の国に加えて、其の餘の旁国の比定地を改めて示せば次のとおりである。

狗邪韓国　慶尚南道金海市	對馬国　長崎県対馬市	一支国　長崎県壱岐市
末盧国　佐賀県唐津市	伊都国　福岡県糸島市	奴国　福岡県福岡市・春日市
不彌国　福岡県飯塚市	投馬国　島根県出雲市・雲南市加茂町	邪馬臺国　奈良県桜井市
斯馬国　三重県志摩市	已百支国　愛知県一宮市	伊邪国　愛知県安城市
都支国　岐阜県瑞浪市	彌奴国　岐阜県美濃市	好古都国　大阪府和泉市
不呼国　徳島県徳島市	姐奴国　香川県高松市	對蘇国　高知県南国市・土佐山田町
蘇奴国　大分県宇佐市	呼邑国　宮崎県西都原市	華奴蘇奴国　鹿児島県鹿屋市・肝属郡
鬼国　和歌山県和歌山市	爲吾国　三重県伊賀市	鬼奴国　滋賀県彦根市・愛荘町・東近江市
邪馬国　京都府向日市・長岡市	躬臣国　富山県富山市	巴利国　兵庫県たつの市・姫路市
支惟国　岡山県倉敷市・岡山市	烏奴国　山口県下関市	狗奴国　熊本県山鹿市・菊池市

図1

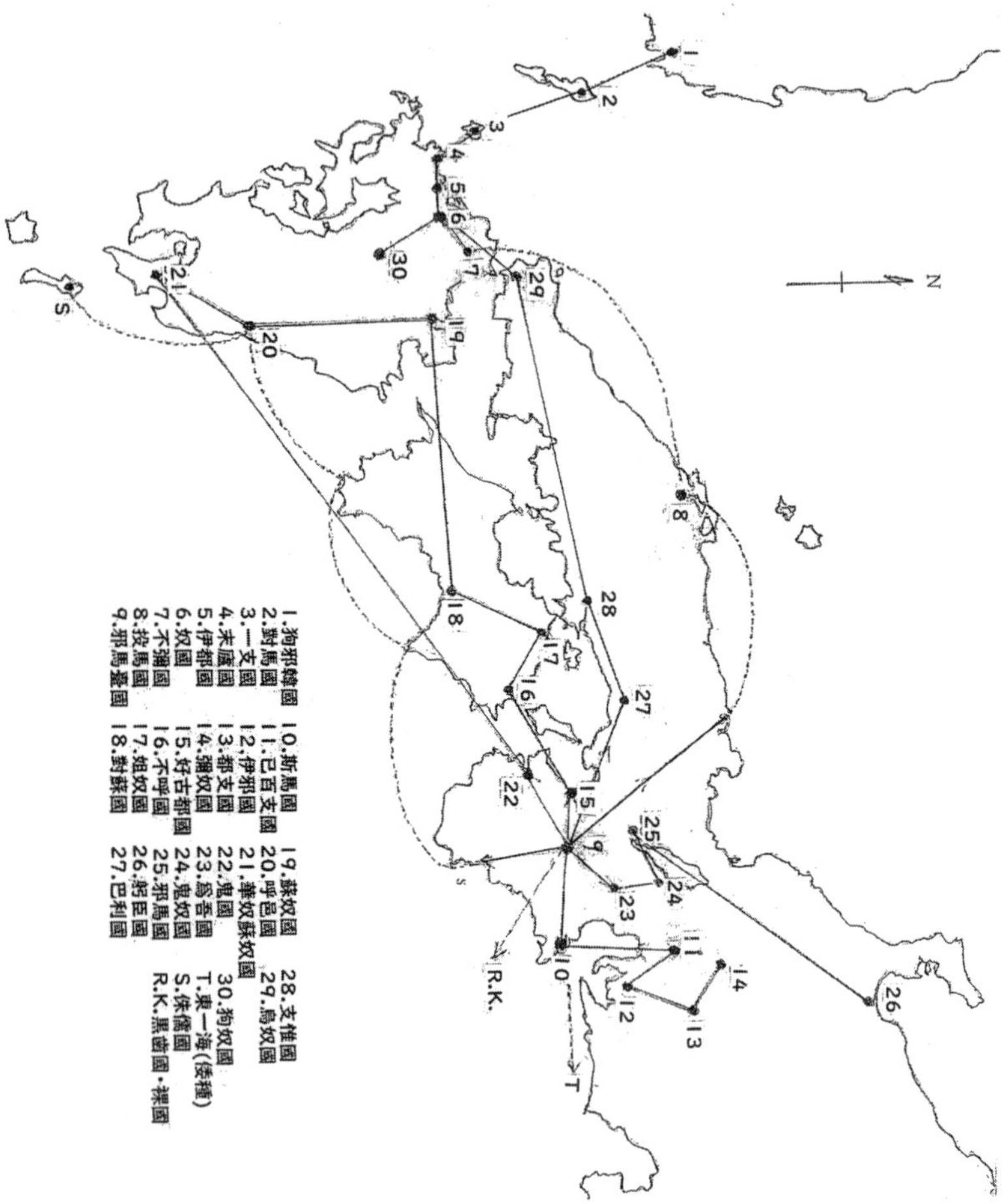
1.狗邪韓國
2.對馬國
3.一支國
4.末盧國
5.伊都國
6.奴國
7.不彌國
8.投馬國
9.邪馬臺國
10.斯馬國
11.已百支國
12.伊邪國
13.都支國
14.彌奴國
15.好古都國
16.不呼國
17.姐奴國
18.對蘇國
19.蘇奴國
20.呼邑國
21.華奴蘇奴國
22.鬼國
23.爲吾國
24.鬼奴國
25.邪馬國
26.躬臣國
27.巴利國
28.支惟國
29.烏奴國
30.狗奴國
T.東一海(倭種)
S.侏儒國
R.K.黒歯國・裸國
N

ここに掲げた邪馬臺国以北の国と其の餘の旁国を合わせて、列島図にプロットしたものを図1に示す。

倭人の条に記す「自女王国以北」の女王国とは邪馬臺国のことであり、邪馬臺国を起点として其の北に連なる国々は、(邪馬臺国)→投馬国→不彌国→奴国→伊都国→末廬国→一支国→對馬国→狗邪韓国の八国である。

次に、其の餘の旁国の先頭の斯馬国は邪馬臺国の東方に位置する。邪馬臺国を起点とする斯馬国に連なる国を順記すると、(邪馬臺国)の東方の斯馬国→巳百支国→伊邪国→都支国→彌奴国の五国である。

さらに、それに続く邪馬臺国を起点とした方位とその餘の旁国を列記する。

西と西南の国　(邪馬臺国)→好古都国→不呼国→姐奴国→對蘇国→蘇奴国→呼邑国→華奴蘇奴国→鬼国。(八国)

東北の国　(邪馬臺国)→爲吾国→鬼奴国→邪馬国→躬臣国。(四国)

西北の国　(邪馬臺国)→巴利国→支惟国→烏奴国。(三国)

女王に属さない国　狗奴国(奴国の南、女王統治の境界外)

すなわち、邪馬臺国以北は九国、東の国は五国、西・西南の国は八国、東北の国は四国、西北の国が三国に狗奴国を加えて都合三十国、これが使役通じる三十国の全てである。

倭人伝の記載は、すべて邪馬臺国を起点としており、各々の方向ごとに連なる国を列記したものであった。厳密に言えば、基本的に方角は、あくまでも邪馬臺国を起点として最初に至る国の方向であって、さらに、それに連なる後続の国々の全てが必ずしも邪馬臺国から、その方角にあることを意味しない。また、海路を含むものであれば、上陸地点または船出する津などの場所における邪馬臺国からの方角である。北の国であれば邪馬臺国から投馬国の方角ではなく、投馬国から更に海路十日で至る上陸地点と想定される兵庫県豊岡市出石町の円山川河口付近にある津を、邪馬臺国から見た陸路の方角である。

すべて邪馬臺国を中心（起点）として、その他の国々の所在が表現されているのは、取りも直さず、帯方郡使等が女王の都とする邪馬臺国を訪れるまでに通過した北の国々は自明としても、其の餘の旁国については、邪馬臺国での倭人からの聴取による情報であったことを示しているのである。

そして、倭人伝の後段に記された女王国の東の国や侏儒国、裸国・黒歯国などの国々の方角も、すべて邪馬臺国を起点としたものである。東に渡海すると邪馬臺国連合には属してはいないが倭種の住む国々があることを、そして、海外の侏儒国と裸国・黒歯国が、先の参問で邪馬臺国を起点とした八方位で欠落している南と東南の方角を補完するものとして記載されていることがわかる。

すなわち、邪馬臺国を起点とした八方位の全てを明らかにし、そのうちの東、東南、南は海で限られており海洋の先にも女王に属さない国や異国が有ること等も、帯方郡使等が女王の都において倭人からの聴取で知り得た情報であった。

これにより、倭の北岸の狗邪韓国から見た邪馬臺国の位置を南東の隅と捉えて、卑彌呼が統治する倭国連合の地理的範囲として倭の地を推察した後続文が、陳寿が記した「参問倭地、絶在海中洲島上、或絶或連、周旋可五千餘里」である。帯方郡から邪馬臺国まで万二千餘里、狗邪韓国までの七千里を差し引くと、狗邪韓国から邪馬臺国まで五千餘里である。邪馬臺国より先は海で限られ女王が治める国はないのであるから、改めて倭国の範囲を周旋五千餘里と断定し了解したのである。

正始元年（西暦２４０年）の帯方郡使梯儁等の来倭の目的が、印綬・詔書を奉じて倭王卑彌呼に拝仮することのみならず、倭国の習俗や産物、国力の基礎となる戸数（人口）、統治機構、地理などを具に調査して情報を得て持ち帰ることも重要な任務であったことは間違いない。

使役通じる倭の三十国の比定地が出揃ったので、これまで保留としていた投馬国の方角の問題についてここで再考する。『魏志』では、福岡県飯塚市に比定した不彌国から次の投馬国、投馬国から邪馬臺国の方角はいずれも南としているが、実際には投馬国（出雲）は不彌国（飯塚）の北東にあり、邪馬臺国（奈良）は投馬国からみて南東にあたる。

おそらく不彌国から投馬国までの二十日の海路と投馬国から邪馬臺国に向かう途中の十日間の海路の方角の記録などはなかったものと考えられる。一渡海の一日か二日の短い日程とは違って、長期航海では離岸や接岸の繰り返しや半島や島々の迂回などによって出発地からの方角は曖昧になり逐次計測しようとしても不可能であったはずである。

帯方郡司等が投馬国から日本海沿岸を東進し、十日間の航海後の上陸地点と推定される兵庫県出石町を起点とし、その南方にある邪馬臺国までの陸路の方角であれば、方角の目標物の設定は可能であり、唯一その記録が存在していたものと考えられる。邪馬臺国を中心とする視点に立てば、北方の日本海から帯方郡に至る倭の国々は邪馬臺国からみて一括して北に在る国とみなせる。また現地の人々もそのように邪馬臺国を中心として概ね理解していたのであろう。
もとより投馬国の前後の航海の方角の記録などはなく、『魏志』倭人の条の撰者が邪馬臺国から北の国とされた投馬国、不彌国からの方角を南と憶測して記したものとみる。

⑵ 倭国連合

陳寿が記した『魏志』東夷伝倭人の条にある使役通じる倭の三十国の比定地を全て明らかにした。それは、邪馬臺国を起点として放射状に連なる国を方位毎に順番に連記したものであった。相対的位置関係からジグソーパズルのように、どの国のピースも動かしがたく、邪馬臺国も奈良盆地の中に限定される。

各国の配置から三世紀の弥生終末期から古墳時代への移行期の倭国の輪郭がより鮮明になった。倭国連合の領域は九州南端から四国・中国・近畿・東海・北陸の列島の広域に及ぶものであった。それぞれの国は東海・北陸以西の列島各地において全て要衝にあり、それは外敵からの防衛を含む交易と情報のネットワークとして機能していたものと考えられる。

倭人の条には、對馬国、一支国ではともに南北に市糴（してき）するとあり、また「国々に市有り、有無を交易し、大倭をしてこれを監せしむ」とある。そして、「女王国以北には、一大率を置いて、王の使いを京都・帯方郡、諸韓国に遣わしむとき、及び郡より倭国に使いあるときには、皆津に臨みて捜露し、文書・賜遺物の伝送に差錯あるを得ず」とあるように、北の国々は北部九州と邪馬臺国を結ぶ当時の幹線道をなし、前後の国とは伝送によって連繋する驛の役割をも担っていた。使役通じる倭の諸国のネットワークは、畿内を中心に放射状に延びる律令時代の五畿七道の萌芽を彷彿とさせるものがある。

しかしながら、それはまだ全域を網羅するほどの面的な広がりはなく結節点としての繋がりに過ぎない。例えば、九州では吉野ヶ里などの弥生遺跡が密集する佐賀平野や筑後平野、日田盆地、竹田盆地、また、令制下の国名で云えば、四国の伊予、瀬戸内の周防、安芸、備後、備前、山陰の岩見、伯耆、因幡、丹後、丹波、近畿の摂津、河内、東海の伊勢、北陸では越前、加賀、能登などの地域で、検出された弥生後期から終末期の遺跡群からは中小の国々の存在がいくつも想定されるが、使役通じる三十国のネットワークには含まれてはいない。

また、圏外の中部・関東以北の東国の諸国の存在を考慮すると、倭人の国は後漢の班固の撰『漢書』地理志に「楽浪海中に倭人あり、分かれて百餘国を為す」と記された紀元前一世紀頃の百餘国と、それほど変わりはなく倭国連合に与しない多くの国が存在したのも明らかである。

それでも、銅鐸や銅鏡、武器型青銅器、鉄器、装飾・祭祀用の玉類や貝輪などの工房跡や出土遺物の分布は、使役通じる三十国に限定されるものではなく、伯耆・因幡でも出雲や北陸地域とも共通する四隅突出墓の墓制を有し、関東では弥生中期から後期の墓制や集落遺跡の出土土器から東海・近畿・北陸から多くの移住や通交が認められこと、女王に属さず男王卑彌弓呼が統治する狗奴国ですら畿内系の庄内式や布留式土器が大量に出土していることから、相互の通行は閉鎖的なものではなく、倭国連合に与するか否かにかかわらず列島内の通交は広く行われていたものとみて間違いない。

倭国連合の成り立ちは明らかではないが、范曄の撰になる『後漢書』の建武中元二年（紀元５７年）の朝見奉賀にある北部九州を勢力圏とする奴国王が出現すると、その後、これを盟主とする広域連合は日本海・瀬戸内海沿いに東方に及んだものと考えられる。二世紀初頭には西日本一帯に交易・政治連合を基軸とした倭国が成立する。そのことを内外に告げるものとして捉えられるのが、『後漢書』の安帝の永初元年（紀元１０７年）の倭国王の遣使奉献であろう。ここにさかのぼる倭の諸国の多くが後漢や韓半島との交易に優先権を有する交易組合の一員として、その後の『魏志』にある倭の使役通じる三十国の根幹をなすものであったと考えられる。

二世紀後半になると、後漢の衰退とともに通交も途絶え倭国連合の結束は乱れる。大陸では、打ち続く中央政権の腐敗と内部抗争、地方豪族の叛旗や民衆の反乱により二世紀末には後漢王朝は崩壊する。時を同じくして、倭でも国内情勢は混乱を極めた状況にあった。弥生後期は小海退期に当たり寒冷湿潤な気候により、洪水や冷害などの災害や飢饉も頻発していたものとみられる。後漢との通交が途絶えたことは、倭国内の青銅器や鉄器などの海外交易に依存した市場の流通は滞り国内の不満と混乱に拍車をかけたものとみられる。

倭国乱れ相攻伐すること歴年。倭国内の争いは何年も続いたと云う。これに終止符を打ったのが卑彌呼の共立である。鬼道に事える卑彌呼を女王としたことからも、それは単なる武力闘争ではなかった。

気候変動による洪水に冷害や干ばつなどの自然災害と、行き詰まる海外交易など国内外の不穏と混乱の世相を反映したもので、シャーマンとしての卑彌呼の優れた祈祷と霊力に期待し、鬼道による託宣を政祭の拠り所としたものであったと考えられる。

二世紀末、卑彌呼を女王とし邪馬臺国を都とする新たに再編された倭国連合が成立する。この後に、其の餘の旁国に名を連ねる斯馬国・為吾国は小国ながらも、邪馬臺国の東方および北東のとば口として、また、呼邑国・華奴蘇奴国も南海交易と外敵や狗奴国に対抗する九州東南の防衛の結節点として倭国連合に組み入れられたものと推察する。女王に属さない狗奴国が三十国に含まれているのは、当初は倭国連合の一国であったものの、『魏志』に、卑彌呼と素より和せずとあるとおり、卑彌弓呼が狗奴国王となってより倭国連合から離脱し独自外交を展開していたものとみる。

女王卑彌呼が統治していた倭国の時代は、後漢末期から魏呉蜀の三国鼎立に至る間の中国が戦乱にまみれた時代であり、遼東太守の公孫氏が遼東・朝鮮半島を実効支配していたため、後漢・魏の都、洛陽との通交は長らく閉ざされた状況にあった。三世紀になっても、大陸や半島の緊迫した不穏な状況は変わらず、列島の近畿以西の国々ではそれらの脅威や余波に対して、倭国としての結束の機運は未熟ながらも醸成されていたものとみる。連合国が全て要衝にあり、特に邪馬臺国以北に一大率を置いたのも対馬海峡から日本海沿岸の軍事的重要拠点における表象でもあろう。予見不能な激動の時代の救世主として卑彌呼の宗教的権威と託宣を善とする政祭一致の統治に委ね、それに同盟する諸国が結集し倭国を形成していたものと考えられる。

陳寿の『魏志』東夷伝倭人の条は、三世紀前半の倭国について一九八三文字で記したものだが、そこに含まれる内容は、大夫難升米等の魏の景初二年の渡海に続く正始年間（西暦２４０年~２４９年）の帯方郡使梯儁や張政等の訪倭の記録でもあり、また、明らかに先行史籍である曹魏と同時代の魚豢の撰になる『魏略』に依拠したもので、当時の倭国の実情が的確に記されており、倭の諸国の地理についても齟齬はない。

第二章　倭王の系譜

『後漢書』東夷列伝

建武中元二年、倭奴国奉貢朝賀、使人自稱大夫、倭国之極南堺也、光武賜以印綬

安帝永初元年、倭国王帥升等獻生口百六十人、願請見

『後漢書』東夷列伝には「建武中元二年（西暦57年）、倭の奴国の使者が貢を奉じて朝賀す。使人は自ら大夫と称す。奴国は倭の極南界なり。後漢の光武帝より印綬を賜る」とあり、後年、江戸時代の天明年間に福岡県の志賀島で出土した漢委奴国王の刻字のある金印が、その実物とされる。

また『後漢書』には、これに続いて、「安帝の永初元年（西暦107年）、倭国王帥升等が生口百六十人を献じて見えんことを請願す」と記す。

これより先、前漢の『漢書』地理志には、「楽浪海中に倭人有り、分かれて百余国を為す。歳時を以て来たりて献見す」と記す。さらに、『漢書』王莽伝にも「元始五年（西暦5年）、東夷王、大海を渡り国珍を献ず」とあり、この東夷は倭を指すものとみられる。

それらの中国の史籍から、『三国志』東夷伝に記された倭の女王卑彌呼以前にも、倭の諸王が幾度か漢の時代に使者を遣り通交があったことが窺えるのだが、ここに登場する倭の王の出現の背景と成立時期や、これらの王の系譜などその全貌に言及したものを、浅学寡聞にして今日まで目にしたことがない。

以下にそのことについて触れてみたい。

1 奴国王の出現

『魏志』に記す帯方郡より倭に至る経路において、三度の渡海の後に有る国として末廬、伊都、奴国の名がある。それらの国々があった北部九州は中国大陸や朝鮮半島に近く、縄文時代より多くのものの伝来や人々の交流の最前線に位置し、渡来したものを受容し時には占有し、あるいは、摂取したものを現地化して列島内への拡散源となる。

玄界灘沿岸の唐津市の菜畑遺跡、糸島市二丈の曲り田遺跡、福岡市博多区の雀居遺跡、板付遺跡は第一波の伝来を示す水稲稲作の痕跡として、いずれも弥生時代早期・前期の水田跡や環濠集落などの列島最古期のもので、縄文時代から弥生時代への移行を鮮明に示す遺構として知られる。

労働集約的な水稲稲作は人員の多寡で規模の大小や集落間の格差が生じ、朝倉郡筑前町での弥生時代前葉の九州最古の墳丘墓には、その地域の有力者として、すでに一般の群集墓とは区別される階層的な墓制の萌芽が窺える。

福岡平野の西、早良平野の室見川中流域に立地する吉武遺跡群では、弥生前期末から中期の十数の共同墓地と千基を超える甕棺墓や木棺墓が検出され、階層別に区画された墓域から限定的ではあるが銅剣や銅矛などの武器型青銅器や銅鏡を副葬するものが現れる。

だが、吉野ヶ里遺跡をみても、北部九州に特徴的な墓制である甕棺墓数千基の中で、青銅器を副葬するものは、特別に築造された墳丘墓に埋葬されたものに限り、ほんの一握に過ぎない。

ところが、吉武高木の特別区域にある3号木棺墓では、細形銅剣二口・細形銅矛一口・細形銅戈一口、多紐細文鏡一面などの複数の青銅武器を副葬する。また、半島由来の多紐細文鏡の共伴は当時としては類例がなく、加えて棟持ち柱を持つ約１２０㎡の祭殿か、早良平野を治める首長の舘と思われる超大型の掘立柱建造物が隣接し、それは卑彌呼の時代より五百年以上前の列島最古の王の出現を示ものだ。

その後、早良平野の吉武遺跡群では、細形銅剣などの青銅器を副葬した甕棺二十基余りを埋葬した吉武樋渡墳丘墓を最後に弥生後期には衰退に向かう。それに取って代わるかのように、福岡平野東南の春日丘陵に新たな勢力が台頭する。


東西約５０ｋｍの脊振山系の東端の牛頸山より、北方の博多湾に向かって緩やかに傾斜する春日丘陵の東西を三笠川、那珂川が北流し、北方の低湿地や自然堤防、低位段丘には、板付遺跡、那珂遺跡、比恵遺跡などの水稲稲作開始期からの多数の遺跡が分布する。

春日丘陵の裾部は樹枝状に伸びた幾筋もの開削谷が発達しており、その先は中低位段丘や谷底低地へと続き丘陵辺縁部にも集落が形成される。稲作に続く青銅器や鉄器文化が伝わると、いち早く生産供給地となり、弥生中期初頭には、新たな開拓地は南部の丘陵まで拡大する。金属器の他にも装身具や祭器用の玉造工房なども加えて、弥生中期後葉には列島屈指の青銅器、鉄器、ガラス製品などの生産供給地として盛行する。

弥生中期の青銅器の工房跡からは銅矛・銅戈・銅剣・銅鏡などの鋳型に坩堝や鞴の羽口など鋳造関係の遺物が大量に出土し、丘陵北部の須玖坂本遺跡から丘陵南部の大谷遺跡に至る南北約2kmの広域に、赤井手遺跡や仁王手遺跡などの鉄器工房跡、掘立柱建物や竪穴住居などの集落跡、墓地などの数十の遺跡が丘陵を覆うように濃密に分布する。これらの弥生中期から後期の遺跡は須玖岡本遺跡群と総称される。

弥生後期には北方の丘陵下にも開発は及び、須玖永田、須玖五反田、黒田、平若などの幾つもの青銅器やガラス工房が集積した遺跡群は最盛期を迎える。


また、集落の急増に伴い、須玖岡本、赤井手、宮の下、一の谷遺跡など、数百基単位の甕棺墓を主体とする多くの墓地や墳墓が築造され、丘陵北端の須玖岡本遺跡周辺の中枢部では、青銅器などを副葬する区画墓が確認される。

明治三十二年（1899年）に発見された須玖岡本遺跡の厚葬墓は、豊富な青銅器などの副葬で著名である。民家の畑地にあった3・3m×1・8m、厚さ0・3mの大石を除いたところ、一尺ほど盛り土した墳丘下の合せ口甕棺より、銅矛・銅剣・銅鏡などの多数の副葬物が出土する。

1・4mx1・2mの花崗岩の標石が立ち、地下0・3m～1・2mの埋納甕棺に副葬され掘り出された遺物は、敷地内に煉瓦による方槨を築き、そこに移して保存されていたが、その後の調査で取り出した折に遺物は四方に散逸してしまったらしい。後に煉瓦の槨中より採集された銅鏡の細片や、分散して保管されていた遺物は、考古学者の中山平次郎博士等によって整理される。

同遺跡からの出土品は、重圏四乳葉文鏡二面、方格四乳葉文鏡一面、内行花文星雲鏡六面、重圏精白鏡二面、重圏清白鏡三面、日光鏡、昭明鏡や蟠螭文鏡などの鏡片を含む前漢鏡三十面ほど、多樋式銅剣一口、細形銅矛四口、中細形の銅矛、銅剣、銅戈などの武器型青銅器十口余り、璧などのガラス製品、勾玉、管玉など多数にのぼる。

埋葬されていた合わせ口甕棺は発掘時に、すべて細片となったうえに破片の多くも散逸し、その甕棺の形式は不明であるが、大甕の内外から出土した銅鏡などの副葬物の年代から埋葬時期は、おおよそ弥生中期後葉から末と推定される。

隔絶した須玖岡本の厚葬墓は、これより先の文政五年（１８２２年）に発見された三雲南小路遺跡の一号甕棺墓より出土した副葬品と双璧をなすもので、春日丘陵一帯を基盤とする王墓とみられる。

紀元前１０８年、前漢の武帝が衛氏朝鮮を滅ぼしてより、朝鮮半島の植民地政策として、漢四郡の一つ楽浪郡が設置されると、半島との交易や前漢との通交は一変する。『漢書』地理志燕地の条に、「倭人は歳時を以て献見す」とあるように、奴国は、いち早く接触を図り楽浪郡を通して漢との交流を深め、定期的に楽浪郡治や前漢の都である長安に産物を以て献上し、その見返りに一般の交易では得がたい大型の銅鏡などの官製品を入手していたものとみられる。それには、青銅器や鉄器などの内製化と交易による経済的蓄積による権力基盤の構築が背景にあったものと考えられる。

前漢鏡の出土状況をみると、その九割が北部九州の甕棺墓などの遺跡からで百面を超える。須玖岡本の約三十面と三雲南小路の一号墳の三十五面の舶載鏡の中には、前漢時代の中下級官人の洛陽焼溝漢墓では見られない大型鏡を含み、漢の王侯墓に比類し得る豪華な副葬品もある。

列島内の舶載品の限定的な出土分布などからみても、楽浪郡と通じて独自に直接遣使を送った国は限られ、地理的にも近い、玄界灘沿岸の須玖岡本や三雲南小路遺跡の首長が楽浪や長安への遣使の派遣や取次においても主導的役割を果たしていたものと考えられ、さらには、入手した舶載品の二次的な配布についても支配していた可能性も否定できない。

前漢鏡のみならず、須玖岡本王墓の棺内に副葬され最も価値の高いとされる銅矛五本に加え銅戈、銅剣など十口余りは、三雲南小路一号墳の銅矛、銅戈、銅剣など四口や、飯塚市の立岩遺跡10号墳甕棺墓の細形銅矛、鉄剣二口などと比べ質量ともに圧倒する。標石が立つ隔絶した厚葬墓の多様な前漢鏡と異例の武器型青銅器の副葬は、須玖岡本王墓の被葬者が春日丘陵一帯を中枢とした福岡平野一円の統治者として、また、北部九州の周辺諸国はもちろん、銅矛文化圏とされる瀬戸内海西部の交易を支配する時代の覇者であったことを如実にしめすものであり、また貴重な大型の銅鏡なども多年にわたる楽浪との独占的な通交により獲得したものであろう。

春日丘陵の東西を三笠川と那珂川が北流し、北の博多湾を望む丘陵および沖積平野は倭人伝にある奴国に比定される。青銅器の製造には七、八百度の銅と錫の合金の高温溶融に大量の木炭が必要で、脊振山系から派生した春日丘陵の後背地には、そのための木炭に適したカシ類などの照葉樹林などの広大な森林があった。奴国の奴とは、漢字の野（呉音では〝ヤ〟）の訓である〝の〟の意義で、原野であった春日丘陵に集落や工房が密集し、列島でも屈指のガラス工房、青銅器、鉄器などの一大製造拠点となった有様を、沖積低地の水稲耕作民から随分違った景観として捉えられ、それを指して、倭人が奴と呼んだものと推察する。

青銅器や鉄器、ガラス製品の工房群には、資材の調達から製造に関わる専門的な工人を必要とし、狩猟採集や農耕からの分業が、より鮮明になるのが弥生中期である。博多湾沿岸の漁労採集、比恵、那珂、板付などの農作物の地域に近在して、春日丘陵周辺の金属器などの工房群や、それらの交易市場などが集積し、弥生時代中期末には総面積１００万㎡を越える一大都市が形成され、また卑彌呼の時代も変わらず戸数は二万餘の大都市であった。

春日丘陵北部の独立区域で発見された厚葬墓の被葬者は、列島最大の青銅器などの工房群を擁する王国の統治者であり、大陸との通交をも掌握する奴国の始祖王と云えるであろう。奴国王の出現である。

須玖岡本の厚葬墓の周囲には、他に遺跡は認められず独立墓である。北東に数十メートル離れた地点でも甕棺などの弥生中期を中心として三百基余りが検出され、そこでも細形銅剣や銅戈、銅鏡、銅釧、玉類などを数点副葬した甕棺墓などが、いくつか確認されており有力者の埋葬墓とみられる。

だが、弥生後期に銅剣や銅矛など武器型青銅器を一口か二口の少数を副葬した上位階層のものと見られる墓域での埋葬は継続するものの、須玖岡本厚葬墓の次代を担う後継王墓は確認されていない。

春日丘陵を中枢とする工房群の生産活動を、弥生後期には領域を丘陵下にも広げ、その盛行は古墳時代前葉まで途切れることなく継続するにもかかわらず、不思議なことに奴国の中枢部やその周辺の平野一帯のどこにも、その後に王墓が築かれた痕跡が窺えないのである。

この地を拠点として王国を築いた奴国王の後継は忽然と消えてしまったのであろうか、それとも、王権を他国に奪取されてしまったのであろうか、王の不在でも繁栄を継続できるとしたら、どのような統治体制であったのか、またその後裔の所在はどこなのかなどの疑問は尽きない。

その謎を解く鍵は福岡西部の糸島市で発見された三雲・井原の遺跡にあった。

2 伊都の成り立ち

伊都国の比定地、糸島市は福岡県の最西部に位置し、前原市と二丈町、志摩町の平成の合併によって誕生する。幕藩以前の怡土・志摩は、北面する玄界灘に突き出た半島部の志摩郡に加えて、半島基部の加布里湾と今津湾を結ぶ東西線より南部の怡土郡の二郡で成り、現在は東部に接する福岡市に編入された今津、周船寺なども含む領域であった。

志摩郡と怡土郡の境界付近の東西約１０ｋｍ、南北２ｋｍ余りの糸島平野の弥生時代の地形は現在とは大きく異なり、縄文海進で加布里湾、今津湾の内陸奥深くまで海域となり、半島基部の中央に位置する波多江、志登から泊に至る極狭い範囲でのみ志摩半島と陸続きであった。現在の糸島平野の大部分は、後に雷山川や瑞梅寺川が運ぶ堆積物や江戸以降近世の長期にわたる干拓事業によって干潟が埋まり陸地化したもので、波多江、志登、泊、浦志などの地名は、当時の海岸線が近傍にあったことの名残である。

弥生時代中期中葉までの集落の多くは、半島および現在のＪＲ筑肥線に沿った地域に分布し、それより南側の内陸部においては単独の支石墓、小さな集落や個別の住居跡などはあっても、めぼしい遺跡は見当たらず人跡の希薄な地域であった。半島南部の内陸の地形は、脊振山系から伸びた丘陵や中低位段丘と開削部を流れる河川およびその氾濫原よりなり、弥生中期中葉以前の集落の多くは、沿岸部や半島基部に近い平野に偏在し、その暮らしは引津湾、古加布里湾、古今津湾の沿岸部での漁労採集を主とし、限られた水田適合地での水稲稲作を従とした地域であったと考えられる。

南の内陸部に位置する三雲・井原地区がにわかに活況を呈するようになるのは、弥生中期後葉から後期前葉のことである。遺跡群は両河川が合流する北の波多江地区を頂点とし、南の井原地区を底辺とする三角形の範囲で南北約２ｋｍ、東西約１ｋｍの内側にある。

三雲・井原地区では弥生中期後葉から朝鮮半島系土器が増加し始める。北部の番上地区でも楽浪系土器が大量に出土し、楽浪郡設置により漢人の往来が増えたことを示す。南小路遺跡の北約３００ｍの瑞梅寺川右岸の三雲下西地区では、一辺６０ｍ弱のＶ字溝の方形環濠とその外側にも幅４ｍの大溝が検出され、東部の八龍地区でも大溝で区画された一部が発見される。三雲・井原遺跡群から窺い知ることは、王宮とは断定しがたいものの、要人の居住域や墓域などの地割、水路の整備、祭殿や倉庫群の建設などの都市機能を有する計画的な地域開発の実行が推測されることである。

文政五年に、瑞梅寺川氾濫原より2、３ｍ高い微高地にある三雲南小路の一角で土の採取中に一基の合せ口甕棺（1号甕棺）が偶然発見される。甕棺の内外から前漢鏡三十五面、有柄銅剣、銅矛、銅戈、ガラス璧、ガラス勾玉、管玉、朱入小壺などが出土する。この遺跡からの出土品のほとんどが散逸して現存するものは清白鏡一面と有柄中細銅剣一口のみで、残りは福岡藩士の青柳種信の貴重な記録『柳園古器略考』の他には知る得るものはない。

１９７５年の再調査では、前回発掘現場の土砂から残余の遺物の破片とともに、新たに金銅製四葉座飾金具が発見された。また、1号甕棺のそばに並葬された合せ口甕棺（2号甕棺）も発見され、盗掘の跡があったが、前漢鏡二十二面以上、勾玉十三個、ガラス製ペンダントなどが新たに出土する。二基の甕棺墓は東西３１ｍ、南北２４ｍの方形で東西を直線の溝で区画された独立墓であり、その豊富な副葬から1号甕棺は王墓、青銅武器が確認されない2号甕棺の被葬者は王妃のものと考えられる。三雲・井原地区における最古の大王墓の出現である。

伊都の王墓、三雲南小路遺跡は糸島市の東南にあって、北を除く三方を脊振山地、高祖山を擁する怡土・早良山地、二丈深江との間の島状の不連続な丘陵などで、コの字状に囲まれた東西と南北約４ｋの沖積台地に立地する。南の脊振山系に源を発する雷山川や瑞梅寺川が台地の開削部を北流し、それぞれ左右の加布里湾、今津湾に注ぎ流域は氾濫原となっている。

弥生・古墳時代の遺跡の多くは、瑞梅寺川とその支流である川原川に挟まれた地域に分布し、三雲・井原地区が伊都の中枢部で、その領域は東西約８００ｍを底辺とし北を頂点とする南北１．５ｋｍの三角地帯の総面積約６０ヘクタールに及ぶものと推定される。それは王都の最盛期の姿であるが、その起源や成立時期については明らかにされていない。

天明年間に、三雲南小路王墓の南方の水田の側溝付近から単甕の甕棺の発見があり、遺構から古鏡二十面以上に、大型の巴形銅器などが出土する。井原鑓溝遺跡である。残された銅鏡の拓影から王莽時代の銅鏡二面と後漢の方格規矩四神鏡十八面が判明し、鏡の様式などから埋葬時期は、おおよそ紀元一世紀中葉以降と推定される。豊富な副葬と三雲南小路王墓の近隣にあることから、その何代か後の王墓であろう。

近年の井原鑓溝地区の調査で、弥生後期の甕棺墓二十六基、木棺墓十八基その他祭祀土抗などが検出され、破砕された方格規矩鏡や内行花文鏡など六面分とガラス小玉が多数出土し、西方にも遺構の広がりが見られ、三雲南小路から井原鑓溝にかけて王墓に関わる墓域の存在が推測される。

須玖岡本王墓と三雲南小路王墓は出土した遺物などから、ほぼ同時代の遺跡と見られているが確かなことは分かっていない。それが事実だとすれば、広義の福岡平野にあって東の春日丘陵の須玖岡本と西の三雲・井原中低位段丘上にある三雲南小路に、直線にしてわずか20km足らずの距離を置いて二つの王権が並立していたことになる。前漢の王侯クラスに下賜され、所有を許されるような多数の大型の銅鏡や璧などを副葬した厚葬墓は、列島では三雲南小路と須玖岡本以外にはなく、両王墓の被葬者が同時期の異なる国の王であったとすれば、優劣つけがたい副葬品から青銅器を始め豊富な船載品を二分していたことになり、少なくとも競合関係にあったとは考えられない。仮に一戦交えたとしたら、すでに青銅や鉄製武器類を量産し大国であった奴国が圧倒的に有利で短期間に勝敗は決したであろう。

両雄倶に立たずの故事にもあるように、絶対的な権力を保持しているがゆえに多くのものを独占できたことからすれば相矛盾するものであって、覇権を争うこともなく同時代に隣り合う二国が王国を築き共存していたとするのは、通念としては受け入れがたい。例えば、血縁関係のある親族か、何らかの特別な同盟関係にあったものと推測される。

一方の須玖岡本王墓が、春日丘陵北端に立地することからみても、弥生中期に春日丘陵を拠点に金属器などの工房群を展開し、そこを基盤とする支配者であって、この時代の頂点に立つ者であり、須玖岡本遺跡群の物作りの盛行と楽浪郡との通交の独占が無縁とは思えない。

他方の三雲南小路王墓のある瑞梅寺川の本支流に挟まれた三雲・井原地区は、弥生中期中葉まで過疎の地同然であった所で、にわかに開発が進行し、大溝を伴う居住域と墓域の分離などが顕在化し、方形環濠で仕切られた首長舘などが推定されることから、三雲・井原地区の開発は計画的で弥生中期後葉から比較的短期間に造営されたものとみられ、この地域を地盤とした在地勢力の拡大によるものと云うよりも、外部勢力によって新規に構築されたものと考えられる。

また、北部の番上地区で出土する楽浪系の大量の土器も、末廬国のあった唐津では検出されず、春日丘陵周辺でもわずかであることから、漢人との交易ルートや滞在地なども伊都に限定し対外交易も統制していたものと考えられる。

その後も、三雲南小路遺跡から南の井原鑓溝地区にかけて、弥生後期まで後継者の墓が区画された領域に作り続けられる。間違いなくそこは、倭人伝に世世王有りと記される伊都国である。だが、三雲・井原地区の外縁を含め特筆すべき産業を示す遺構は認められず、須玖岡本の工房集積群に比肩する権力基盤となるものは窺えない。

中期後葉には王を輩出し弥生終末期まで盛行する工房群を擁しながら後継の王墓の所在が不明な須玖岡本遺跡群に対して、二次産業的な経済的基盤は弱いものの、楽浪郡との通交の統制、王墓の造営などが弥生末期まで窺え、北部九州の政治的中枢であり続ける三雲・井原遺跡群とは対照的である。あるいは、相互補完的であるとも云える。

以上の両地域の情況比較から導かれる帰結は次のとおりである。

すなわち、須玖岡本遺跡群を中核とする北部九州で最大勢力となった奴国の王都新設の造営地が、三雲・

井原地区であり、後に倭人伝に記す伊都国となる地域である。もちろん当初は伊都国ではなく奴国の王都として、ただ都（つ、と）あるいは伊都（いつ、いと）と称していたものとみる。

奴国の王都として、なぜ須玖岡本から離れた糸島半島の内陸の三雲・井原に造営されたのであろうか。それまで列島には、都城や王都なるものの概念がなかった。弥生時代中期前半までは大規模な環濠集落はあっても、拠点集落を中心として周辺の集落が共同体を成す程度で国邑に大小の違いはあるが、農耕や漁労採集民が主体であるのは変わりなく、階層はあってもその内部構成に大差はなかった。

玄界灘沿岸地域に弥生前期末に武器型青銅器文化が流入し、拠点集落の首長層に青銅武器の副葬が始まり権力の集中や階層制が芽生え始める。中央ユーラシアに起源をもつ戦国七雄の一国である燕が領有する遼東の遼寧式銅剣が変化しながら朝鮮半島を経て伝来した青銅器は、それ自体が武器および威信財として権力の象徴であった。地理書『山海経』に「蓋国は鉅燕の南、倭の北にあり倭は燕に属す」とあり青銅武器文化の源流がそこらあたりにあり、それらをもてる者ともたざる者の格差が生じ、青銅器や玉作りなどの農耕や漁労採集以外の専門集団が誕生し、種々の産物や地域間交易市場の拡大など都市としての構成要素の萌芽が中期後半には表出するようになるが、突出した権力と権威を兼ね備えた首長、すなわち、王の登場は中期末の須玖岡本と三雲南小路の両王墓の出現によって始めて明らかになったものである。

王権の確立と安定した権益の確保には、小なりといえども新都の造営を内外に知らしめる必要があった。それは楽浪郡治や前漢の都である長安の現地情報に触発されたものであろう。楽浪郡設置により前漢との通交が深まる中で、前漢の都である長安の実地見聞により、都城や王宮、王侯墓や宗廟祭祀などを目の当たりにしたことが新都造営の契機になったに違いない。

しかしながら、春日丘陵の増え続ける工房や居住・墓域などの集落群の飽和により、王都としての再編や新たな造営地の確保も困難であった。さらに、青銅器などの交易や鉄資源の調達などで大陸や半島との通交の重要度が増し、海上ルートの要衝にある糸島半島近傍に海外交易の統制拠点を構築する必要があった。瑞梅寺川と川原川に挟まれた三雲・井原の三角地帯は未開地が多く新規造成に適していたことや糸島半島の引津湾より海路で壱岐にも近く、また、瑞梅川を下れば今津湾から博多湾に出入りする水運の利便性もあり、脊振山系の山壁の内部は要害の地であったことなどにより、広義の福岡平野において、この地が奴国の新都の造営地として選択されたものと考えられる。

地名の由来は漢語の〝都〟の意義と音をそのまま用い、接頭語〝い〟を付けて呉音〝いつ〟から漢音〝いと〟と変化したと推察する。外来のもので列島にない物事は当初はそのまま外来語を用い、しかる後に、同意義の現地語（倭人語）が生成されるという順番が一般的であろう。弥生時代に新規に伝来したものの多くは外来語とともにやってきた。もちろん中には原語が変わらずに後世まで継続する例は数多くあるのも事実であり伊都（いと）もそうであったが、倭の都でなくなった後は怡土（いと）の漢字仮名に変わる。宮城があり王墓を祀るところが漢語の都であり、和訓の〝みやこ〟が名実ともに一致するのは律令時代の七世紀末の藤原京以降のことである。

残る疑問は須玖岡本と三雲南小路の王墓の年代と相互の関係の有無である。両王墓とも発掘された遺構は原型を留めておらず、埋葬された甕棺や副葬物のほとんどが散逸してしまって厳密な年代比較は難しい。甕棺墓は弥生時代前期末から中期にかけて九州北部に多い特徴的な墓制である。時代によって甕棺の口縁部や胴部の形状や文様の変遷があり、時代が降るほど大型化する。後期には甕棺墓は減少し糸島などごく一部では継続するものの急速に衰退する。三雲南小路遺跡の1号甕棺は、土壙の痕跡や並葬された2号甕棺と出土遺物などから、甕棺の形式は弥生前期末の金海古式を始めとする甕棺の編年において中期後葉の立岩古式と推定される。須玖岡本王墓の甕棺は、発掘時に粉砕し散逸してしまったが副葬品などの出土物から三雲南小路1号甕棺と同形式とみられる。

三雲南小路1号甕棺の副葬品を記録に残す『柳園古器略考』などにより後年整理された資料によると、棺外から、有柄中細銅剣一口、中細銅戈一口、朱入小壺一個が、甕棺内から、細形銅矛一口、中細銅矛一口、連弧文清白銘鏡二十六面を含む三十五面の前漢鏡が確認される。須玖岡本王墓の副葬品は、草葉文鏡、早雲鏡、蟠螭文鏡など前漢中期とされる鏡十面を含み鏡種が多様であるのに対して、三雲南小路王墓に副葬された鏡は、連弧文清白銘鏡など前漢後期から末の前漢鏡が大半で、比較的短期間に入手したもののようで、相対的に三雲南小路王墓がやや時代が降るものと推測される。

両王墓から出土した青銅武器にも年代の違いを判断するような有意差はみられないが、須玖岡本王墓の十口余りの副葬は他に類例がなく、被葬者は圧倒的な権力を有する大王であったと云ってよい。結局のところ、両王墓の年代差は大きく隔たったものではなく、あるとすれば三雲南小路王墓が一世代ほど後とみるのが妥当であろう。

両王墓が造営された須玖岡本と三雲南小路の遺跡群などの知り得るものから導かれるものは次のような仮説である。すなわち、春日丘陵の青銅器工房などのテクノポリスを背景として前漢や半島との通交や交易を独占し、北部九州において突出した国力を築いた奴国の始祖とも言えるものの王墓が須玖岡本遺跡であり、糸島の三雲・井原地区に王都を創設し、王権を揺るぎないものにした後継の王墓が三雲南小路遺跡である。

王都の造営により楽浪郡など半島や大陸との通交も一元化し、交易の独占はもちろん配布についても掌握していたものと考えられる。前漢の王侯などに副葬されたものに匹敵する大型の漢鏡にガラス璧や木棺に取り付ける金銅四葉座金具などの下賜されたものからみても、須玖岡本、三雲南小路王の二代に渡る定期的な献見や交流によって、通交相手国を代表する倭の首長として公認されたのであろう。

また、弥生時代中期後葉の立岩掘田遺跡の１０号甕棺に副葬された銅矛一口，鉄剣一口とともに出土した大型の重圏文や連孤文清白銘鏡など六面は、三雲南小路王墓の出土鏡と遜色はなく、その遺跡の被葬者が嘉穂盆地の立岩を中心とした地域を統率する首長であろう。血縁関係による結束が強かった時代にあって、奴国の東方の瀬戸内海に通じる要衝の地を確保するために派遣され、そこに定着した奴国王の宗族のものであった可能性も否定できない。それは伊都への奠都とほぼ同時期であった。弥生時代後期初頭における奴国の支配領域は西の糸島まで拡大し、その版図は北の壱岐・対馬、南は筑紫平野北部、東は遠賀川上流の嘉穂盆地にまで及ぶものであったと推定される。

3 奴国王の金印

志賀島は博多湾の北、玄界灘との境界にある。福岡市の東北部より腕のように伸びる長さ１０ｋｍ余りの海の中道の先端と、わずかに砂州によって繋がる周囲約１１ｋｍの陸繋島である。奴国の中枢部であった春日丘陵の須玖岡本から志賀島まで直線距離にして約１８ｋｍ、須玖岡本の後方約７ｋｍには律令時代に遠の朝廷と称された大宰府が立地し、高い構造物などない時代には晴れていれば、両地点の高台から古代より海神を祀る志賀島を望むこともできたであろう。

天明四年（１７８４年）に志賀島で出土した「漢委奴国王」の刻印を持つ金印は、わずか2．３ｃｍ四方の指先で摘まめるほどに小さなものだが、古代史に無縁の者にとっても興味をそそる謎を秘めた逸品として光彩を放つ。謎は後漢の皇帝から下賜されたとみられる貴重な品と、博多湾の北辺、志賀島の沿岸傾斜地にあったとされる田の畦道と側溝の境界付近の出土場所とが、およそ結びつかないことであり、いつ、だれが、なぜ、そこに埋納したのか、それとも、隠匿場所としたのか今なお確かなことは分かっていない。

発見者である志賀島村の農民甚兵衛が、那珂郡役所に掘り出した金印と共に差し出した口上書には、「叶の崎に所有する田の境界にある用水溝の流れが悪いので作り直していたところ、小石が出始め間もなく二人持ちほどの大石が現れたので金テコで取り除くと、石の間に光るものがあって、それは濯いでみると金の印判のようなもので、今まで見たこともないものだった」とある。

　福岡藩より鑑定を依頼されたのが、藩の儒医であった亀井南冥である。金印は『後漢書』の光武帝の「建武中元二年（西暦57年）、倭奴国奉貢朝賀。使人自稱大夫。倭国之極南界也。光武賜以印綬」の記述をあげて、その金印は後漢の光武帝より下賜されたものであり、委奴国は倭国と同じで〝やまとのくに〟と訓読し蛇紐は蛮夷に与えられた印であるとの考証結果を残している。

　これを明治二十五年に歴史学者の三宅米吉は、印文を「漢の委（わ）の奴（な）の国王」と解読し、奴国の奴は儺津、那珂川などに通じるものとして福岡県那珂郡を比定地とした。現在これが定説である。

　しかしながら、金印の形式や発見の経緯などに不審な点があるとして偽作説を唱える者も現れ、その真贋について長い間論争が繰り広げられてきた。その理由として、印字（璽）がないこと、漢の王侯印にある亀紐でなく蛇紐であることや、彫刻技法（陰刻薬研彫）の是非などの数々の疑問が指摘された。

　1956年に雲南省晋寧の石寨山6号墓から、元封二年（前109年）に前漢の武帝より滇王に下賜された蛇紐を持つ「滇王之印」が出土する。さらに、1981年には江蘇省邗江県甘泉2号墓で発見された金印「広陵王璽」は、後漢の光武帝の第九子である劉荊が永平元年（58年）に広陵王に封ぜられた際に作られたもので、中元二年の奴国王に贈られた金印とは一年の差であり、亀紐と蛇紐の違いはあるものの、篆書陰刻、2．3cmの四角の台座の一辺長、約108グラムの重量、約2・2cmの印高、台印部の高さ、魚子鏨の手法や彫刻の技法のいずれも酷似しており、洛陽の工房で、どちらも数年以内に同一規格で作られたことが裏付けられた。また南蛮東夷の印章には蛇紐の実例がいくつも確認されたこともあり、発見された奴国王の金印が遣使奉献によって拝授された本物であることが確実になった。

二列四文字の「広陵王璽」に対し、三列五文字の「漢委奴国王」は漢の印字が縦長の二文字分を占める。そのぶん間隔も極めて狭く全体が窮屈な文字配列となっている。そのために彫刻にも文字が崩れないように細心の注意が払われ、V字形の陰刻薬研彫りに浚い彫りなどを駆使した作りとなっている。意図的とも取れる漢の文字が強調された印文は、後漢の冊封体制にあって漢の外臣に準ずるものとしての表象でもあったのであろうが、それも合意の上で遣使を派遣したものと考えられる。時は、漢王朝復興を成し遂げた光武帝の最晩年であった。

それより半世紀前に漢王朝を簒奪した王莽の新王朝は、土地・貨幣制度、対外政策や官制改革などの破綻や失政により国内は混乱し農民や豪族の反乱で、わずか十五年で滅亡する。前漢王朝の劉氏一族であった劉秀は、群雄割拠の戦乱の中で最大勢力の一つになり、西暦25年に帝位（光武帝）に就くと反乱勢力を鎮圧し統治体制を立て直して漢王朝の再興を図る。奴婢解放令の発布、兵制改革などに着手し、建武十二年（36年）には、蜀の公孫述を成都において撃破し天下を統一する。田租の軽減、耕地面積と戸籍の調査、五銖銭の復活、郡国制と政治機構の改革などの内政の整備と国内の秩序を回復した後、周辺諸国との冊封体制による積極的な外交を展開する。

建武二十三年（47年）高句麗王の帰服、建武二十四年に南匈奴が服属、建武二十五年に烏垣の帰順、夫余王の遣使奉献、建武二十八年に北匈奴が遣使奉献し和親を乞う、建武三十年（54年）鮮卑の帰服、このような後漢王朝と周辺諸国の一連の動向を察知したうえでの奴国王の中元二年（57年）の遣使奉献であったと考えられるが、唐代の類書『翰苑』に中元之際、紫綬之栄とあるように、金印紫綬の拝受が、東夷の倭が統一国家になる前であったことからしても、北部九州の一地方の国名を有する首長への栄誉としては破格の扱いであった。

奴国王の遣使奉献は、光武帝の再興により強大な国家となった後漢王朝に、匈奴や東夷の周辺諸国が次々に帰順や服属を示し冊封体制に組み込まれるのを目の当たりにし、結果的にこれに追随したものであろう。その目的は楽浪郡治のみならず洛陽の朝廷との通交を深めることにより、すでに前漢より塩・鉄は官営による専売であったが、国家の独占として統制されていた鉄資材などの安定供給を始め、その他諸々の交易の便宜を得ること、さらに洛陽の朝廷の権威を背景としてそれによって列島内での盟主としての地位を確立して優位な位置を占めることを内的動機としたものであったであろう。

天下を統一し漢王朝の再興を果たした光武帝は、偉業を成し遂げた有徳の帝王のみがなし得る天地を祀り天下泰平を上帝に報告する封禅の秘儀を建武三十二年（56年）に行った。封禅の儀を成就したものは秦の始皇帝（前219年）、次に前漢の武帝の元封元年（前110年）以来史上三人目である。

天を祀る封の儀式は山東省の高さ1545mの泰山山頂と決まっており、地神を祀る禅は泰山の山麓で行うものであったが、天下統一などの大業に加えて鳳凰・麒麟などの出現や、めでたい自然現象などの瑞祥が現れることが、封禅の儀式を行う条件であったとも言われる。光武帝が泰山で封禅の盛儀を終えたその年の四月に年号を中元と改め、この年の初めに明堂など三宮を建て北郊を造営し長子の東海王彊を始め諸王が来朝し、明くる中元二年（57年）の正月八日には初めて北郊に后土を祀る。
それより数か月前に奴国王の遣使奉献が決定されて、遣使が奴国を旅立ったのは改元間もない時期であった。遥か東南海より渡り来た東夷の倭の朝賀は、皇帝の徳を慕って来朝したものとみなされ、瑞祥として寵遇されたものであった。それはまた、遣使が仕人自称大夫とあるように周以来の官名を名乗り、『魏略』に記す「その旧語を聞くに、自ら太白の後」、すなわち、呉の末裔であると遣使が語った真偽は別にしても、周王朝の旧聞に通じ前漢の武帝が楽浪郡を設置してより『漢書』地理志に「歳時を以て来たりて献見す」と云うとあるように、これまで通交を深めてきた須玖岡本、三雲南小路王墓の奴国王の後裔であることを語り倭の盟主国と認められたことも、金印拝授と無関係ではないと考えられる。

天明四年の志賀島での金印の発見は、ただちに全国に知れ渡り、本居宣長、上田秋成など当時の国学者や儒者が金印論を著述している。発見より五年後の寛政元年（1789年）に来福し博多聖福寺の寺持となった仙崖和尚の筆になる「志賀島小幅」には、金印が後漢の光武帝の時代の賜物であるとし、天明四年、志賀島農民秀治・喜平、自叶崎掘出と書かれており、金印を掘り出したのは秀治と喜平としている。江戸時代の公文書には諱（実名）ではなく通称を用いるのが習慣であったから、那珂郡役所に差し出した口上書にある甚兵衛、兄の喜兵衛の名は百姓庶民が好んでつける百官名の兵衛を付した通称であり、嘉字でもある秀治、喜平が実名であったことがわかる。通称の甚兵衛の名は寺の過去帳などにも見当たらず、秀治、喜平のみが実在が確認されているのはその証左である。

金印の発見者である甚兵衛の口上書に基づいて、藩より鑑定を依頼されて考証した亀井南冥は金印辩を著述し、志賀島の絵図に「叶崎マデ志賀島村ヨリ十二丁余、弘村ヨリ同」と記して叶ノ崎の発見場所を丸印で示している。そこは両村からほぼ等距離の約１．３ｋｍ余りの中間地点にあり、人里離れた山海に挟まれた傾斜地をわずかばかり開墾した段々畑と棚田があったに過ぎない辺鄙な場所であったであろう。

大正時代の始めに中山平次郎博士が出土地を調査し、後に推定値の傍らに漢委奴国王金印發光之処の石碑が建立された。中山博士の漢委奴国王印の出所についての絵図では、海岸に沿った道の両側にまたがる傾斜地の山側に畑段を、海側に二段の棚田が描かれ、海に注ぐ溝口の近傍の田の境界に疑問符が付してあるその地点が推定地とみられる。その海沿いの道は、志賀島を一周する金印海道と名付けられた県道５４２号線の旧道であろうが、当時と比べると道幅も拡張し舗装され道路脇まで海が迫り、くだんの棚田は最早消失して跡形もない。

福岡藩の梶原景熙の『金印考文』によれば「一巨石の下に三石周囲して匣の形をした中に存した」とある。甚兵衛の口上書にある発見時の内容と照らし合わせると、巨石と言っても金テコで動かせるものであり、二人持ちほどの石ならば志賀島でよく見られる玄武岩としても、およそ縦横３０ｃｍ～４０ｃｍ、厚さ２０ｃｍほどの大きさの石で５０～６０ｋｇの重量になり、多分その程度の上石であったであろう。したがって、大石の下には幅１０ｃｍ程度の三石による囲いを仮定すると、１０ｃｍ～２０ｃｍ程度の内部空間に金印が納められていたことになる。

埋納時期を推定するための重要なヒントは発見者の甚兵衛の口上書に残されている。金テコで大石を取り除いた時に光るものが見えたと書き記している。すなわち、埃はかぶっていたにしても金印は土砂に完全に埋もれていたわけではなく、大石を取り除く直前も大石の下には空間があったことになる。このことは、金印を格納した構造物が造られてから、それほど時間が経っていないことを明示している。

奴国王が金印を拝受してより約千七百年、例えば二百年ほど伝世してから後に、ここに格納されていたとしても、その後発見されるまでの千五百年の間には、『書紀』にある天武七年（６７９年）十二月の地面が幅二丈長さ三千余丈も裂けたとされる筑紫大地震を始め、幾度もの地震や大雨、洪水、土砂崩れなどの自然災害に見舞われたのは言うまでもなく、恒常的な雨水の浸透や地下水によっても土砂の流動が発生して、口を封じた甕壺類や石棺などの完全な密閉空間でもない限り、隙間から土砂が浸入し隙間もなく埋もれてしまって、上石を取り除いたら光るものが見えたなどと云うことはあり得ないことは自明であろう。格納底のわずか数センチの物体が視認できたということは、ほとんど土砂の侵入がなかったのであるから、そこに格納された年月は日照りが続いたとしても、長くて数年以内のまだそれほど時間の経過はなかったものと推理される。

したがって、すでに当時から農耕地として利用されていた土地であったとすると、あえて用排水溝の境界にある一般的には二尺程度の狭い田の畦道に穴を掘り、そのなかに急場的な石囲いにより金印を格納したこと自体が、周辺には他に墳墓などの遺跡も皆無であることからも何かを祈願しての祭祀や奉納などといったものではなく、唯一隠匿を目的としたものであったことを証明しているようなものである。

だが、隠匿場所の造作は、結果的に残土などによって側溝の流れを悪化させた要因かもしれず、隠匿者にとっても予想外で早くも発覚することになる。疑問は、だれが、いつ、この場所に持ち込んだのかということである。

亀井南冥の『金印辨』に附記された志賀島の絵図には、島の北部の今では無人島となった沖津島が陸続きに描かれており沖津神社も勝馬神社と記している。さらに叶ノ崎の近傍の島の南西部角には現在はない突出した岬も描かれている。そこには岩礁とみられるマナイタ瀬があったことが明記されており、島の南東接続部の砂州の形状にも変化がみられる。寒冷期であった当時と比較して海面の上昇や浸食により二百年の間に沿岸部の地形にも変化があったことが窺える。

志賀島の周囲を見回してみると、東部は断崖が迫り玄界灘の波高く、南東部の志賀島村、北部から西部にかけて勝馬村と弘村に村落が集中しており、仮に隠匿場所を選択するならば浅瀬に船で寄り付く目標場所として農繁期以外は人気のない南西部の叶ノ崎付近となり、結局のところ沿岸部の傾斜地にわずかながらも農耕地であった金印の出土場所の一帯であろう。そこは南部の博多湾沿岸から志賀島を目指す海路の目標となる所である。何者かが海路で上陸し波打ち際近傍の田の畔に・・・。そして、それから間もなく隠匿者によって回収される前に、図らずも島の農夫によって発見されてしまうのである。

4 奴国王墓の発見

金印が発見された天明年間（1781〜1788年）は、享保、天保と並ぶ江戸の三大飢饉と称される天明の大飢饉で知られる。江戸時代は小氷期にあたり冷夏や長雨などが多発し、総じて不順な天候が続き、東日本の特に東北地方では冷夏や大雪、西日本では干ばつや長雨、害虫被害などにより、大凶作となった各地で、しばしば飢饉に見舞われ凄惨な被害をもたらした。

十七世紀後半の世界的な著しい寒冷化に加えて、江戸中期は火山の噴火も重なって甚大な自然災害が発生する。天明二年に九州では長雨による害虫被害が襲い、北陸や奥羽でも冷害により凶作となる。天明三年は全国的に暖冬であったが、田植え時期の四月頃より長雨が続き晴れの日がほとんどなく、夏でも冬の着物が必要なほどの冷夏であった。

四月に始まった浅間山の噴火は七月七日の大噴火に至り、降灰によって田畑が埋まり、信州・北関東の凶作に追い打ちをかける甚大な被害をもたらした。関東では安永年間の三原山大噴火の後も降灰被害が続いており、天明二年、三年には相模地震による震災が関東に及ぶ。

東北では天明三年三月に岩木山が噴火する。その影響で青森では夏にやませが吹き、奥羽・陸奥では冷害によって大凶作になり飢餓や疫病による多くの犠牲者がでる。信州、関東や東北地方では一揆や打ち壊しが頻発し、その状況は天明四年まで続く。天明五年には、一転して全国的に晴れの日が多く作柄は一時的に回復するが、天明六年には再び五月頃より雨が降り続き夏も冷涼で、関東では大雨で河川の氾濫による洪水被害が多発する。

西日本も凶作で米価が高騰し、幕府の救援や諸藩の対応の遅れから、天明六、七年は、江戸・大坂で打ちこわしが頻発し、社会的混乱は地方にも波及する。天明の大飢饉は中部・関東以北、特に東北地方で被害が甚大であった。餓死や疾病で五十万人以上の人名が失われる。

九州でも天明二年、三年は冷害や長雨で飢饉に陥り天明年間の前半に被害は集中する。安永八年（1779年）に桜島の大噴火があり、その後も天明年間にしばしば噴火を繰り返し、前後して発生した阿蘇の噴火で降灰による農作物などへの被害が拡大する。

九州の天候に限れば、天明元年（1781年）は晴れの日が多く沖縄、奄美でも旱魃が発生するなど、九州および南西諸島は夏まで著しく乾燥した天候であった。天明二年～四年は長雨や台風により凶作が続いた後、天明五年には全国的な天候回復により晴天が多い年となり飢饉も長期化することはなくやがて終熄する。

天明年間には、前述の怡土郡井原村で多数の漢鏡が出土する遺跡の発見があった。三雲南小路王墓の南100mほどの近傍にあったとされる井原鑓溝遺跡である。福岡藩士で国学者の青柳種信が、文政五年（1822年）に発見された三雲南小路王墓についての詳細を『三雲古器圖考』として書き記した折りに、それより四十年前に隣接する井原村でも農夫によって偶然にも発見され、多くの漢鏡が掘り出されていたことを知る。直後の文政六年に現地での聞き取り調査で見聞したものを『怡土郡井原村所穿出古鏡図』として残している。種信が井原村を訪れたときには、すでに遺跡発見の当事者を含め詳細を知る生存者は居らず、遺跡の厳密な場所を書き記したものは残っていない。現在もなおその所在は不明のままである。

種信の古鏡図を梅原末治博士等が整理されたものでは、鏡種は後漢前期の方格規矩四神鏡二十面と、巴型銅器三個が明らかになっている。他にも、刀剣や鎧の板のような物などの副葬物があったが腐食がひどく、原型を留めない多くの銅鏡の破片などと共に散逸してしまったと云う。方格規矩鏡の中の「新有同善」、「漢有同善」などの銘文のあるものは、王莽時代や後漢初期の舶載鏡とみられ、巴型銅器は弥生時代後期前葉より北部九州を中心に鋳型とともに広く分布するもので、この遺跡から出土した巴型銅器は１５ｃｍと最大級のものである。数多くの銅鏡を含む副葬は、須玖岡本王墓や三雲南小路１号墳に次ぐもので、井原鑓溝遺跡も王墓にふさわしいものである。

遺跡の推定場所も三雲南小路王墓の近傍にあり、前述の通り、奴国の都として造営された中枢部でもあるから、須玖岡本、三雲南小路王墓に続く何代か後の奴国王墓と考えられる。

さらに、王莽時代の新の銘のある銅鏡などの出土物から井原鑓溝遺跡は弥生時代後期前半の一世紀後半から二世紀初頭の年代が想定され、建武中元二年（西暦５７年）に奉貢朝賀し光武帝より漢委奴国王の金印を下賜された奴国王その人のものと推定される。

種信の柳園古器略考によれば「天明中怡土郡井原村小次市といふ農民あり、井原村の内鑓溝といふ溝の中より古鏡を多く得たり」とある。また、「その年は日照りで田畑に水乏しく、水路の水を引き入れようとして水口を棒で突開いていると溝岸より朱が流れ出たので怪しんで掘ってみれば一つの壺の内に古鏡数十、鎧の板のようなものや刀剣類があったが朽ち損じていた。鏡は破砕して数百片となっており、なかには完全なものもあったが側で見物していた者等が取るなどして終になくなった。その破砕物が農民の家に今もありそのいくつかを拓影にして載せる（文政六年四月）」と記している。一つの壺とは合せ口甕棺ではなく単甕棺とみられる。弥生後期には北部九州の甕棺は急減するが糸島地方などの一部で継続して使用される。

井原村の鑓溝遺跡の発見は天明中とあるばかりで、年月はいつのことか記されてないが、〝夏のことか その年は日照りで水乏しく〟とあり、九州で夏まで乾燥した天候が続いた天明元年（1781年）が、正にそのような状況に該当し、次いで比較的晴れの日が多かった天明五年も考えられるが、天明元年夏の乾燥した天候を表現しているとみる。

井原村の農民によって偶然発見されたときには古鏡数十枚のほとんどが破砕し、鎧の板のようなものや刀剣類があったらしいが、腐食などによって朽ちて保存状態が悪く、その農民の家に残されたものとして、古鏡の破片が数十片と巴型銅器などの一部を種信の『井原村所穿出古鏡圖』に拓影などとして載せてあるのみだが、おそらく、王墓とみられる甕棺には、勾玉などの玉類やガラス製の装身具など他にも何か副葬品があったことは間違いあるまい。

側で見物していた者等が挙って取りあげ失われたもののなかに、古鏡の数百片などとともに、わずか2cm四方の金印が紛れていたとしても、誰も怪しむ者はいなかったであろう。志賀島で発見された金印が、この遺跡のものであったことに間違いがなければ、次のような仮説が成り立つ。

天明元年は五月が閏月であったから、閏五月か六月の日照りの続く夏の頃に、井原村鑓溝の一角で多数の古鏡などが発見された甕棺の中に副葬されていた「漢委奴国王」の金印は、見物人の中の何者かによって、そこよりもち去られ、しかる後に志賀島の叶ノ崎の田の畦に穴を掘って格納場所として造作した大石の下に隠匿される。その時期は、人気のない農閑期の天明二年冬の季節であったとすると、天明四年二月に志賀島の農民によって金印が発見されるまでの期間は、およそ二年余りである。井原鑓溝遺跡と志賀島の発見現場が、いずれも水路の側溝に接する田の畦である共通点も、隠匿者が鑓溝遺跡の発掘現場に居合わせことによる類似の発想から、その隠匿場所としていることを暗示しており、窃盗の災禍を恐れての行為であったとも考えられる。

以上の仮説は、井原鑓溝遺跡が『後漢書』東夷伝にある中元二年に奉献朝賀し金印を授かった奴国王その人の王墓であることを証明するものである。奴国の都である三雲・井原から志賀島まで直線距離で約14kmである。奴国の発祥の地である春日丘陵の須玖岡本から志賀島までの約18kmと比べても短く、金印が発見された志賀島の叶ノ崎は、三雲・井原村を発ち今津湾に至れば見通せる位置にあり、海路で北方約8kmの至近距離にある。

5 末盧国王の出現

東西を糸島半島と東松浦半島に挟まれた間口約10kmの唐津湾の奥部は、古代より天然の良津として知られ、その西南に広がる唐津平野は、『魏志』に記された末盧国の比定地である。背後の背振山地や上場丘陵の支流を集め唐津湾に注ぐ玉島川、松浦川流域に形成された沖積低地や沿岸部の砂丘が平野の大部分を占める。最大の松浦川水系の流れは十六世紀末の大規模な治水工事で、北流する松浦川と徳須恵川が上場台地を抜けたあたりで一本化され、埋め立てで地形は大きく変わる。

さらにさかのぼれば、縄文海進による海水の浸入は現在の河口より約4km遡上した内陸まで及び、唐津市の都心部、和多田地区の東部と鏡地区の大部分が海面下にあった。縄文時代終末期に海岸砂丘（現在の虹ノ松原）が形成され始める段階にも、まだ鏡山の北及び西側にはラグーン（潟湖）が残っていたらしい。宇木汲田貝塚や柏崎貝塚が海岸より4km以上も内陸部にあり、ラグーン想定地域の遺跡は希薄である。

縄文晩期終末に唐津平野の一隅で水稲栽培が開始される。列島最古の水田跡を伴う菜畑遺跡が、それである。唐津平野の北西の衣干山東麓の緩斜面に営まれた農耕集落である。遺跡から出土する口縁部や肩部に粘土紐を貼り付けた突帯文土器は縄文末期後半の山ノ寺式で、伴出した炭化米から従来、水耕稲作をもって弥生時代としていた、その開始年代の見直しの端緒となる。炭化物較正年代では水耕稲作が始まる山ノ寺式土器の段階を紀元前十世紀後半とする見解が出ている。

百四十基余りの甕棺墓が主体の宇木汲田遺跡では、中期初頭の金海式甕棺から細型銅剣などの武器型青銅器の副葬が始まり碧玉管玉、勾玉、銅釧などの何らかの副葬品を有する甕棺は三割を超える、副葬品の多くは壱岐、対馬の海路で地の利を活かして半島との交易で獲得したものであろう。中期中葉の汲田式・須玖式甕棺の頃がこの遺跡の最盛期であって、中期末葉編年の立岩式甕棺では武器型青銅器の副葬は全くみられなくなり後期になると甕棺墓そのものが急減する。中期中葉まで拠点集落を形成し唐津平野で最大の地域勢力であった宇木汲田や柏崎周辺には、前漢後期の径6．9cm小型の日光鏡一面が出土した柏崎田島遺跡があるのみで、他に漢鏡を出土する遺跡の発見はなく、楽浪郡が設置されて以降は半島との通交の主導権は、他の勢力に握られていたものと考えられる。盛衰は須玖岡本王墓や三雲南小路王墓の出現と無縁ではないだろう。

弥生中期末から後期初頭に唐津平野の北西沿岸部に新興勢力の進出がある。松浦川を挟んで宇木汲田遺跡の北西約7kmに位置する桜馬場遺跡である。

中期後半には海面の低下とともに、唐津湾の沿岸部では砂丘の形成が進行しラグーンは消失する。海岸線も北に後退し、宇木汲田遺跡も内陸部に位置するようになる。桜馬場遺跡は、菜畑遺跡の東方約400mに位置し沿岸部に形成された標高4～5mの砂丘帯にあり、唐津―壱岐間フェリーが出ている唐津港まで約８００ｍの至近距離にある。昭和一九年に住民による防空壕の掘削中に偶然発見されたもので、甕棺から銅鏡二面に巴形銅器、有鈎銅釧などが出土する。その後埋め戻されて遺構は長い間その所在が不明となっていたが、平成十九年の宅地開発の事前調査によって、当初発掘の銅鏡の破片が出土し、六十三年前の甕棺の埋葬跡と判明する。

周辺から素環頭大刀の破片、ガラス小玉、巴形銅器、内行花文鏡の破片、広形銅矛などが新たに確認される。後漢前期の銅鏡や巴型銅器三点、有鈎銅釧二十六点、翡翠製勾玉、碧玉やガラス小玉など多数の副葬品が確認される合口甕棺の編年は桜馬場式として弥生後期前葉とされ、副葬された二面の銅鏡である流雲文縁方格規矩四神鏡、素縁方格規矩渦文鏡は後漢初期の製作年代が推定される。

中でも２３．２ｃｍの大径の尚方作銘の流雲文縁方格規矩鏡は、後漢の諸侯クラスの副葬品に匹敵するもので、この厚葬墓が唐津平野を拠点とする統治者のもので、弥生後期初めには、この地域の王と称される者の存在が想定される。

有鈎銅釧はゴホウラ・イモガイ製貝輪を模ったものとみられ、弥生後期初頭に佐賀、福岡で出現し、鋳型も福岡の数カ所で出土している。巴型銅器はスイジ貝を模したもののようだが用途は不明である。弥生後期に銅剣、銅矛などの武器型青銅器の副葬が激減し、鉄器に移行する段階の後期初頭から甕棺などへの副葬品として出現する。弥生時代の鋳型を含めると、西北九州に分布圏があり、そこが発祥の地と考えられる。桜馬場遺跡の厚葬墓の周囲から蓋石のある単甕棺や列状の甕棺の存在も確認されており、少し時代を降る広形銅矛や１９・２ｃｍの長宜子孫系の雷雲文帯連孤文鏡の破片の出土状況から、この遺跡の周辺が後継王を含む王墓域とみられる。

後期初頭のこの地域の変化は、弥生中期末に奴国の都を糸島の三雲・井原地区に造営し、時を経ずして、東方の瀬戸内海方面へ至る要衝の立岩に一大拠点を築いたことに見られる奴国勢力の一連の動きであったと考えられる。朝鮮半島の楽浪郡へ至る壱岐・対馬の海路が重要性を増し、糸島と壱岐を結ぶ海路の寄港に適した桜馬場付近に奴国の配下となる新規拠点を設けたもので、立岩と同様に、首長として奴国王の宗族を配したもので、桜馬場は末廬国の中枢部とみられる。

末廬の呉音の〝マツロ〟は現在の地名の松浦（まつら）に酷似する。末（マツ）は和訓である天候や潮待ちの待（まつ）の漢音（呉音）で、桜馬場遺跡近傍にある唐津港は内湾奥にあり、荒波の玄界灘に向け船出する潮待ち風待ちの浦（入り江）として古代より船舶が行き交う要所である。すなわち、末廬（マツロ）は倭人の待つ浦（まつら）の語音の変換によるものであろう。

6 倭面土国王の遣使奉献

『後漢書』東夷列伝の倭の条に「安帝の永初元年（西暦107年）、倭国王帥升等が生口を献じて請見を願う」と記される。

通説では、帥升は倭国王の名で、複数の随行員をともなって奉献したものと解釈されている。しかしながら、『後漢書』の倭国王帥升等の奉献にはいくつかの疑問がある。一つには、国王自らが漢の都洛陽まで出向き皇帝の接見を願い出ることがあり得たのか。倭の奴国からでも後漢の都洛陽まで陸海一万数千里、往復一年の行程を要する。漢と使訳通じる倭国連合の盟主国の倭王が、長期間留守にして渡海の危険を顧みず自ら赴いたとは考え難い。建武中元二年（西暦57年）の奉献朝賀は奴国王の使人で自称大夫によるものであり、『魏志』でも、景初二年（西暦238年）朝献の大夫難升米を始めとして正治年間の派遣も全て倭の女王が遣わした使人によるものであった。倭国王自身の朝見は古今のいかなる記録にもない。それを示すように『後漢書』の安帝紀には永初元年冬十月倭国遣使奉献と記されており、仮に倭国王帥升等が遣使だとすると、派遣を命じた者は一体誰なのかという疑問が残る。

今一つは、太宰府天満宮に残る西暦660年の唐代に成立した張楚金の撰になる類書『翰苑』には、後漢書からの引用として「倭面上国王帥升至」とあり、原本の成立時期から『翰苑』が引用した『後漢書』は必然的に李賢の施注以前の范書であろう。

また、西暦801年頃の成立の唐の杜佑の編纂になる政書『通典』の北宋刊本において、明らかに『後漢書』の引用と見られる箇所には「倭面土国王師升等」とあり、さらに、江戸中期の松下林見の著『異称日本伝』の『通典』引用箇所は「倭面土地王師升等」となっている。

室町時代の一条兼良の筆になる『日本書紀纂疏』では「一云倭面国、此方男女皆黥面、故加面字呼之、東漢書曰、安帝永初元年、倭面上国師升等、献生口百六十人」とあり、鎌倉時代の『日本書紀』の注釈書卜部兼方の『釈日本紀』でも、『後漢書』の帝紀からの引用とみられる「倭面国遣使奉献」と記載し、倭面の号の由来として『後漢書』に李賢が付した黥面分身の施注を引用している。

安帝紀の関連資料には現在一般に流布している『後漢書』東夷列伝にある倭国王帥升等とは異なり、倭面土国王、倭面上国王、倭面土地王など複数が存在し、伝来の『後漢書』の古写本あるいは、版本のなかには、安帝紀の永初元年の遣使奉献国も倭国ではなく倭面国の書字であった可能性が高いのである。

漢籍の日本伝来は、古くは五、六世紀の論語や仏典にまでさかのぼるとされるが、本格的な船載品の将来は、遣随使、遣唐使の派遣が始まった七世紀以降である。遣唐使として吉備真備が派遣された八世紀初め頃の漢籍三史は、司馬遷の『史記』、班固の撰になる『漢書』、それに官撰による『東観漢記』があげられ、真備によって『東観漢記』が奈良時代初期に将来し、范曄の『後漢書』は李賢等の施注によって流布していた八世紀中頃には、日本にもその鈔本が伝来していたものとみられる。

十二世紀末の『釈日本紀』や十五世紀中頃の『日本書紀纂疏』も、平安時代以前の鈔本か筆写本の引用と考えられる。唐代初期より始まった木版印刷は、宋代に印刷技術が著しい発展を遂げ、それまで経典、仏教画や一部の実用書などが対象であった出版物も多岐に渡り数多くの書物が刊行されるようになった。版本は固有の手書きとは違って書体や字形の統一によって誤読が減り総じて品質と製本効率は大幅に向上したのは間違いないが、彫師、摺師、編集、校正などの分業化は従来の写本とも異なる思わぬ校訂が加えられる可能性があることも否定できない。

国内で現存する木版印刷に、南宋の慶元年間（１１９５〜１２００年）の刊本がある。范書列伝東夷の巻では「安帝永初元年、倭国王帥升等、献生口百六十人、願請見」、帝紀には「倭国遣使奉献」とあり、これは現在流布するものと変わりはない。この慶元刊本は十六世紀末の文禄年間に京都臨済宗妙心寺の高僧が秘蔵していたのを、米沢藩の直江兼続が譲り受けたものとの伝承で知られる。

おそらく、木版印刷になる宋刊版の段階で国名が改変され、以降の刊本あるいは覆刻版はそれにより改変のまま現在に至るものと推定される。

また、『翰苑』、『日本書紀纂疏』の「倭面上国王」と『通典』の「倭面土国王」は、〝土〟か〝上〟の漢字一文字の違いだが、それは、本来「倭面土国王」（倭の面土国王）であったものとみる。

第一に、「倭面上国王」とする現存資料は共に国内作成である。倭面を鯨面分身による倭の異称と解して倭面の土国としたものの聞き慣れない土国とは国名などではなく、律令制度以来の国力分類（大国、上国、下国）の倭面の上国（じょうこく）と解釈して、〝土〟と筆字が酷似した漢字〝上〟に誤写されたものと考えられる。

第二に、古代日本語は単母音、子音＋母音の開音節が基本で、呉音〝土〟（ツ）はあり得ても、〝上〟（ジョウ）はなく、一、二世紀の倭人が国力分類はもちろん、二重母音や拗音を用いて国名とはしない。

第三に後者の北宋刊本『通典』は木版印刷盛行期の逸品として知られ、誤読の少ない宋朝体の刻字や精巧な印刷技術に加え多くの対校資料による厳密な校勘で知られる北宋版であることから、稚拙な誤りは考え難い。誤解や単純ミスがあり得るとすれば「倭面上国王」であろう。

なぜ後漢書の版本において「倭面土国王師升等」から「倭国王師升等」に改変されたのであろうか。宋刊版の時代は十世紀末から十三世紀である。当時すでに国名も倭国ではなく、日本国と称していた我が国に対する時代認識や『後漢書』以降の正史の存在を反映したもと考えられる。

西暦894年の遣唐使の廃止により、国交が断絶し中国との交流も制限されてはいたが、留学僧や渡来僧の往来は続く。雍熙元年（984年）に我が国の王年代紀を献上して入宋した僧奝然（ちょうねん）や、南宋の時代に留学した栄西や道元が海をわたり、十二世紀後半の南宋の時代には、民間レベルの日宋貿易も盛んになる。

十二世紀前葉に成立した南宋王朝の代には、歴史書も『三国志』、『後漢書』に続き正史となる『宋書』、『隋書』、『舊唐書』、『新唐書』がすでに刊行済みであった。だが、『後漢書』の成立時期とそれほど変わらない五世紀の徐爰の『宋書』を始めとして後続の史書のなかで倭を倭面国などとするものは存在しない。しかも、『隋書』では安帝の永初元年の朝貢は倭の奴国としているばかりか、『舊唐書』、『新唐書』でも倭国および日本は古の倭の奴国なりとして、これを踏襲している。

厳密な校勘で知られる宋刊版の刊行に当たっては、後続の正史を含めた多くの対校資料により校正を図ったのは明らかであり、これらを踏まえて南宋版は明確な改変の意図を持って編纂され、前出の『後漢書』慶元版にある通り倭奴国名は残り、倭国、倭国王師升等に書き換えられたものとみられる。改変は単純な誤写によるものではないが後世に新たな疑問を残すことになる。

『後漢書』の原書には「倭面国」と「倭面土国王帥升等」の記載があったのは確かで、それは以下のようにしてできたものと推定される。正史となる『後漢書』は先行する八家の後漢書や『三国志』などの既存の史書などを参考にして、范曄が宣城太守として赴任していた430年代の短期間に書き上げたもので、後漢の書としては始めて陳寿の『三国志』に習い東夷列伝を加える。東夷列伝の倭の条は、『漢書』地理志、『魏志』東夷伝などを引用して書かれたことは明らかで、後漢の同時代史として詳細を記した『東観漢記』から光武帝、安帝の紀年事項を引用したものと考えられる。多分、引用資料には単に「安帝永初元年冬十月、倭面土国王帥升等献生口百六十人願請見」とあったものを、范曄撰の『後漢書』（范書）では『魏志』東夷伝の黥面分身の記載を引用していることからも、この倭面土国王帥升等の〝倭面〟を倭人の習俗による異称と誤認したものとみる。

すなわち、范曄の『後漢書』では東夷列伝を新たに設け、安帝本紀には本来は倭国遣使奉献とすべき所を、「安帝永初元年冬十月、倭面国遣使奉献」とし、東夷列伝の巻には「安帝永初元年、倭面土国王帥升等献生口百六十人願請見」と書き分けたために架空の倭面国が生じたものと推定される。范書の安帝本紀に「倭面国遣使奉献」とあった証拠として、このわずか一行の安帝本紀の倭の奉献記事には、七世紀の唐の李賢による「男子黥面分身、以其文左右大小尊卑差、見本傳」の注釈が付されており、それが「倭面国」に対する施注であったことは間違いあるまい。和書『釈日本紀』、『日本書紀纂疏』に記載された「倭面国」が、それにあたる。

安帝本紀に遣使奉献とあるように倭面土国王帥升等は遣使であって、派遣を命じた者がいたに相違ない。そして遣使奉献の目的はなにであったのか、多数の生口を献じて皇帝の謁見を請願したことの他には具体的なことは何も記されていない。そもそも倭面土国王とは『通典』元刊本等が倭面土地王と解釈した通り、倭の地方の一国の面土国の王であったと考えられる。二世紀初頭の倭の国々の中で面土国王等を派遣する権限を有する国は、それより半世紀前の後漢の光武帝の時に奉献朝賀し漢倭奴国王として封ぜられる奴国以外には後漢史の記録にもないことから、金印紫綬を賜った奴国王の系譜に連なる何代か後の奴国王であったとするのが至当であろう。

帥升は、倭国王（本来は面土国王）の名とするのが通説であるが、それには首肯し難い。帥升の呉音は〝シュチショウ〟、〝ソチショウ〟、〝スイショウ〟などのいずれかであり、拗音や二重母音の音節を含み明らかに漢語である。帥（シュチ、ソチ、スイ）の意義は将軍・元帥・将帥であり、升（ショウ）も漢字の将と同義と推定され、いずれも大将、将帥、将校など軍を統率する者であって、倭人名にはふさわしくない帥升とは、人名などではなく官名であったと推察する。倭面土国王帥升等とあるのは（倭の）面土国王及び帥升等であり複数の遣使等の表現から、面土国王に加えて、通訳が漢語に変換したところの将帥や将官など複数の随行者と解釈するのが妥当であろう。

面土国の面土の呉音は〝メンツ〟、倭語の〝まつ〟で、『魏志』倭人の条にある末盧国に比定する説を取る。漢との通行や朝鮮半島交易の交通の要衝となる末盧には、紀元一世紀の弥生後期前葉に奴国の王族が配され、それが桜馬場の王墓遺跡であることは前述した。その後続の王が『後漢書』に載る面土国王であり、永初元年の遣使奉献の経緯は概略以下のとおりと推察する。後漢の光武帝の時に封建国となったことを背景として、漢や朝鮮半島との交易を独占し有利な立場にあった奴国は東方の瀬戸内海から西日本一帯にその勢力を拡張し列島内の交易相手を取り込み、時には武力を行使し奴国を盟主とする連合国の漸増を図ったものと考えられる。

当時、北部九州発祥の弥生後期の巴形銅器が、瀬戸内から西日本に一帯に分散することや、前漢鏡は王墓の副葬などで、ほぼ独占して北九州以外ではみられなかったものだが、弥生後期になると、紀元一世紀の漢鏡5期の後漢鏡が、従来銅鏡の分布が希薄であった瀬戸内海や畿内の古墳や住居跡からの出土が急増することは、奴国の拡張政策の物的証拠と考えられる。これらの破鏡を含めた後漢前期の銅鏡の分布域の拡大は奴国王が同盟国を中心に配布したか、交易によって分配したものと推定される。その多くがこれらの地域の弥生時代の遺跡から出土しないのは、威信財、宝器、祭祀などに用いられ二百年ほど伝世した後で古墳に副葬されたためであろう。

永初元年の遣使奉献は新年を言祝ぐ朝賀などとは異なり、冬十月という時期であることから、倭の面土国王等の謁見の願いも特別の事情によるものであろう。その目的は、北部九州を勢力圏としていた奴国が西日本の諸国との交易ネットワークを拡大し、その盟主国になったことの高承を得るという任務を負って、奴国王の名代として王族の面土国王が派遣されたものと考えられる。献じた多数の生口百六十人は異例であり、武力行使を伴う勢力拡大によって得た捕虜であったか、連合国より供出されたもののいずれかであろうが、数多くの生口を輸送する船団を指揮する帥升等を随行していたものと推察される。『後漢書』東夷列伝倭の条に「使役の漢に通ずる者は三十許りの国あり」とあるのは、『魏志』からの引用と見られるが、連合国の多くは、この面土国王の遣使奉献の二世紀初頭までさかのぼるもので、この時を以て奴国王は連合国の王、すなわち、倭国王として内外に承認されたのであろう。安帝紀に金印紫綬の下賜などの記述がないのは、奴国王の版図が拡大しただけで、後漢王朝と封建国ともに体制に変わりはなく、印綬の交換を必要としないことを示している。

『魏志』東夷伝に「其の国、本亦男子を以て王と為す。住まること七、八十年」とあるように永初元年の遣使奉献によって、奴国王を盟主とし伊都を都とする倭国王が成立し、以後七、八十年の間は男子王の時代が続くのである。

7 倭国地変

南海トラフ巨大地震に関する最古の記録は『日本書紀』の天武十三年（684年）の白鳳地震である。『日本書紀』には白鳳地震に先立ち、その九年前から地震や大地震が毎年のように発生したことが記され、中でも天武七年十二月（678年）の幅6m長さ10kmの地割れが起きたと記す九州の筑紫大地震が含まれる。今日では久留米付近の水縄断層帯を震源とする当時の地割れの痕跡も確認されている。白鳳地震の数ヶ月後には信濃国で灰が降り草木が枯れたとあることから、誘発地震による火山の噴火とも考えられ、白鳳地震は南海・東南海・東海の連動した巨大地震であったものと推定される。

史上最大の南海トラフ地震とみられる宝永元年（１７０７年）のマグニチュード８．６超の宝永南海地震については多くの記録にあるが、先史時代にも、これを上まわる南海トラフ巨大地震が発生していた可能性が高いことは第一章でも述べた。高知大学の調査研究によると、土佐湾沿岸の土佐市蟹ヶ沢の湖底の津波堆積物の採取調査では、約二千年前の弥生時代中期末ごろの津波による堆積層の厚さが過去三千五百年で最大であり、マグニチュウード９級の超巨大南海地震も想定される。

震源央がどこかによって被害地域も変わるが、四国、近畿地方はもちろん九州東部や瀬戸内海など広域に被害が及んだものと推定される。プレート境界付近の変動による地震は大きな津波の発生を伴い、この頃瀬戸内海沿岸から大阪湾周辺、紀伊半島にかけて一斉に高地性集落が築かれることから、津波の被害も広範囲に及び、土器編年で云うところの弥生時代中期と後期を区分する画期となる程の大惨事であったと考えられる。

そしてそれは日本海側の山陰でも例外ではなかったようだ。１８５４年１２月の安政南海地震（マグニチュード８．４）では、出雲杵築大社で百五十棟が倒壊、１９４６年１２月の昭和南海地震（マグニチュード８．０）では、死傷者二十五人、住家全壊七十一棟とあり、震源から遠い四国の北２００ｋｍ

の島根出雲地方まで被害が及んでいる。また、昭和南海地震の三年前には死者千八十三人を出したマグニチュウード7．2の鳥取地震が発生し、1707年の宝永地震では出雲で家屋が倒壊し、その三年後の1710年には伯耆・美作で死者七十五人と家屋千九十二棟が倒壊する因伯美地震が発生する。

さらにさかのぼれば、887年の仁和南海地震の前には863年の新潟大地震、868年の播磨地震、869年の貞観地震と続き、880年には日本三代実録に神社仏閣官舎百姓居處など多くが倒壊したと記す出雲大地震が記録されており、南海トラフ巨大地震の前後の活性期には各地で大地震が連動するように発生し、いずれも山陰の島根・鳥取地方でも前後して大地震が発生している。

したがって、二千年前の弥生中期末の超巨大南海地震そのものの直接被害のみならず、その前後数年間に発生したと推測される山陰側を震源とする大地震の直撃被害にも遭遇した可能性が高いことから、余震を含めると出雲地方でも十年単位で地震の影響が長期に及んだものと考えられる。

およそ二千年前の超巨大地震は、昭和南海地震の少なくとも三十倍以上の地震エネルギーが見込まれることを考慮すると、想像される衝撃は計り知れず、被害地域に社会的・心理的に多大な影響を及ぼす震天動地のことであったに違いない。以降、弥生後期には西日本の環濠集落は解体し瀬戸内海以東に前後して高地性集落が一斉に築かれ、集団移動や広域間の交流が活発になり、墓制、祖霊祭祀、青銅器の埋納化など社会全体に大きな変化が生ずる。甕や壺など無紋化した生活用と装飾化が進む祭祀用に類型化した土器は地域を越えて移動し、銅矛・銅鐸など青銅器の大型化が進み、具象的だった図案も抽象化した物が増え創造物にも変容が窺える。

島根県の出雲平野は、魏志倭人伝にある投馬国の比定地とした所である。現在の出雲平野は島根半島と中国山地に挟まれた南北約５ｋｍ、東西約２０ｋｍの山陰でも最大級の沖積平野であるが、弥生時代以前の地形や自然景観は現在とは大きく異なっていた。最終氷河期の後の縄文海進によって、五千年～六千年前には海水面が現在より２、３ｍ高く、島根半島は完全に分離し出雲平野の当たりは全て海域であった。

縄文後期の海退による海水面の低下と、三千六百年前の出雲の南東２０ｋｍにある三瓶山の噴火で排出した膨大なテフラを含む神戸川が運ぶ土砂や、斐伊川の中上流の風化した花崗岩や安山岩などが混じる土砂によって三角州の形成が続き、二千七百年前の弥生前期初頭頃には島根半島との間はすでに繋がってはいたが、陸地化した地域はまだ現平野の四分の一にも満たないものであった。

弥生時代には、平野西端の砂丘の形成による大きな入り江となった神門の水海が日本海に開口し、東部は北流する斐伊川の右岸近傍に淡水湖となった宍道湖の汀線があり、当時の出雲平野は東西６ｋｍ程の沖積地に過ぎず、ほぼその範囲内に弥生時代の遺跡も分布する。斐伊川の流れも北方の島根半島に達した後は西の神門の水海に注いでいた。中世の砂鉄採集のための鉄穴流しによる大量の真砂や砂礫により天井川となると、江戸時代始めの大洪水によって東の宍道湖に注ぐように流路が変わる。また、その後の埋立てと干拓により東西に拡張した結果、ほぼ今日目にする広大な出雲平野が出現する。

島根半島西部の北山山地との間の陸地化した地域では、出雲大社南東の砂丘上に山陰最古の弥生土器が出土する原山遺跡や三角州の自然堤防上に矢野遺跡など前期の弥生遺跡が出現する。弥生中期には、神門水海の汀線の周囲や斐伊川左岸の後背湿地をともなう自然堤防上などの海抜5m以下の微高地上に集落が多数分布し人口増加にしたがい遺跡数は急増する。矢野遺跡の周辺では、いくつかの集落が派生し四絡遺跡群と称される集落共同体を形成し、弥生中期末には同様の拠点集落を核とした七、八グループの集落共同体ができる。

だが、神戸川や斐伊川から押し出された土砂で新たに形成された沖積地は、湿地帯も多く液状化などの地震の影響を受けやすい地盤で、日本海で発生した津波が神門水海の入り江から浸入した場合には、江内で波高が高まり標高1m～3mの出雲平野を乗り越えて神門水海の東5，6kmに汀線があった宍道湖に一気に流れ込み出雲平野一帯が水没する危険性が高く、また、平野の大部分を占める標高の低い三角州地帯は洪水や津波の被害が長期化しやすい状況にあった。

二千年前の南海トラフ巨大地震とその前後に発生したとみられる山陰を震源とする大地震により、家屋の倒壊、土砂崩れ、山崖崩壊など出雲平野にも甚大な被害が及び、中でも地震に伴う津波の発生によって標高の低い三角州が多くを占める出雲平野の大部分は水浸したであろう。平野の住民は周辺の丘陵や斐伊川下流の津波の遡上が及ばない南部の斐伊川支流の赤川流域の神原あたりまで避難するしかなかったと考えられる。南海トラフ巨大地震と前後して発生したであろう山陰を震源とする地震の影響は、余震を含めると長期に及び数年単位で避難の状況は続いたのではないかと推定される。

その時の天災に遭遇した出雲の弥生人が沈静化を祈願した際のモニュメントとも云える地中埋納遺跡

がある。出雲平野の東南の中国山地の大黒山、高瀬山、仏経山が連なる尾根筋の谷間に位置する神庭荒神谷遺跡と加茂岩倉遺跡がそれである。荒神谷遺跡では、大量の銅剣を埋納した土抗と、７ｍ東側には銅鐸・銅矛の埋納抗が発見された。岩倉遺跡では、大黒山の南尾根の標高１４０ｍ付近の南斜面に埋納抗を築き三十九個の銅鐸が大部分は入れ子状態で埋納されていたのが発見される。

いずれも尋常ではない大量の青銅器が出土する。なぜ人里離れた谷間や山中に、しかもわざわざ小尾根の傾斜地を掘削して埋納地としたのであろうか。銅剣と銅鐸はいずれも一括埋納としては列島最多であり、青銅器の材料だけでも数百キロになる。それだけの青銅器を入手するには、それ相当の代償と時間が必要である。それを支払っても調達する理由と特別の使途があったとすると、それは弥生中期末に突然襲った南海トラフ巨大地震と無縁のものとは考えられず、当時の出雲平野の弥生人による大地震に関連する激甚災害に対処した行動の軌跡であったとみる。急襲した天災を荒ぶる神の仕業とみた当時の出雲平野の弥生の人々は水難の厄を祓い、地鎮を祈願して谷間の傾斜地を神の依り代として宝器と云っても過言ではない貴重な青銅器の大量奉納を行って、震災の沈静化と災害からの再生を祈る祭祀の場としたものであろう。全て地面に対して銅鐸は鰭を上下にし、銅剣・銅矛は刃を立てる埋納方法としたのは、斜面の崩落や地面の亀裂などの禍を鎮める安全祈願を意図したものと考えられる。

神庭荒神谷遺跡は、南の中国山地から北の出雲平野に突出した細長い谷間の最奥部にある標高５０ｍほどの小尾根の傾斜地に位置する。青銅器の埋納が推定される弥生中期末から後期初頭には宍道湖の汀線は今よりも7，8km西寄りにあり、神庭西谷の直ぐ北面まで宍道湖の縁が迫っていて、谷間の突端部の現在標高2mのあたりは、湖水面が上昇した場合には浸水するような中国山麓の丘陵と宍道湖の境界間近にあったであろう。小尾根側面より少し降った標高約22mの南斜面に、7mの間隔を開けて東西二カ所の埋納抗を掘削して、東抗には銅鐸6箇と銅矛16口が、西抗には銅剣358本が四列にして整然と並べて地中に埋められていた。

青銅器は時代が降るほど実用から離れ祭儀化し大型化も著しくなるが、荒神谷の銅鐸はその形式から菱環鈕式と外縁鈕式の弥生中期中葉以前の中型でも比較的古い製造年代のものであり、銅矛は中細型2口、中広形14口で、その製造年代は弥生中期中葉から後期前葉が与えられる。銅剣は総て中細型C類で中期中葉以降のもので東西抗ともに一括埋納であり、個別の青銅器の製造時期は様々であるが二抗の埋納時期にそれほど隔たりはないとみられる。

神庭荒神谷と加茂岩倉の両遺跡は、出雲平野の南を東西に広がる中国山地から伸びた標高300m前後の山並みが連なる丘陵地帯の谷間の南斜面にあり、奥出雲の船通山に源を発し幾つもの支流を集めて北流し、出雲平野に達した後にその流れを変えて東方の宍道湖に注ぐ揖斐川本流が、平野に差し掛かる手前からU字形に大きく蛇行する流域の右岸に位置する。

興味深いのは、そこに連なる峰々の配置であり、その偶然がなせる自然の造形を巧みに利用して二カ所の青銅器埋納場所を定めた形跡が、明らかに認められることである。斐川町から加茂町にかけて、東に大山（標高286m）、西に仏経山（366m）が位置し、中央を北から大黒山（315m）、高瀬山

（314m）、城平山（316m）が、約1．2kmのほぼ等間隔で標高が同じような山並みが南北に連なる。

二千年前の大震災で避難した人々は、おそらく、これらの山頂から北方の被災前に集落のあった出雲平野や宍道湖周辺の様子を日々窺っている内に、周辺の山々の位置関係に規則性があることに気づいたに違いない。そして自然に配置された峰々の頂きを念頭に、青銅器を用いた祭祀と埋納場所の決定は、以下の三段階で進行したものと推定される。

第一段階

それぞれの位置を山頂の三角点からの水平距離として示すと、遺跡の埋納場所は、以下のような位置関係にある。尚、城平山の山頂付近の形状は東西方向200mに渡り平坦であり、南北線の基準点としては不適であるので、同じ尾根の250m北にある城平山の北峰とも云える大竹山（311m）の山頂付近の地形が急峻であることから、大竹山を方角の目印として適用したとみる。

また、城平山より北東約3kmにある大山に至る間は標高250m前後の丘陵が馬の背のように連なり、なかでも城平山の北東約900mにある最高標高290mの小峰は無名だが、そこも方角の視点としたことは確からしい。仮にその地点をK峰とすると、城平山とK峰を結ぶ直線を対称軸として、北西側60度の2．9km先に荒神谷遺跡が、そして南東側60度の約3km先には神原神社が位置する。また大黒山からみて、西方の荒神谷遺跡と南方の大竹山の二方向は直角である。したがって、荒神谷遺跡の位置は、先の対称軸に対して６０度の北西方向の線と、大黒山から見て大竹山とは直角となる方向線の二直線の交点により決定したものと推定される。図2-1参照

実際には、神庭荒神谷遺跡が位置する出雲平野の南縁は仏経山、高瀬山、大黒山の山頂から目視できるが、最も南にある城平山や大竹山からは、途中に高瀬山や大黒山の主稜線や支尾根によって遮られて北方の出雲平野の南部はほとんどみえないのだが、一カ所だけ城平山から高瀬山の派生尾根や枝尾根の谷間を通してわずかに覗ける方向がある。それは神庭谷を射通すことが可能な視界角３度ほどの隙間に過ぎない。

当時の宍道湖の汀線が迫り派生尾根が北方に延びる出雲平野の境界付近から南方の仏経山と城平山を望み、その二直線の挟角が、およそ６０度（三点を結ぶと正三角形）となる点は、荒神谷遺跡が位置する小尾根の南西斜面を登り切った後方約１００ｍの尾根の頂部に該当する。すなわち荒神谷が埋納地として選ばれたのは、南部の神原方面の最高部からも望める唯一の方向として限定される、そのような希有な条件であったことがその理由であったとみる。

そしてさらに、埋納場所の位置の精度を上げ正確を期すために、大黒山から見て南方の大竹山と西方の荒神谷の二方向が直角となる小尾根の谷間を埋納場所としている。

そこが小尾根南面の傾斜地を掘削して水難を祓う銅矛と銅鐸を一括埋納した神庭荒神谷遺跡の位置である。遺跡が南斜面にあるのは、南方にある仏経山、城平山、大竹山、高瀬山の山々と相互に目視出来る方角であったことに他ならない。その埋納抗の周囲には１０～２０ｃｍの五つの柱穴用のピットが確認

され埋納抗を覆うような構造物が建っていた可能性が高い。

次に、神原神社から見て城平山と大黒山の二方向の直線の挟角は４０度であり、これは荒神谷遺跡から見た大黒山と高瀬山の二方向の直線の挟角４０度と同一であることから、神原神社の位置を決めるに当たって、二地点での挟角が一致するようにあえて設定したものと推定される。図2-1

神原神社の所在地は雲南市加茂町神原の斐伊川の支流赤川左岸の海抜約２８ｍの沖積地にあり、正始元年（２４０年）紀年銘の三角縁神獣鏡が出土した神原神社古墳が発見された場所でもある。

さらに城平山を中心として城平山から仏経山までの水平距離約３ｋｍを半径とする円を描くと、西方に仏経山、北西に荒神谷遺跡、北東に大山、東方に神原神社が半円の線上付近に扇形に並び、周辺の山々を介して相互の位置関係が明解なことから、荒神谷遺跡と神原神社の位置が、それぞれ任意に選定されたものではなく、一貫した思考のもとにほぼ同時期に決定したものであると見て間違いないであろう。

荒神谷遺跡は神原神社から西北西約３０度の方向で山塊を挟んで約５．２ｋｍ先にあり、もちろん互いに目視することはできないが、この時点で津波などの震災の沈静化を祈願して荒神谷遺跡の東坑に銅鐸六個と銅矛十六口を埋納し、後の神原神社の位置を日常的な祭祀の場としたものと考えられる。そして、大黒山を起点として城平山→荒神谷遺跡→神原神社までを一筆書きで結ぶと〆の和製漢字になり、その意義は締める、閉める、封じる、終わらせることを真意としたものとみる。

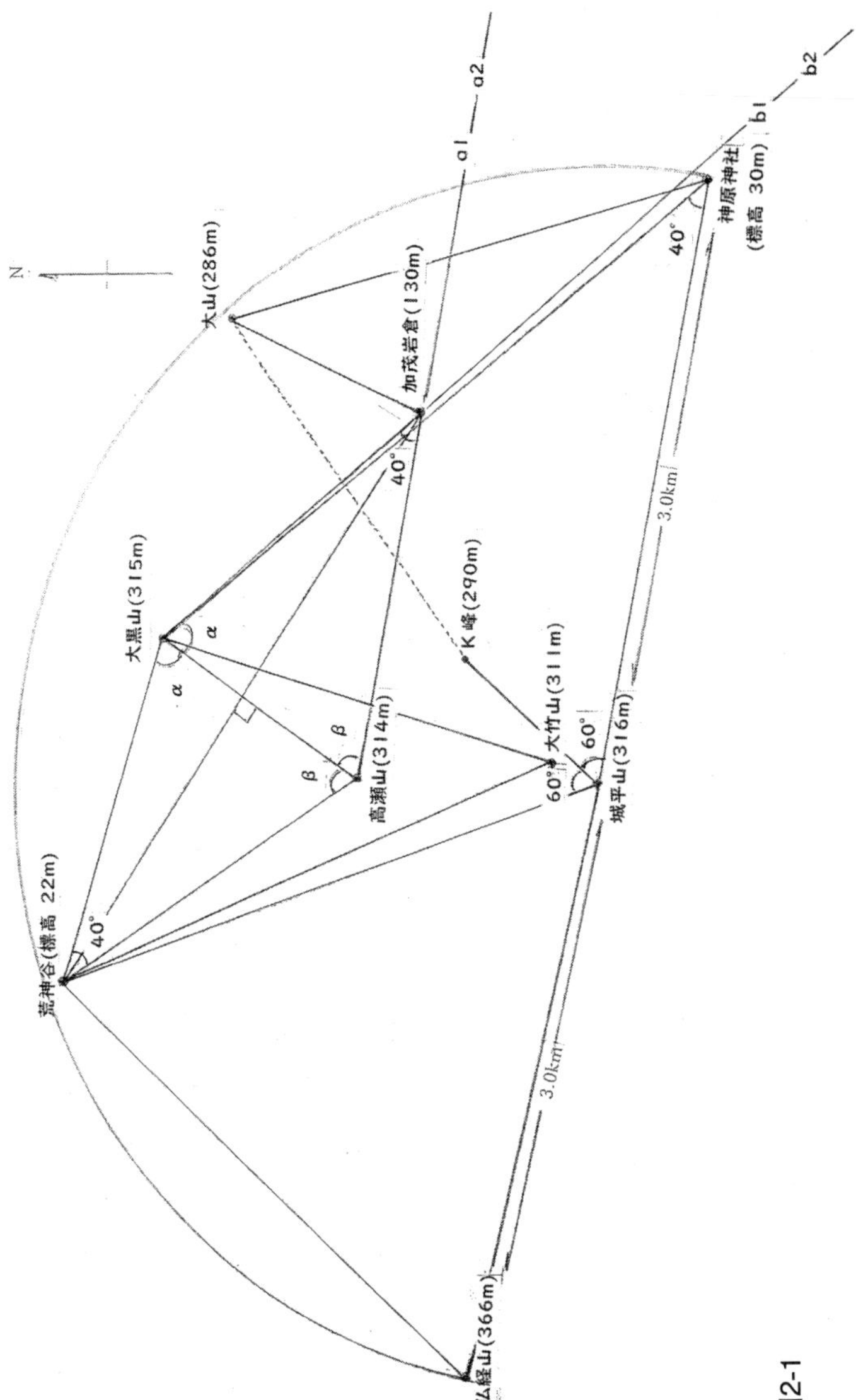

N
a1
a2
b1
b2
大山(286m)
加茂岩倉(130m)
神原神社(標高 30m)
40°
40°
3.0km
大黒山(315m)
α
α
K峰(290m)
高瀬山(314m)
β
β
大竹山(311m)
60°
60°
城平山(316m)
荒神谷(標高 22m)
40°
3.0km
仏経山(366m)

図2-1

第二段階

巨大地震は、その前震や余震を含めると長期に及び容易には収まることはなかったと考えられる。そのために、災禍に見舞われた出雲のその地域の人々は、さらなる鎮静化の祭祀を強化し周辺の山麓にまで拡大する。すなわち、囲まれた領域を神聖化して神の依り代とし、地震の沈静化を希求したものと考えられる。当時は出雲平野の宍道湖の境界付近にあったとみられる荒神谷遺跡とは別に、新たに山塊の中にも神原神社との結節点を求めた。それが加茂岩倉遺跡である。大黒山―高瀬山を結ぶ北東から南西に走る直線に対して荒神谷遺跡と加茂岩倉遺跡は互いに線対称の位置にある。

今と違って測量用の計測機器類などまともになかった紀元前後のことであり、不規則に高低差のある山谷の水平距離を実測することは困難であったのは確かだから、おそらく簡便で単純な三角法に類する方法で埋納場所を決定したものと考えるのが現代の一般常識である。しかしながら、その常識を覆して、当時としては莫大な資材と労力を費やして敢行された驚嘆すべき以下の事実が判明する。

出土遺物も考慮して、埋納の目的や遺跡の配置と築かれた順番から推察するとおよそ次のようになる。大黒山と高瀬山を結ぶ線を対称軸として、北西側にある荒神谷遺跡とは反対側に迂回し、南東側からその対角および、対称軸との挟角が等しくなる位置を特定すれば、そこが対称軸に対して荒神谷遺跡とは線対称となる地点である加茂岩倉遺跡の埋納場所となるはずである。

ところが、標高約１４０ｍの南西斜面にある加茂岩倉遺跡から大黒山や高瀬山の方向には、標高２５

0m前後の丘陵地帯が前面を塞ぎ、加茂岩倉の位置から高瀬山の山頂は望めるものの大黒山はそれに阻まれて全く目視できない。もちろん、図2-1の様に加茂岩倉と両山を結ぶ線上で山頂が目視できる位置まで後退して、a1—a2とb1—b2の延長線上の交点の挟角が荒神谷遺跡の対角と一致する地点を求めれば、それでも目的は達せられるのであるが後退する距離にもよる。これを実践しようとすると、加茂岩倉遺跡と標高315mの大黒山を結ぶ直線上にある約250mの丘陵から大黒山の山頂までの仰角約3度と一致する地点、すなわち、この場合はその方向から大黒山の山頂付近を目視できる位置は大黒山から約5km先であり、加茂岩倉遺跡からでも、その距離南東約3km先まで後退する必要があり現実的ではない。

そこで、荒神谷遺跡の線対称地点を求めるために調達したのが、荒神谷遺跡の西抗で発見された大量の青銅剣であったのである。遺跡調査から、荒神谷遺跡の西抗の全長約50cmの青銅の銅剣358本の埋納状況はおよそ次のとおりである。

- 埋納場所は、斐川町神庭の西谷の最奥部　約35度の丘陵斜面の中腹に上下二段のテラス状の加工段の下段（標高約22m）
- 銅剣の埋納抗　東西約4,6mのすり鉢状　中央に長さ2.6m、幅約1.5mの隅丸長方形の抗
- 配列は東西四列で、西側よりA列34本、B列111本、C列120本、D列93本の計358本。その内344本の茎に×印の刻印、×印なし14本、×印の中で4本に××の刻印がある。

また、C、D列は全て鋒を東向き、A列の全てと谷側の4本を除くB列は鋒と茎を東西の向きに互

い違に並行して埋納されていたらしい。

さて、大黒山と高瀬山を結ぶ対称軸に対して、荒神谷遺跡と線対称となる地点を三角法以外で求める方法は、図の荒神谷遺跡と大黒山および高瀬山を結ぶ二直線と対称軸との挟角α、βと等しくなる方向に実線を引いてみて延長線の交点を求め、対角が合致することを確認すればよい。このことを測量の道具を兼ねて大量の銅剣を準備して実践したものと推定される。その手順は次のとおりである。

大黒山の山頂から高瀬山の山頂まで一定の間隔で銅剣を地面に突き立てながら直線上に並べる。次に大黒山の山頂から荒神谷遺跡とは線対称となる方向に、対称軸との挟角がαとなるように銅剣を先ほどと同じように等間隔で銅剣を突き立てながら直線方向に配列し、また同様に高瀬山から対称軸との挟角がβとなる方向に配列して行き、その交点での二直線の挟角が荒神谷遺跡の地点での対角40度と一致していれば、そこが正しく荒神谷遺跡とは線対称の地点である加茂岩倉遺跡の位置である。

実際の歩行距離は勾配に比例し水平距離に対して長くなり、上り下りの傾斜辺の長さを考慮したおよその直線歩行距離は、大黒山→高瀬山　約1280m、大黒山→加茂岩倉→高瀬山　約3700mで、三角形の総距離は約4980mである。

漢尺の一尺23・1cm、一歩（6尺）約1．39mを適用して、十歩（13．9m）間隔で一本ずつ立てたとすると、大黒山―高瀬山　93本、高瀬山―加茂岩倉　140本、大黒山―加茂岩倉　128本、計361本となる。三角形の頂点でのダブルカウントの3本を差し引くと、358本となり荒神谷の埋納数と一致する。

荒神谷遺跡と線対称となる位置（加茂岩倉遺跡）を確認すると、次に大黒山と高瀬山を結ぶ対称軸の銅剣を残し、新たに荒神谷遺跡と加茂岩倉遺跡を直線で結んで十文字になるように、また銅剣を歩数十歩の間隔で突き立てて並び替え、十文字の交点が直角となることを確認したものと推定される。荒神谷遺跡—加茂岩倉間の歩行距離は約３４７０ｍであり、先ほどの単位の十歩間隔での使用数は２５１本となり、十文字の使用総数は９３本＋２５１本で計３４４本である。この数は荒神谷遺跡の西抗に埋納された銅剣の中で×の刻印のある３４４本と合致する。図2-2参照。

すなわち、このことから荒神谷遺跡の銅剣は荒神谷遺跡の線対称点（加茂岩倉遺跡）の探索と、それに続いて大黒山↓高瀬山と荒神谷遺跡↓加茂岩倉遺跡の直交する二線に等間隔に銅剣を配列し、〆の文字を描くことによって地鎮と神の依り代の祭祀に使用したものと推察されるのである。銅剣の茎の×印はこの時に十文字を形成していた３４４本の銅剣に刻印されたものと考えられる。加茂岩倉遺跡に埋納されていた銅鐸３９個のなかにも紐の内側に×の刻印があるものが１４個あり、おそらく、この時の〆の祭祀に使用されたものであろう。

十文字を形成した後に銅剣３４４本は回収され、残りの×無しの１４本とともに混在した状態で５０本ほどの束に縛られて一旦保管されていたものとみる。

図2-2

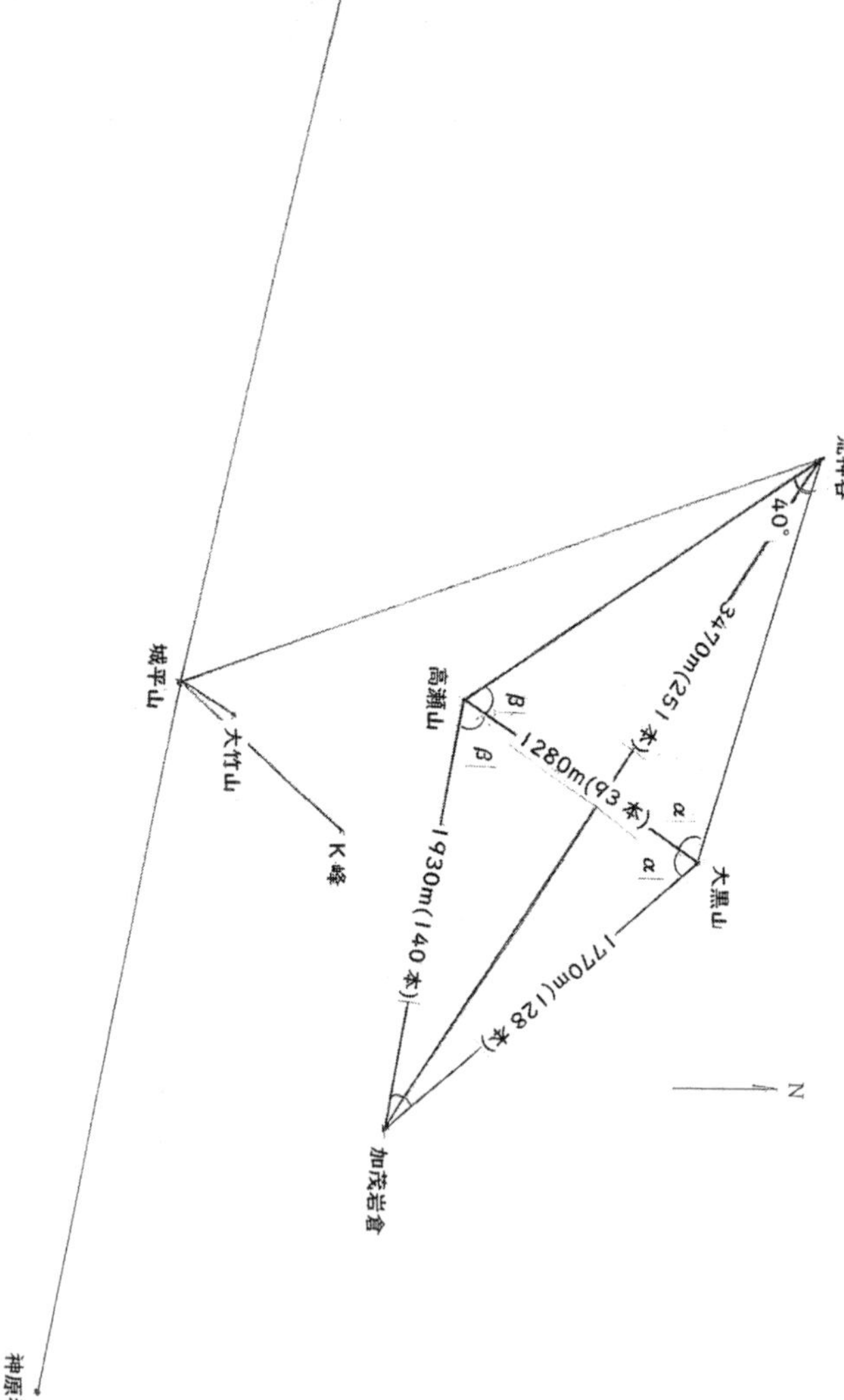
仏経山
荒神谷
40°
3470m(251本)
城平山
高瀬山
β
β
1280m(93本)
α
α
大竹山
K峰
大黒山
1930m(140本)
1770m(128本)
N
加茂岩倉
神原神社

第三段階

さらに青銅器の祭祀は大がかりなものとなる。それは荒神谷遺跡、加茂岩倉遺跡、神原神社に加えて、その位置決定の視点とした四つの峰の全てを結ぶ経路にも銅剣を突き立て、その全域を神の領域とする壮大なものとなるが、それには新たな領域に展開するための銅剣を増量することなく実現したとみる。

第二段階の荒神谷遺跡―大黒山―加茂岩倉―高瀬山―荒神谷遺跡の閉じた線対称を有する四辺形を仮にダイヤモンドと称すると、すでに、その四辺と対角線が十歩間隔の銅剣で綿密に測量されているダイヤモンド内と、それ以外の新たな領域での銅剣を突き立てる間隔を次のように変えて不足に対応したものと推定される。ダイヤモンドの領域内の銅剣を十倍の百歩間隔（１３９ｍ）とし、その他の新たな領域を五十歩間隔（６９・５ｍ）とする。

ところで、荒神谷遺跡の西抗に東西四列に埋納された銅剣３５８本には発掘調査時に、谷側（南側）から1号、2号と番号が振られており、それにしたがって想定される領域にA～D列のなかから適当に選択して、先の前提とする間隔で順番に並べたのが図2-3である。

銅剣を突き立てる領域を以下の三組と推定した。ここでの組とは、そこを起点とする連なりの意義である。尚、いずれも二点間距離は山谷や丘陵の傾斜を考慮した概算の推定歩行距離である。それによる各組の銅剣の必要数は次のとおりである。

- 大黒山組　ダイヤモンド領域（Ｃ1～Ｃ８7）と大黒山から大竹山までの直線上（Ｃ８８～Ｃ１２０）
  計１２０本

図2-3

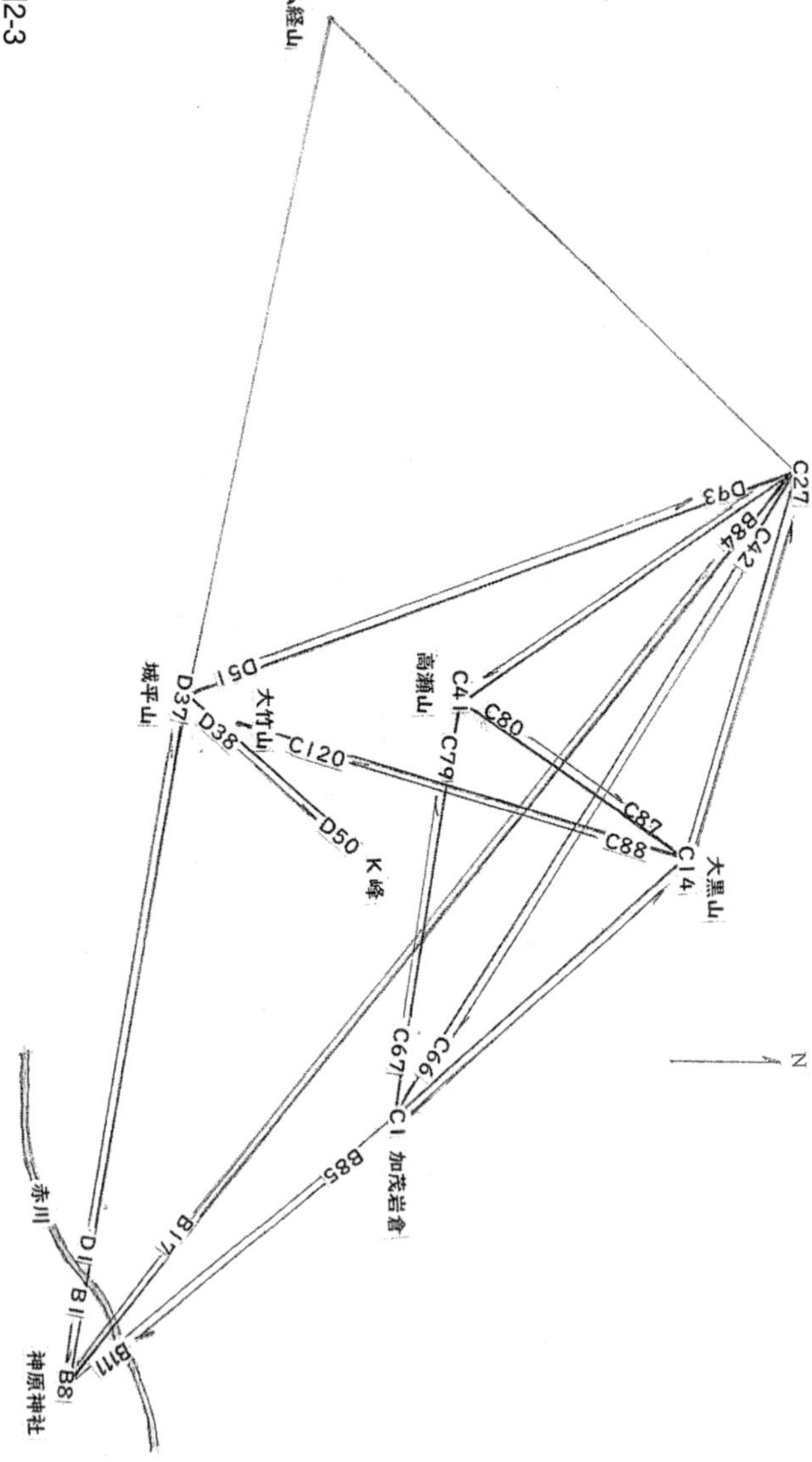
仏経山
荒神谷
C27
D93
C42
B84
高瀬山
C4
C80
C79
城平山
D37
D51
D38
大竹山
C120
D50
K峰
C87
C88
C14
大黒山
C66
C67
C1
加茂岩倉
B85
N
赤川
D1
B11
B17
B8
神原神社

・城平山組　城平山とK峰を結ぶ直線と、それを対称軸とする左右60度の荒神谷遺跡と神原神社までの二方向の直線上（D1〜D93　+B1〜B8）計101本
・神原神社組　神原神社と荒神谷遺跡、神原神社と加茂岩倉遺跡を結ぶ二本の直線上（B9〜B111）計103本

すなわち、大黒山組には荒神谷遺跡の埋納のC列の120本が全て使用され、城平山組にはD列の93本の全てとB列の谷側（南側）の8本が使用され、B列の残り103本の全てを神原神社組が使用したものと推定される。配列に使用される銅剣は全324本である。また、城平山組のB、D列の混在は回収時に発生したものとみる。神原神社は斐伊川の支流の赤川の岸辺に位置し、配列B1とD1の境界付近を、赤川が東より西方に横切るように流れており、そのために赤川の境界付近まで神原神社組が回収したことで、B列の束に組み入れられ混在したものとみる。

また図2-3に示した配列では、茎に××の刻印のある銅剣C27、C42、C67、B6の4本が荒神谷遺跡、加茂岩倉遺跡、神原神社の近傍に集中していることから、本来その三カ所の中心点に位置していた銅剣に付されたものであって、回収時に順番が入れ替わった可能性も考えられるが、これは確かなことは云えない。

右の推察によって銅剣の埋納状態の疑問も氷解する。特に理由がなければ、荒神谷の358本を四列に別けた埋納は、各列均等でよいはずである。ところが、B、C列は崖から崩れ落ちそうなほど過剰に並べているのに対して、A列の34本は壁側に寄せてまだ十分な余裕があり、明らかに故意に不揃いに

していたのは次のように解釈できる。すなわち、A列の34本は余剰分に相当し、B、C、D列の不揃いも、図2-3に示す全長約29kmに渡り延々と銅剣を突き立てた青銅器祭祀の状態を、荒神谷遺跡の西抗に地中埋納した後も、いつでも掘り出して再現できるようにとの意図によるものと考えられる。

荒神谷での銅鐸・銅矛一括埋納の後も祭祀用の青銅器の調達は継続し、銅鐸は主として近畿周辺にそれを求め、鋳型が比較的簡単で軽量の中細型銅剣の大半は出雲で自ら製造したものとみる。そして、最終的に銅鐸39個は、加茂岩倉の標高160mの小尾根を20m程降った南斜面を掘削成形して奉納し、また銅剣358本は、荒神谷の銅鐸・銅矛の埋納抗の西7mに新たに埋納抗を掘削して加茂岩倉と前後して奉納したものとみる。発見された銅鐸の鈕と銅剣の茎部に認められる鏨で彫った×印は、線対称の四辺形の図形の形成とその祭祀に関わるものであった。

以上、神庭荒神谷遺跡、加茂岩倉遺跡、神原神社の位置は、いずれも基本的に目標となるそれぞれの山からの方角と40度の挟角の設定で共通しており、このことからも同時期に同じ手法で二カ所の埋納場所と神原神社の位置を決定したものと云える。すなわち、見上げる山稜との明確な位置関係によって、神原神社より北西の方角にある大黒山と高瀬山の方向を望めば、その右手前にある加茂岩倉遺跡と高瀬山との間の奥手にある神庭荒神谷遺跡の両方の位置を鮮明にイメージすることが可能になるのである。

おそらく、神原神社付近に祭殿のようなものを設けて大黒山・高瀬山を神名火山の中心部とし、その対称軸から等距離となる尾根筋を少し降った谷間に調達した青銅器の全てを地中に奉納し周囲の山々を含めて一帯を神の依り代としたもので、地鎮や豊穣、地震や洪水などの災難の祓いや祈願など後々まで日常的な祭祀の場としたものと考えられる。

そこには、この時よりおよそ二百五十年後に三角縁神獣鏡等を副葬した方形の古墳が築造される。さらに、その上に本殿が造営された神原神社は延喜式神名帳にあり、出雲国風土記に神原郷の伝承として、「所造天下大神、之御財を積み置き給いし處なり」とある。荒神谷遺跡の所在地名には神庭西谷があり、岩倉遺跡から神原神社など一帯がみな〝神の庭〟や〝神の原〟など神宿る地名を称するのは、古代の忘れ去られた伝承を物語る名残でもあろう。

神庭荒神谷遺跡と加茂岩倉遺跡を指して、出雲での青銅器祭祀の終焉と断定するのは正しくない。両遺跡への大量の青銅器の埋納は、二千年前の巨大地震に対する出雲の人々の行動の確かな痕跡であり、宝器とも云える青銅器の地中全納によって神への奉納とし、神の依り代において永遠に祭祀を続けようと決意したのは、労を惜しまず、またそれらの遺跡の配置が見事なまでに精緻を極めたものであることからも明らかである。

8 倭国乱

弥生中期末の超巨大地震の破壊力は想像を絶するものであったに違いない。それは西日本に止まらず東日本に至る列島の広域にその影響を及ぼしたものと推測される。

縄文海進によって広く入海になっていた河内平野は、弥生時代に河内湖そして河内潟に変わりつつあったが、その河内湖の南岸の汀線近傍にあって、弥生時代の河内平野最大の拠点集落であった東大阪市の瓜生堂遺跡が中期末に突然放棄される。大地震で生じた津波に関連する水害によって廃絶を余儀なくされたことが考えられる。瓜生堂遺跡の南約1．5ｋｍにあった平賀遺跡、さらに、そこから約3ｋｍ西南にあった八尾市の亀井遺跡や河内平野の西南の隅にあった瓜破遺跡などの河内平野の中核的な集落の多くが弥生中期末の同時期に埋没する。遺跡のある地点は地表高度が海抜数ｍから10ｍ以下で、中期末の遺跡は現在の地下2ｍ～5ｍにある。埋没した遺跡には、いずれも遺跡直上に20ｃｍ～50ｃｍ程の黒色有機質粘土層が堆積しているのが観察され共通する。

遺跡を覆っていた黒色有機質粘土層は、一般的には湿地帯などの水性の堆積層や海底または湖底などの有機質の汚泥（ヘドロ）とみられるが、それが中期末の陸地に存在していたこれらの遺跡に一様に堆積した理由は、およそ次のように推定される。中期末の巨大地震による津波が上町台地北端の大阪湾の開口部から河内潟に浸入し、潟湖の湖底に沈殿していた有機質の泥土などを攪乱しながら瓜生堂の北面にあった汀線を超えて河内平野の西部低地一帯の東西約5ｋｍ・南北約10ｋｍに押し寄せ、遺跡を覆う黒色有機質粘土層は、その時に堆積したものと考えられる。

江戸時代の宝永四年（1707年）の南海トラフ巨大地震の際には瀬戸内の讃岐や伊予では、2ｍ～4ｍの津波があったことが記録されており、宝永地震より一桁大きい地震エネルギーであったとみられる中期末の超巨大地震の場合には、河内潟に押し寄せた最大津波高が、その数倍に達した可能性がある。瓜生堂遺跡近傍では地震による噴砂層が確認されている。２０１１年の東北地方太平洋沖地震の時には、津波による攪乱により海底の有機質の泥が数十センチの堆積層として津波が押し寄せた陸地で確認される。

河内潟の北東約６０ｋｍに位置する琵琶湖に注ぐ野洲川の下流域にあった弥生前期から継続する大集落である服部遺跡では、竪穴住居や方形周溝墓群三百六十基を含むほぼ集落の全体が、中期末の大洪水により大量の土砂で覆われ廃絶する。濃尾平野の弥生中期を代表する環濠集落である朝日遺跡を覆う洪水堆積層の炭化物の分析から中期末に洪水が襲った跡が検出される。巨大地震との直接の因果関係は明確ではないが、南海トラフ地震の誘発地震や余震が長期に及んだことは間違いなく、この時期に地盤が緩み液状化や土石流などが発生しやすい環境にあった可能性が高い。

東日本で稲作が始まるのは早い所で前期末までさかのぼるが、関東南部などで水耕栽培を伴う集落が本格的に定着するのは中期中葉以降である。相模湾に面する相模川、境川、鶴見川、多摩川などの本支流には弥生中期後葉から後期にかけて多くの集落遺跡が分布し、三河や遠江や駿河などの東海系の土器様式の影響が少なからず認められることからも、その地方からの移住があったことを示している。後期中葉から爆発的に遺跡数は増加する。

しかしながら、後期前葉に出現するものに限れば、その遺跡はわずかである。相模湾や東京湾沿岸では後期前葉に一時的に集落の縮小化さえみられる。鶴見川本支流でも弥生中期後半に環濠集落を含む小集落が急増するが、後期初頭に激減し集落の多くは移動したものとみられる。突然起こった集落の消滅は前述の中期末の巨大地震の影響ではないかと考えられ、中期末の南海トラフ地震は東海地震とも連動した一連の巨大地震であった可能性が高いと云えよう。

六甲淡路島断層帯にある神戸市灘区桜ヶ丘の尾根筋の東斜面で出土した中期後葉から後期初頭の外縁付鈕式や扁平鈕式銅鐸十四個と銅戈七本は、出雲の荒神谷・加茂岩倉遺跡と同様の震災に対する地鎮祭祀による埋納と推定される。

弥生中期の比較的温暖な気候から太陽活動停滞期の後期になると寒冷化に向かい、列島でも二世紀中は最も気温が低く湿潤な天候が続く小氷期の谷間にあったとみられる。樹木年輪セルロースの酸素同位体比が、大気中の水蒸気量すなわち降水量や気温など当時の気候を反映しているものとして、気象分析に導入され歴史以前の気候にも言及されるようになった。寒冷化は、すでに中期末葉に始まっていた。長期の寒冷湿潤な気候によって、長雨や大雨による洪水や水害が頻発しやすい状況にあったと考えられる。特に大小河川の流域の微高地にある集落や後背湿地の水田、谷地形の丘陵谷間の湧水を利用した農作にも被害が及び、また土石流や河川が運ぶ大量の土砂や砂礫により河道や地形が変わり、百年単位で風景を一変させる程の影響をもたらしたものと考えられる。

例えば、淀川や大和川の旧本支流などが注ぐ大阪湾沿岸の河内潟周辺平野、木曽三川が注ぐ伊勢湾沿岸の濃尾・伊勢平野一帯や、吉井川・旭川・高梁川が注ぐ児島に面する岡山平野南部などは、土石流や洪水を伴う河川が運搬する大量の堆積物による汀線の後退や地形変化が顕著な地域である。

気候変動の影響は幾筋もの河川が集合する奈良盆地、野洲川などが注ぐ琵琶湖周辺の低湿地帯、宍道湖周辺にある神戸川や斐伊川流域の出雲平野や、北陸に至る日本海側の大中河川沿いの沖積地帯などでも例外なく広域に及んだとものと考えられる。これらの被災地域では環濠や集落、水田などの埋没のたびに環濠の再掘削と集落や水田の再生、あるいは、解体や移動、ついには放棄や高地への一時避難そして新開地への移住などを余儀なくされたものと考えられる。

河内平野では池島・福万寺遺跡では当時の大規模な洪水の痕跡が、南部の八尾南遺跡でも後期中葉の河川の氾濫による洪水砂の大量の堆積が検出されている。濃尾平野では倭人伝にある巳百支国に比定した愛知県一宮市の萩原遺跡群の一角を占める八王子遺跡は、清須市の朝日遺跡とともに数少ない前期から継続する集落であるが、二世紀中葉から中央谷部の埋没が進行し、二世紀末には居住域の移動とともに集落構成が激変する。

岡山平野では前述の通り、百間川遺跡群の沢田遺跡の土石流による埋没、旭川流域の洪水による南北2・5kmに及ぶ水田の埋没、足守川流域の上東遺跡の波止場状遺構の埋没遺構などが検出される。

奈良盆地の一大拠点集落であった唐古・鍵遺跡でも弥生後期末に環濠が埋没し集落も衰退する。もちろん列島で水稲稲作を開始して以来沖積低地での大雨による洪水や微高地の集落や後背湿地の水田の埋没などは、この時代に限らず立地上不可避であったが、弥生後期後半から後期末は、列島各地で広範囲に、また、壊滅的な被害の痕跡が認められ異質である。

長引く寒冷多雨の気候の農作物などへの影響は計り知れず、長雨や洪水による環濠や集落、水田の埋没などの被害地域では、飢饉や疫病などの甚大な被害も推測される。また、弥生後期中頃から後期末に淡路島や尼崎では地震発生の痕跡である噴砂が確認されており、弥生中期末の巨大地震から約百五十年後の南海地震の発生も想定される。この時代の近畿地方とその周辺に集中して高地性集落が急増する。

壊滅的な被害地域では、食料の争奪を始め農作地などの地域間の抗争へと事態が深刻化し、瀬戸内海東部から近畿や東海などの人口稠密な地域ほど影響が大きく抗争も激化したものと考えられる。

『魏志』東夷伝の夫餘の条に、「もと夫餘の習慣に、洪水や旱魃など気候が不順で五穀が実らない場合は、その罪は王に帰するものとし、或いは王を易えろと云い、或いは王を殺せと云うものであった」と記す。もちろん、朝鮮半島の三韓の北方に位置した夫餘の習が、そのまま倭人の国に当て嵌まるものでもないが、弥生後期末、混乱する後漢王朝との通交は途絶え、青銅器や鉄資材など舶載品の交易も細り、国内は長期的な自然災害や内部抗争で内憂外患の状況にあり、倭王の権威も失墜したのは間違いない。「其の国本亦男子を以て王と為し、住まること七、八十年、倭国乱れて相抗伐すること歴年」と記す倭国乱とは、当時の後漢の衰退に伴う混乱と国内の大規模な自然災害と騒乱に為す術もないこの間の状況を記したものであろう。

9 卑彌呼共立

『魏志』には、「其国本亦以男子為王住七八十年　倭国乱相攻伐歴年」に続いて、「及共立一女子為王名曰卑彌呼　事鬼道能惑衆　年已長大無夫壻」と記す。すなわち、倭国王は元来男子王の世襲であった。それは七、八十年続いたが、倭国内の争乱で互いに攻伐することが数年続いた後、一人の女子が共立によって王に推戴される。その名を卑彌呼と云う。

倭国乱の時期を『後漢書』では、後漢の桓帝と霊帝の間とするが、唐の姚思廉の撰に成る『梁書』では霊帝光和年中と限定する。それは前述のとおり、後漢の安帝永初元年（１０７年）の遣使倭面土国王の朝見請願をもって、奴国王が倭国王と認められたことを意味し、その七、八十年後とみなすものである。

『三国志』東夷夫余の条に「尉仇台が死して位居が王に即位した。位居が死せしとき嫡子がなかったので庶子の麻余を共立した」とし、また、高句麗の条にも「王の伯固が死んで長子の抜奇が不肖であったので小子の伊夷模を共立した」とある。王位継承において嫡系の子孫への継承に問題がある場合に、通説では〝共立〟の用語が使用されると云う。

封建制は、西周の始めにさかのぼるもので、周王が農業生産を基礎に同族や功臣に土地や人民を与えて諸侯となし、王室を中心とする君臣関係を明確にするもので、その貢納や軍役などの奉仕の義務と引き換えに一定の領地の支配権を世襲させて、王室と諸侯との連帯を強化することによって全国を統治するシステムである。特に血縁関係のある強力な宗族を軍事や交通の要衝に配置し、在地の土豪や小領主をも含めて統属させるなどして、主要地域は周王朝と同族の主だった者が諸侯王として封建された。周王を頂点として諸侯、卿・大夫、士、庶人と階層化し、大夫以上は領地を所有する貴族として支配階級の身分であって、大夫は諸侯国の小領主などがこれに該当する。

漢の時代、皇族の一員である諸侯王を除けば、高位爵位である功臣や外戚などの列侯の封建国は、その嫡子が世襲するのが決まりであって、嫡子がない場合や嫡子に問題がある時は庶子が封ぜられることもあったが、実子がない場合は列侯の爵位は剥奪され断絶するのが常であった。すなわち、封建制と宗族による嫡子継承は本来一体のものである。

後漢の光武帝の中元二年（57年）の奉献朝賀により、東夷の王として仮授された〝漢委奴国王〟の金印紫綬が示すように封建体制にあったことは明らかであり、倭国王となった後も諸侯や列侯に準じる王国の世襲のルールは遵守されていたものと考えて間違いあるまい。それが、倭人伝にある「其国本亦以男子為王住七八十年」であり、男系の嫡子が本より代々世襲していたことを物語るものである。

しかしながら、倭国が乱れ、男子王では収拾がつかない状況に陥り、この時に及んで始めて、卑彌呼と言う名の一女子を共立によって王とし国内が治まるのである。この場合の共立も卑彌呼が倭国王の嫡子でないことを表現しているもので、倭国王家の血筋でない者は論外であるから、おそらく庶子であったものと推察する。倭人の条に「其の俗、国の大人は皆四、五人の婦あり、下戸も或いは二、三人の婦あり」と一夫多妻であることからも、倭国王ともなれば正妃の他にも幾人もの側妃が存在したであろう。

卑彌呼の名は和訓の日御子であって、この場合の〝日〟とは太陽の如く唯一天の高みにあるものの象徴として〝王〟と同意義と考えられる。したがって、日御子とは、男子は王子、女子であれば王女のことである。古代天皇の位を継承する御子を継嗣や後嗣などとし、日嗣の御子と称したのもこれに類するもので、卑彌呼とは本名ではなく敬称であって奴国王を祖とする宗家の王女であったとみる。また、卑彌呼について鬼道に事え能く衆を惑わすとあるが、具体的にはなにも書かれてはいない。

後漢後期の中国では、建国の功臣の家系が帝室と婚姻関係で結びつき、外戚として権力を振るうことが常態化し、順帝（125～144年）の後に、沖帝、質帝、桓帝と三代に渡り幼少の後継を擁立して政権を専横化するものがあらわれる。これに対して、外戚の横暴を必ずしも善としない天子の支持を得た内朝の宦官勢力と政権掌握を巡って死闘が繰り返される。

桓帝の世には、次々と外戚を誅滅あるいは失脚させ権限を奪還した宦官達は、反対勢力の精議を旨とする官僚をも党人と呼び、これを投獄や官職追放する。いわゆる党錮の禁で、たびたび弾圧を加え国内政治は混乱を極める。宦官が壊滅する霊帝末まで内部闘争は絶えることはなかった。この政治の空白により、地方の共同体的な郷村社会では、富農や土豪による領主化や不当な搾取が横行し土地を追われた農民が大量に発生する。さらに、寒冷化、旱魃や長雨などの天候不順による自然災害や農作物への打撃は甚大で、たびかさなる飢饉に疲弊し路頭に迷う貧困者や流民などが巷に溢れた。

そうした混乱と不安な世相の中で、太平道や五斗米道などの道教の源流となる宗教結社が出現する。それは、病の原因を罪や悪行によるものとして、懺悔告白し悔い改め善行に励めば救済されるとする信仰の教義であったが、巫術や符を用いたことから、衆を惑わす妖術として鬼道と称されることもあった。

新興宗教は貧困と悪政に悩む民衆の信仰の拠り所として受け入れられ、組織化された布教活動によって、巴蜀地方や漢中さらに華北へと信徒は短期間で数十万にまで急増する勢いであった。一大勢力となった教団は軍団を編成し貧困と悪政に悩む民衆を農民運動へと扇動し、ついに光和七年（１８４年）それらの教団が連携して武装蜂起し、後漢王朝の打倒を唱えて挙兵し黄巾の乱が勃発する。政府によって鎮圧されたが朝廷の権威は失墜する。これ以降、地方の豪族や不満分子などが蜂起し群雄割拠の戦乱の世となり、後漢政府は混乱を収拾する能力を失い無政府状態となる。

戦乱で首都洛陽の宮殿は焼き尽くされ、後漢王朝は壊滅状態にあったが、魏王朝の始祖となる曹操は関中を脱出した献帝を奉戴して河南省の許を都とし、それから三十年後の延康元年（２２０年）に曹操の子の曹丕の時に献帝の禅譲によって魏王朝が成立する。

『梁書』の通り、倭国乱れる時期が、霊帝の光和年間とすると、卑彌呼が共立され倭王になるのは、後漢の黄巾の乱が平定されて霊帝の年号が中平（１８４年～１８９年）に改元されて間もないころであろう。

この後、遼東半島から朝鮮半島の地域は公孫氏一族によって占領され、その支配下に置かれる。霊帝の中平六年に公孫度が遼東太守となると、楽浪、玄菟郡も勢力下に置いて、『三国志』東夷伝夫余の条の「漢末、公孫度は海東に雄張し外夷を威服す」という状況に、さらに建安九年（２０４年）に後継の公孫康は楽浪郡の南に帯方郡を設置し、「倭・韓は遂に帯方郡に属す」という情勢となった。公孫淵まで三代に渡り遼東以東を支配し続けたため、倭と後漢・魏の王朝との通交は途絶するが、唯一、公孫氏が設けた帯方郡が開かれた門戸であったと考えられる。

話を戻し卑彌呼が事える鬼道とは、先に挙げた後漢末に勃興した五斗米道などの原始道教とは無縁のものであったと推察する。卑彌呼の共立は男子王では務まらない余人をもって代えがたい固有の能力によって王に推戴されたのである。すなわち、陳寿がみなしたところの鬼道に事え能く衆を惑わし、それによって国を治めることであったが、その能力は王に推戴される以前に獲得していたはずのもので、黄巾の乱が勃発する前の太平道の張角、五斗米道の張魯等の布教活動の時期とほぼ同時代であったと考えられる。

後漢後期二世紀中頃には、すでに後漢の国政の混乱の影響と中国国内の社会不安は拡大しつつあって、『後漢書』を始めとする史書や類書などにも倭人に関するこの間の記録は全く存在しない。倭と後漢朝廷との通交も限られ疎遠であったことを考慮すると、巴蜀や漢中など列島からは遠い奥地で流行の宗教活動が同時代的に朝鮮半島や列島に伝わり、楽浪郡の東南海中万二千里、東夷絶遠の国に即座に将来したとするのは無理がある。

『魏志』に記された倭国乱に関しても、おそらく衰退しつつあった後漢末の桓帝・霊帝の時代の黄巾の乱を始めとする中国国内の混乱と重ね合わせたものであり、また、当時の流行の道教の源流となる太平道や五斗米道は巫鬼道とも呼ばれたことから敷衍して、王になってよりみるもの少なしとある卑彌呼の秘技的な能力も、そうした巫鬼道のようなものと、陳寿が、そのように類推した結果と考えられる。

倭人の習俗として、「年中行事や遠方への往来など何事かあれば、骨を灼いて吉凶を占う。その言葉は中国の亀卜のようであり、灼いて出来た割れ目で兆を占う」とある。また「使人が渡海して中国に詣でるときは、常に一人の選ばれた者を乗船させて、航海中は頭を梳かさず虱もとらせず衣服は汚れたままにして、肉は食わず女を近づけることもせず人を葬るときのようにする。これを持衰という」と古俗的な習があるばかりで、他には組織化された宗教活動のようなものは微塵も窺えないのである。

卑彌呼の鬼道とは、縄文や稲作伝来以来すでにあった精霊や祖先崇拝に自然の災禍や悪霊を祓う祈祷や吉兆の占い、霊魂の憑代となって神託を聴く巫女の儀礼などが融合した原始神道であったと推察する。卜占や巫覡を用いる者は少なくなかったであろうが、倭国王の王女であったことによる権威付けにより、卑彌呼が告げる託宣を最高意思決定として政祭一致の支配体制となし得たものと考えられる。

倭人伝に「東南陸行五百里　至伊都国　世有王皆統属女王国」とあり、伊都国には王がいて皆女王国に統属している、とある。すなわち、女王国とは邪馬臺国のことで、伊都国の代々の王はその統制下にあるとの解釈となる。しかしながら、『翰苑』にある魚豢の『魏略』逸文には「東南五百里　至伊都国　其国王皆属王女也」と記されており、この王女とは女王の誤りであるとするのが通説である。女王国と王女、統属と属ではずいぶん違った意味になる。伊都国が女王国の統制下にあるというのなら理解もできようが、伊都国の代々の王が新生の邪馬臺国の統制下にあるとなれば、隷属的な意味合いが強く伊都国の王の存続価値はなく、そのようなものは早々に剥奪されてしかるべきものであろう。陳寿の『魏志』の先行資料である『翰苑』が引く『魏略』の内容が実態を記しているとみる。

『魏略』の「其国王皆属王女也」には強調・感嘆の終助詞の也を含み、「(なんと) その国の王は皆、王女に従っているのだよ」とそのことが不可思議とも取れる表現から、実際には伊都国の王たちは王女卑彌呼の味方で全権を委ねてそれに従っている、それが妥当であろう。『魏志』倭人伝には「女王国の以北には一大率を置き諸国を検察せしめ、それは刺史の如くであり諸国はこれを畏憚す」とある通り、陳寿が女王の祭政を強権的な統治と捉えたために、それが皆統属女王国と書き換えたものになったと考えられる。

10 邪馬臺の造営

奈良盆地は奈良県北西部にあって、森林面積が77%を占める県域のなかでは、唯一纏まって開けた地域である。東は笠置山地、西は生駒・金剛両山地、南を阿弥陀・龍門山地など400m～1100m

の山塊と三方で接し、北は奈良阪・佐保丘陵が京都盆地と水系を二分する。

盆地は50万年以上前に始まる褶曲・断層活動で形成されたもので、南北方向に並行する山麓には低中位段丘と周囲の山塊を水源とする河川が運ぶ堆積物で扇状地が発達している。その盆地内を放射状に伸びる初瀬川、佐保川、飛鳥川など幾本もの大小の河川を集めて北西部の斑鳩付近で大和川に収斂し、生駒山地の開削部を通して流れ下り河内平野から大阪湾に注ぐ。

奈良盆地の気候は瀬戸内海気候区分の東端に属し雨量が少ない。盆地特有の湿度が高く寒暖の差が大きい。干ばつが多発する名残として溜め池が数多く分布する。大雨が降り続くと周囲の山塊より流れ降る河川の氾濫や洪水は、標高の低い盆地中央より西に集中したとみられ、大阪府との県境の河道の狭窄部である亀の瀬渓谷は、火山灰地質で明治・昭和の時代に土砂崩れで閉塞し盆地内でも洪水による水害が何度も発生した記録が残る。縄文・弥生遺跡は中西部の沖積地の後背湿地では希薄で、多くは周辺部の扇状地近傍に分布する。

九州北部で開始された水稲稲作のこの地域への伝搬は早く、弥生時代前期前葉には盆地内に及び、河川の本支流の自然堤防や後背湿地と扇状地の境界付近に集落分布を形成する。盆地内の標高は80mから40mの東高西低で、田原本町の唐古・鍵遺跡を除けば田原本町の多遺跡、天理市の平等坊・岩室遺跡、橿原市の大坪遺跡、桜井市の大福遺跡が弥生後期まで継続し、拠点集落となる遺跡のほとんどが標高55m以上に分布する。弥生後期中葉までが盆地内の弥生農耕村落としての最盛期であったと考えられる。

弥生後期末の倭国乱の後に、盆地南東部に劇的な変化が訪れる。そこは、三輪・初瀬・纏向山など大和高原に源を発する纏向川が車谷から先に扇状地を形成し、氾濫を繰り返して大和川に合流する幾筋もの旧河道が検出される地域で、縄文後期末の土器片が出土する程度の弥生後期まで、ほぼ未開の地であった。その旧河道に挟まれた標高75m付近の桜井市の太田微高地の北側に、弥生後期末から終末期の短期間で造営されたとみられる大遺跡が突如出現する。纏向遺跡である。

当時としては、列島最大の推定19・2m×12・4mの大型掘立柱建物跡や、東西に方向軸を合わせた三棟の棟持柱建物跡や柵列などが検出される。約400m西方の太田北微高地の西端には運河とみられる幅5m深さ1・3mを測る大溝が現れ、矢板列による護岸工事や水位を調整する堰などの人工の跡も発見される。三世紀前半の遺跡の範囲は、およそ東西700m、南北500mで、遺跡から出土する鉄器のほとんどは土木工事用の鋤で農耕用の鍬はまれであることから、祭祀や宮殿などの特別な施設の造営を目的とした遺構と推定される。土木用のそれらの鉄器は当初は北部九州からもち込まれたものとみられ、出土した土器は東海、山陰、北陸、河内、吉備や瀬戸内海系などの外来の土器が目立ち、その割合は纏向遺跡の造営に動員された地域の人員に比例するものと考えられる。

共立によって倭国内の統治を託された卑彌呼は、九州より遙か東方の開発地に造営された宮室や祭殿などの完成と共に当地に政治の場を移したものと考えられる。始動する時期は三世紀初頭のことであろう。纏向を中枢とする奈良盆地は『魏志』に記す卑彌呼が都とする邪馬臺国の比定地である。

邪馬臺の造営には幾つかの要因が考えられる。一つには、倭国乱で荒廃した瀬戸内海東部、近畿、東海の回復が喫緊の課題であったこと。二つには、公孫度が遼東太守となり楽浪郡を支配下に置き、二世紀末には後漢朝廷との通交が途絶したことで大陸や半島との交易の機会も激減し、列島の東国の開拓や交易の重要性が増し、それらを掌握する拠点が必要であったこと。これに対して、奈良盆地は列島の中間に位置し、東海や東国、北陸、瀬戸内海や日本海ルートが交差する要衝であること。また、纏向周辺は盆地内でも標高が高く比較的水害の難が少なく、大和川の水運が活用できて三方を山塊に囲まれ防御にも優れるなどの地政学的な見地なども総合して、纏向に政治機構の東の中枢となるものが造営されたものと考えられる。

纏向遺跡は大和川上流の初瀬川右岸の扇状地に立地し、東方には南北方向の断層に沿う山辺の古道の背後にある三輪山、巻向山、初瀬山などの大和高原の山並みが連なる。この地形は規模こそ違うが、糸島市の瑞梅寺川上流の右岸にあって三方を背振山系が囲む三雲・南小路遺跡の景観に似て東方に望む高祖山は、纏向遺跡の東の三輪山までとほぼ等距離にあることも伊都を彷彿とさせるものがあったであろう。

邪馬臺の地名の由来は明らかではないが、其の余の旁国の一国である伊邪国で記したように、邪とは〝谷〟の意義である。また、對馬国、斯馬国の馬は呉音で〝メ〟であり、漢語が伝来して後の和訓の島〝しま〟と同意義であることは前述のとおりである。邪馬とは直訳すると谷の島である。海や湖など水に囲まれた地形が一般に言う島であるが、山塊で限られた谷底の土地をも島とみなしたものであろう。そのような地形を倭人が称したものが〝ヤメ〟邪馬として郡使等によって記録されたもので、いわゆる盆地の意義であったと推定される。

其の余の旁国のひとつ邪馬国の比定地とした乙訓郡は京都盆地に位置する。奈良盆地と京都盆地の南北約５０ｋｍは第四期更新世の断層運動によって形成された構造盆地である。元々、弥生時代後期末の倭人にとって両盆地は一帯として邪馬（盆地）と称する地域であったと考えられる。

また、臺は呉音で〝ダイ〟で、〝タイ〟は漢音である。母音である〝イ〟は語頭以外には立たない、すなわち、二重母音を避けるのが上代日本語であったから、邪馬臺の呉音〝ヤメダイ〟の臺は漢語の引用であったと推定される。臺の漢字の意義は、うてな（高殿、高楼等の高い建物や土地）であるが、『魏志』倭人伝の後段に「張政等を送りて還らしむ、因りて臺に詣り生口三十人を獻上し」云々とある文中の臺とは魏の朝廷のある洛陽を指すものである。邪馬臺は無から新たに造営し女王卑彌呼が政祭一致の政治の中枢として、後漢以来の洛陽の朝廷や官庁を意味する漢語の臺から引用して名付けたものと考えられる。七世紀の唐の魏徴の撰になる『隋書』倭国の条にも「倭国は百済・新羅の水陸三千里に在り・・・、其の地勢は東に高く西は低い、邪靡堆を都とす、魏志に謂うところの邪馬臺である」とあるように邪靡堆〝ヤミタイ〟としている。邪馬臺を倭人が〝やまと〟と称し大和、倭、日本、夜麻登、也麻等などと表記するようになるのは早くとも七世紀以降のことであろう。その時には既に邪馬臺の由来が忘れ去られ、元は漢語であった臺〝ダイ〟の発音が開音節に変化したものと考えられる。

『魏志』には、邪馬臺国について「官有伊支馬、次曰彌馬升、次曰彌馬獲支、次曰奴佳鞮」と四人の官の存在を記す。また、卑彌呼は年已長大無夫壻、有男弟佐治国とあるように、すでに成人となっていたが未婚であり弟が佐治している。また、王と為って以来その姿を見る者は少なく婢千人を自ら侍らせ、唯一人の男子が飲食を給し辞を伝えるために居處に出入りしている。さらに、居處・宮室・楼観・城柵を厳かに設け、常に兵を持って守衛するとも記す。

四官の中で官名と思われる彌馬升の彌馬は、和訓の御間〝みま〟の意義で女王の居處・宮室を指し、そこから王宮すなわち臺全体を意味するもので、升〝ショウ〟は將の意義で彌馬升とは邪馬臺国の将軍のような軍政を司る長官であったと推定する。次の彌馬獲支の獲支は〝わき〟で脇、腋、側の意義で女王の居處・宮殿守衛を司る官であったとみられる。最後の奴佳鞮とは、奴佳は〝なか〟中、内であって、中鞮とは内部の通訳の意義からすると、文中にある卑彌呼に給仕と辞を伝えて居處に出入りする一人の男子が、これであろう。

また、對馬国より邪馬臺国に至るまでの各々の国の官や副官の名は、對馬国や一支国では、曰く卑狗、曰く卑奴母離、奴国の官は曰く爾支、投馬国でも官は曰く彌彌などのように、曰（いわく）何々とあるものは、正始元年（２４０年）の帯方郡使として来倭した建中校尉梯儁等を邪馬臺国に至る国々で迎接した官・副官であった本人が名乗ったものであったと考えられる。ところが、邪馬臺国での伊支馬については、ただ伊支馬有りと記されており、帯方郡使等への応対がなく本人確認がされなかったことを示している。其の余の旁国の狗奴国の官の狗古智卑狗も有りと記されているのも、この理由による。伊支馬こそ『魏志』にある卑彌呼の男弟であり、卑彌呼とは同母兄弟で倭国王の庶子であったと見られる卑彌呼を佐治し影で支える役割を担っていたものと推察する。伊支馬は一支馬であり、馬は島の意義から、おそらく、壱岐島や北部九州の出身地か前任地近傍の地名を名乗ったのではないかと考えられる。

陳寿が記した邪馬臺国の官名が正始元年の卑彌呼晩年のこととすると、卑彌呼を佐治する弟の伊支馬と卑彌呼に接し辞を伝える奴佳鞮の二人を除けば他の北の国々の官制と、さほど変わらぬものであることに気づくであろう。邪馬臺の四官体制が、これで全てではないとしても倭国連合を強権的に統治していたことを窺うことはできない。他に後ろ盾や補完体制があったものと考えられる。この新設国の状況は、伊都国を含む北部九州の国々と比較することで、より鮮明になるのである。

同様に、北部九州の国名と官名を列挙すると、對馬国と一支国では官曰卑狗・副曰卑奴母離、伊都国では官曰爾支・副曰泄謨觚・柄渠觚、奴国では官曰兕馬觚・副曰卑奴母離、不彌国では官曰多模・副曰卑奴母離とあり、末盧国の官名は記されていないが、それは前述した理由により帯方郡使等への迎接がなかったためであり、大官に卑狗と副官として卑奴母離があったものと推察する。

伊都国の大官である爾支の爾は呉音の〝ニ〟で爾支とは二支である。また、支〝キ〟とは前述の通り連合国の結節点である一つの国と同意義であることはすでに述べた。二支とは二国を治める長官のことである。伊都国はもともと奴国の王都として造営された地域で、戸数千戸の伊都は二万戸の奴国の一部であり、本来、奴国と伊都は一帯として治めるのは必然であったとみる。したがって、統合した組織は長官である爾支の下に副官として泄謨觚・柄渠觚・兕馬觚の三人の觚があって、加えて奴国には卑奴母離が配置されていたものと推定する。副官の泄護觚は呉音で〝エモコ〟、柄渠觚は呉音で〝ヒョウゴコ〟、兕馬觚は同じく〝ジメコ〟または〝シメコ〟である。これらから推察すると泄護觚とは衛門觚、柄渠觚とは兵庫觚、兕馬觚とは司馬觚であろう。

古くは西周時代に官制や爵位を定めた経書『周礼』では最高位の官職である太師・太傅・太保を三公と言い、三公の下でこれを補佐したのが少師・少傅・少保でありこれを三孤と称した。恐らく、伊都と奴国に記された三官の觚とは、この三孤より引用したものと推定され、いずれも漢語の借用であったとみる。衛門孤は宮廷の守衛の長、兵庫孤は武器兵糧などの調達や保管を司る長とみられ、国に邸閣ありともある。司馬孤は軍政を司る長すなわち将軍であったものと推察する。

次に伊都の周辺国の官についてみると、對馬と一支国の長官に卑狗がある。卑は王の意義であったことは前述した通りであり、狗（呉音〝ク〟、漢音〝コウ〟）は、公（呉音〝ク〟、漢音〝コウ〟）の意義であったと考えられ、卑狗とは王の宗族を意味したものと推定する。楽浪郡に至る北の海道にある要衝の地である一支国・對馬国を王の宗族をもって封地としたもので、また、末盧国も同様であったものと考えられる。さらに伊都、奴国の南に位置し女王に属さない狗奴国の官の狗古智卑狗も元々奴国王によって封ぜられた卑狗であったと考えられよう。奴国の東の不彌国の官の多模は王の宗族ではないものの、その功臣か王と強い信頼関係にある者が、日本海や瀬戸内海に至る要衝の不彌国に封ぜられたものと推察する。

伊都の周辺国には副官として卑奴母離（呉音〝ヒノモリ〟）が重層的に配置されている。卑奴とは王の地、母離は漢字の守の和訓の意義であって、王によって封ぜられた国の守備を司る官であったとみられる。周代の王の子弟と公卿大夫の封地を鄙と称したことから、卑奴はその都鄙の鄙（呉音〝ヒ〟、和訓〝ひな〟）から引用したものであろう。

こうして見てくると、世世王のいる伊都を中心とした北部九州広域の統一と一貫した官制は周代の封建制度を模したもので、おそらくそれは光武帝の建武中元二年の奴国王の遣使奉献までさかのぼるものと考えられる。すでに、その時の奴国王の遣使は自ら周代の爵である大夫と称し、東夷の倭人がそのような統治体制を構築している実力を評価し、奴国王に金印紫綬の栄が授かったものと考えられるのである。安帝の永初元年の遣使願請見によって倭国王が成立した時代を経て、正始年間の卑彌呼晩年の時代においても尚、難升米を含めて遣使等の多くは大夫と称しており、王都である伊都を中枢とする北部九州の官制も解体再編されることもなく、本質的に変わりがないことが読み取れるのである。

また、「国国有市、交易有無、使大倭監之。自女王国以北、特置一大率、検察諸国、諸国畏憚之、常治伊都国」ともある。

国々に有無を交易する市が有り、大倭とは、国々の支配者層である大人のことと思われるが、倭の諸国の大人に市を監視させている。女王国より以北には、特に一大率を置いて諸国を検察させ、諸国はこれを畏れ遠慮している。また、一大率は常に伊都国に治し、中国における刺史のようなものであると記している。中国の刺史とは前漢武帝の時代に全国を十三州に分割し、州の郡県を監察する行政官として配置され定まった治所はなく州内を巡察するものであったが、後漢になると治所を与えられ、なかには州牧となり地方長官として軍権を行使するものもあらわれ時代によって変化していった。

一大率は、中国の刺史のようだとあるのだが、具体的に記されているのは後続文の、王が京都洛陽の朝廷・帯方郡・韓の諸国に使を遣わすときや、倭国に郡の使いが来るときには、皆津に臨んで荷を開いて検め、伝送文書や女王に届ける賜遺の物は女王に至り、誤りがないようにしている。これだけである。

特に、一大率を女王国以北に置いたとあるように、それは邪馬臺国を含む北の国々全てを守備範囲とし、その臨検場所は皆津に臨んで捜露しとあるとおり、諸国の海岸または河岸の特定の要津であり、一大率の設置とは検荷と驛を兼ねたものであったと考えられる。当然この一大率の配下には文書や賜遺物の目録などの文字を判読できる者が配置されていたということは言を俟たないであろう。臨検や伝送において過不足や間違いがあった場合は、厳しい罰則が課せられ通過国の責任も問われたものと考えられ、それが諸国は畏憚しとあることの理由ではないかと推察する。

一大率は邪馬臺国による北の国々の検察として設置したものとするのだが、記された一大率の役割からすれば、伊都国を常駐場所とする必要性は認められず、常に伊都国に治すとあるのは、やはり伊都・奴国の官制に組み込まれていた可能性も否定できない。

女王が治める境界が尽きる所、奴国の南には狗奴国が有り、男子を王となし、その官に狗古智卑狗有り、女王に属さず。また、倭の女王卑彌呼は狗奴国の男王卑彌弓呼とは素より和せずとある。狗奴国は前述の通り熊本県山鹿市・和水町・菊池市に比定した。ここで狗奴国の男王の卑彌弓呼について考察する。前述の通り、卑彌呼とは日御子の漢字の和訓で王の御子で男性であれば王子、女性であれば王女の意義である。次に、弓の呉音は〝ク〟で、呼〝ク〟と同音である。本来は卑彌呼呼でも良いのだが、重ね字を避け卑彌弓呼と記したものとみる。和訓の日御子子（ひみここ）で、王の子の子（王子の子）、すなわち、王の血族を名称としていたのであろう。

時代は降るが、埼玉県行田市の五世紀後半の稲荷山古墳で出土した長さ73．5ｃｍの金錯銘鉄剣は、全百十五文字の金象嵌名文で知られる。

辛亥の年七月中に記すとあり、辛亥の年とは銘文中に獲加多支鹵（ワカタキル）大王が磯城の宮に在時とあることから雄略天皇の471年とみられる。大王を佐治し杖刀人の首となった乎獲居臣が奉事の由来を剣に記すものであるとして、「ヲワケの臣の上祖　名はオホヒコ、其の児　タカリのスクネ、其の児　名はテヨカリワケ、其の児　名はタカヒシワケ」また続けて、乎獲居臣の上祖である名意富比垝（オホヒコ）より父系八代の系譜を刻む。上祖の直系の血筋である正統を誇示したものと考えられる。

卑彌呼と卑彌弓呼は、何れも伊都国を都とする奴国王家の宗族であり、女王卑彌呼は王の一等親、狗奴国の卑彌弓呼は王の二等親で伯母と甥の関係であったものと推察する。女王に属さず素より和せずとある通り、卑彌弓呼は王の庶子であった卑彌呼が女王として長期にわたり君臨していることを快く思えず、それが宗族内の権力闘争として正始八年の互いに攻撃する状況にまで至ったものと考えられる。

卑彌呼（王女）、卑彌弓呼（王子の子）などと、卑彌呼の晩年まで王の宗族として父系血族相関を、その名称としていたものからすると、伊都を王都とする奴国王家について、陳寿が『魏志』に「伊都国の世々王は女王国である邪馬臺国に皆統属す」と記しているのは齟齬がある。やはり、魚豢の『魏略』逸文にあるように「其国の王皆〝王女〟に属すなり」の状況に近く、少なくとも卑彌呼の時代までは邪馬臺国の卑彌呼による専制的な統治ではなく、卑彌呼を首長としながらも伊都・奴国の宗家との東西連携による二元的な補完体制による統治であったと考えられるのである。

11　景初二年大夫難升米の朝献

「景初二年六月、倭女王遣大夫難升米等詣郡、求詣天子朝献、太守劉夏遣吏將送詣京都」

景初二年（238年）、倭の女王卑彌呼が遣わした大夫難升米等が帯方郡に詣り、朝献を願い出る。この時、太守劉夏が郡の役人に難升米等を京都洛陽まで送り参らせた、と記している。この魏の明帝景初二年は遼東の公孫淵との交戦中であるから、唐代の史書『梁書』にもあるとおり、難升米等の朝献は司馬懿が公孫淵一族を誅殺した後の景初三年（239年）の誤りとする説もある。が、しかし『魏志』の記述と前後の状況から見て、それは景初二年のことに相違ない。

その年の十二月に卑彌呼の遣使奉献に報えて詔書が出る。曰く、「制詔親魏倭王卑彌呼。帯方太守劉夏、遣使送汝大夫難升米・次使都牛利、奉汝所献男生口四人・女生口六人・班布二匹二丈、以到。汝所在踰遠、及遣使貢献。是汝之忠孝、我甚哀汝。今以汝為親魏倭王、假金印紫綬、装封付帯方太守假授汝。其綏撫種人、勉為考順」

詔書の通りであれば、卑彌呼に拝仮される親魏倭王の金印紫綬は、装封して帯方太守に付して仮授され、遣使の難升米を率善中朗将に都市牛利を率善校尉の官職とし、それぞれ銀印・青綬を仮授され明帝の引見があって遠来の労いを賜い送り還されたことになる。同時に、生口十人・斑布二匹二丈の貢献に報いる物として、深紅地の交竜模様の錦五匹・深紅地の縮みの毛織物十張・真紅五十匹と紺青五十匹の帛布等が賜与され、また、その他に卑彌呼には好物として紺地の句文錦三匹を始め白絹・五尺の刀・銅鏡百枚に真珠・鉛丹などの彩色品が特別に賜与される。

これらの物は「皆装封して難升米・牛利に託すので、還り着いたら目録と照らして受け取り、悉くそれを国中の人に示し、わが国家が汝を哀しんでいることを知らしめよ。それ故に鄭重に卑彌呼に好物を賜与するのである」とあるように、卑彌呼に帯方太守に付して仮授される金印紫綬を除き、他の賜与される物は総て難升米等が目録と共に持ち帰ることになっていた。

ところが、『魏志』には、「正始元年（240年）、太守弓遵、建中校尉梯儁等を遣わし詔書・印綬を奉り倭国に詣らしめ倭王に拝仮す。并びに詔を齎し、金・帛・錦・罽・刀・鏡・采物を賜う。倭王使いに因り表を上り恩詔に答謝す」とあり、卑彌呼に特別に賜与された錦・帛・鏡などの好物の全ては正始元年に帯方太守が遣わした郡官の梯儁等によってもたらされており、景初二年十二月の明帝の詔書の記述とは異なる。このことは詔書の通りに事が運ばなかった事態が、その後に発生したことを示すものと解される。

すなわち、景初二年十二月乙丑、帝寝疾不豫とあり、明帝は病に倒れ景初三年春正月丁亥に崩御する。この急変によって、景初三年は明帝の喪中のために、卑彌呼に賜与されるはずの好物の調達を含めて帯方郡の任務は中断し、難升米等は、仮授された銀印・青綬と貢献の報物として賜与された絳地の交竜錦以下紺青五十匹の帛布などを賜って、翌年の景初三年中に倭国に戻ったものと推定される。正始元年に先帝の喪が明け改めて帯方太守弓遵は郡官の梯儁等を遣わし、卑彌呼に親魏倭王の金印・紫綬を拝仮し、同時に難升米等がもち帰るはずであった特別に卑彌呼に賜与される好物も、この時に詔とともにもたらしたものである。

本来、景初二年の難升米等が帯方郡に遣わされた目的は、公孫氏への貢献であったとみる。遼東地方を占拠していた公孫淵の時代に、呉の孫権と内通する不穏な動きに不審を抱く魏の明帝の上洛要求をも拒否して、自ら燕王と称し魏の景初元年に元号を紹漢とし独立を宣言して公然と叛旗を翻し、東夷の周辺国にも影響を強めていた。

景初二年の難升米等の渡海は、それまでも帯方郡との通交の対価として公孫氏への貢献を行っていた倭が、一連の公孫淵の動きに対応したもので、燕王公孫淵への貢献と銅鏡などの貢値物の入手を目的としたものと推察する。生口十人の他には、斑布二匹二丈があるばかりで朝献としてはそぐわない貢献物も公孫氏に対するものであろう。

景初二年正月、明帝の遼東征伐の命により、太尉司馬懿率いる四万の軍は六月に遼東に到達する。前述の通り難升米等が帯方郡に到着した六月には、すでに明帝の命により密かに海を渉り朝鮮半島に攻め入った鮮于嗣と劉昕の軍によって楽浪郡・帯方郡は制圧されており、八月丙寅、司馬懿の征伐軍は襄平において公孫軍を大破し公孫淵は誅殺され遼東・楽浪・帯方・玄菟は平定される。これにより、公孫氏一族は滅亡し五十年におよぶ遼東支配は終わる。

明帝にとって長年の懸案事項であった遼東以東の回復が決したところに、時を同じくする東夷絶遠の倭の遣使難升米等の来報は、願ってもない吉祥事として扱われ洛陽での朝献に及び、明帝の詔書にある破格の厚遇も、そのような理由によるものと解される。帯方郡より洛陽まで五千里の道程三ヶ月余、八月の遼東平定後に郡を発ち十一月中に難升米等は京都に到り朝見に臨んだものとみる。

また、『晋書』宣帝紀に「正始元年正月、東倭重譯納貢、焉耆・危須諸国、弱水以南、鮮卑名王、皆遣使来献」とあり、正始元年（２４０年）正月に東夷の倭が譯を重ねて貢を納めたとあり、また西域の焉耆・危須諸国、弱水すなわち現在の松花江以南、高句麗、夫余、濊、三韓や鮮卑の王が皆遣使来献とあることから、明帝の喪が明け即位した少帝（曹芳）の祝賀に西域・東夷の諸国が挙って来献したものとみられる。前年の景初三年中に帰還した難升米等の帰国報告を受けて、倭も改めて祝意を表するために晋書にある重譯納献の使者を遣わせたものであろう。この正始元年の重譯納献を難升米等の朝献のこととする説があるが、もしそうであれば、多くの国の祝賀奉献の中で倭国のみが格別の厚遇を受ける理由はなく理解しがたいことも、難升米等の朝献が『魏志』が記すとおり景初二年であったことの傍証となろう。

他方、卑彌呼の遣使奉献を景初三年と記す『梁書』や『翰苑』などの書があるのも事実であり、そのことに触れる。『魏志』、『後漢書』に続いて、倭人や倭国に付いて記した漢籍が南北朝から唐代にいくつも編纂される。

南宋の徐爰の撰になる『宋書』、唐代には姚思廉の撰『梁書』（636年成立）、房玄齢等の撰『晋書』（648年成立）、太宗の勅撰『隋書』（成立636年頃）、李延寿等の撰『北史』（656年成立）等の史籍が世に出る。また、唐の杜佑の撰に成る政書『通典』（801年成立）に加えて、張楚金の撰による『翰苑』（660年頃成立）や宋代の太宗の李昉等の編による勅撰類書『太平御覧』が知られる。

それらの諸書の内で、景初三年と記したものに、『梁書』、『北史』の史書と『翰苑』、『太平御覧』の類書がある。原典の『魏志』と同様に景初二年とするものに、政書『通典』があり、記年のないものに『晋書』がある。

まず、景初三年とする『梁書』と『太平御覧』の倭の条を比較してみると、いずれも、『魏志』では明記していない倭国乱の年代を漢の霊帝幸和中と限定したうえで、景初三年公孫淵死後に難升米等の朝献があったとした点で一致しており、『魏志』では方位の補足文に過ぎない海外の侏儒国・裸国・黒歯国をあえて取り上げて、最終段に置いた文章構成からも、『梁書』と『太平御覧』は酷似している。

次に、『太平御覧』が引用したとする原典『魏志』の、邪馬臺の其處宮室以下の文を『魏志』、『後漢書』と成立順に並べてみると、

居處・宮室・樓観・城柵厳設、常有人持兵守衛　『魏志』
居處・宮室・樓観・城柵皆持兵守衛、法俗厳峻　『後漢書』
其處・宮室・樓観・城柵・守衛厳峻　『太平御覧』

これから、『魏志』に居處・宮室・樓観・城柵を厳かに設けたとあるのを『後漢書』では法俗厳峻と読み換え、さらに、『太平御覧』では『後漢書』の文章を縮めてただ厳峻としたために言葉足らずになっており、明らかにこの箇所の『太平御覧』の文は『魏志』曰くとしながらも、実際は『後漢書』から孫引きし、その書き換えであることがわかる。

さらに、倭国乱の年代に関する箇所も同様に比較してみると、

其国本亦以男子為王、住七八十年、倭国乱、相攻伐歴年　『魏志』
安帝永初元年、倭国王帥升等献生口百六十人、願請見　『後漢書』
桓霊間、倭国大乱、更相攻討、歴年無主　『後漢書』
倭国本以男子為王、漢霊帝幸和中、倭国乱、相攻伐無定　『太平御覧』

『魏志』には「倭国の歴代の王は皆男子を以て王と為す。住（とどまる）ところ七八十年」とあるだけで、倭国乱の時期がいつ頃かを明記していない。それを、後続の『後漢書』では、後漢の安帝永初元年

（西暦１０７年）に倭国王帥升等の願請見とある記録をもとに、『魏志』にある七八十年後のおよそ桓（帝）・霊（帝）年間（西暦１４６～１８９年）としたものと考えられる。さらに、『太平御覧』に漢霊帝の幸和中とあるのも何か新たな事実に拠ったと云うよりも、安帝永初元年に七八十年を足して（西暦１０７年＋７５年）、倭国乱の時期を霊帝幸和年間（１７８～１８４年）としたもので、『魏志』と『後漢書』から容易に導き出される程度のものである。

これまでにみてきたように、類書『太平御覧』から解ることは、そこに並べられた文章が、引用した文献から原文のまま抜き書きしたものではなく、編集で類似の関連書の文章と結合する際に検討が加えられ並べ替えや書き換えが発生することである。おそらく、『太平御覧』に景初三年公孫淵死女王遣大夫難升米等とあるのも、編集時に『魏志』にある景初二年六月では公孫淵との交戦中で京都洛陽での朝献はあり得ないという思い込みから、景初三年に書き改められたものであろう。その証拠に、もしも『魏志』が当初から景初三年と記していたものであったのなら、『太平御覧』にあえて公孫淵死などの割り注のようなものを本文中に加える必要などなかったはずである。

『太平御覧』は宋の太祖の勅命により李昉等十四名が編纂した千巻からなる類書で、太平興国年間（９７７～９８３年）に成立する。類書とは、既存の文献や諸書にある記事や文章を抜粋し検索しやすいように分類配列して収載したものの呼称で、魏の文帝（曹丕）の奉勅による『皇覧』が最古とされる。本格的なものとしては『華林遍略』六百二十巻が著名で、南朝梁の武帝の勅命で徐勉等七百余名の学者を動員して編纂させ普通四年（５２３年）に完成したものである。その後『華林遍略』を底本として、北斉の『修文殿御覧』三百六十巻や唐の『藝文類聚』百巻等が編纂され、宋初の『太平御覧』もその系統書である。

『華林遍略』と『修文殿御覧』が散逸してしまった現在、それらの増補によって編纂された『太平御覧』によって『華林遍略』が蒐集した出典を窺い知る他ないが、『太平御覧』の『魏志』引用の倭国の条は、『魏志』・『後漢書』以外の新規の情報は含まれていないことから、ほぼ遍略原文のまま『華林遍略』より転録したものと推定される。そして、『梁書』と『太平御覧』にある倭の条の比較検討で酷似した箇所があった理由は、『梁書』が、『太平御覧』の底本である南朝梁の『華林遍略』の孫引きによるものであったことによるものと捉えることができる。

また、景初三年公孫淵誅後と記す『北史』について云えば、倭国の条が『梁書』と過半の『隋書』より抜粋した文章構成で、該当箇所も『梁書』の丸写しであることから議論の余地はない。類書『翰苑』に付いても学習用習書として編纂された抄書であって、先行書である『華林遍略』より引用したものが多であったと推定される。

これらに対して、景初三年とはしていない『晋書』では、東夷倭人の条は『魏略』と『魏志』の抜粋に西晋の泰始元年の倭の重譯入献を付け加えた文章構成からなり類書からの引用は認められない。政治・制度の書『通典』の倭の条は大部分が後漢書・魏志・梁書・晋書・宋書・隋書などの史書からの抜粋によりなる文章構成であるが、「魏明帝景初二年」と明確に記しており、類書からの引用が多い『梁書』よりも原典である『魏志』を尊重したものとみる。

国内にあっては、『日本書紀』巻第九の神功皇后三十九年の割注に『魏志』よりの引用として「明帝景初三年六月、倭女王遣大夫難斗米等詣郡、求詣天子朝献」と記し、神功皇后を女王卑彌呼に擬するものである。そこには皇后の事績はなにも記されてはおらず編年操作のために挿入されたものであろう。

養老四年（７２０年）成立とする『日本書紀』は漢文編年体で書かれており、多くの文章に少なからず漢籍からの引用が認められることでも知られる。当時の漢籍も容易には入手できない状況では、多くの文章例を含む類書が潤色に用いられ『華林遍略』もその一つとみられる。『魏志』の景初二年六月を『遍略』の景初三年とした改変を孫引きしたため、明帝はすでに亡くなり喪中であったにもかかわらず、明帝の景初三年六月と書き換えたものと推定される。平安時代の漢籍目録『日本国見在書目録』の中には『晋起居注』三十巻、『類苑』百二十巻などとともに、『華林遍略』六百二十巻の著書が記録されており『書記』編纂にも重用されたに相違ない。

すなわち、景初三年とした諸書は皆『華林遍略』に辿り着くものであって、真実はそれとは違うところにある。

12 三角縁神獣鏡の誕生

景初二年十二月の明帝の詔書に記され、好物として卑彌呼に賜与された銅鏡百面については、古墳から数多く出土する三角縁神獣鏡を始め、画文帯神獣鏡や方格規矩鏡、内行花文鏡などの後漢鏡の他にも諸説あり今なお定まってはいない。三角縁神獣鏡は国内では、すでに五百面以上が出土しているが中国では一面も出土していないことや、同じ鋳形から製造された同笵鏡とみられるものが多数有り仿製鏡ではないかといったことから、卑彌呼に賜与された百面の銅鏡として、これを疑問視する向きも多いが、三角縁神獣鏡の景初三年、正始元年の紀年銘のあるものは卑彌呼の遣使や帯方郡の郡使等が往来した時期に関わるものとして有力であることに変わりはない。

後漢末の黄巾の乱に始まる中国内の混乱は収まることはなく、地方の無政府状態に乗じて、西暦190年に多くの軍勢を率い入洛した并州牧の董卓は、横暴の限りを尽くし首都洛陽に火を放ち宮殿とともに都は灰燼に帰す。董卓は傀儡として献帝を擁立して長安に都を移すが、董卓の死後196年に曹操は漢中を脱出した献帝を迎え許（河南省）に都を置く。そして、200年の官渡の戦いで袁紹に勝利し華北をほぼ制圧するも、208年の赤壁の戦いで劉備・孫権の連合軍に敗れ、214年に蜀を領有した劉備と長江中下流域を勢力とする呉の孫権との、魏・呉・蜀の三国分立の世となる。221年に曹操の子の曹丕が献帝の禅譲により帝位につき魏王朝が誕生する。

洛陽の首都機能は三十年ぶりに復活するが、尚方と称される官営の工房も壊滅し鏡作師の多くも戦火を逃れ人材は失われ青銅鏡の製作は衰退していたものと察せられる。この間も、中原の洛陽から遠隔の華西・西蜀から江南の会稽郡紹興などの長江下流の僻遠の地では、青銅鏡の製造は盛んで鏡作師は絶えることがなかったこととは対照的である。

後漢中期から後期にかけて益州廣漢郡では獣首鏡、環状乳神獣鏡、八鳳鏡などの画像鏡や神獣鏡が作られ、後漢末期には長江下流の会稽郡にも伝わり、東王父・西王母の二神と竜虎などの瑞獣の組み合わせや配置形式で種別けされる重列神獣鏡や同向式・対置式神獣鏡の製作が盛んになる。魏王朝が成立した黄初元年（２２１年）、黄初二年（２２２年）銘の魏鏡も製作地は江南の会稽郡とみられ、洛陽での銅鏡製作の回復の遅れが推察される。

この間の江南では、西暦２２１年に孫権が呉を建国し黄武と改元し荊州の鄂を武昌と改名し都とする。２２９年には皇帝に即位し建業（南京）に遷都し年号を黄龍と改める。魏・呉の対立と断絶が鮮明になると、魏・呉間の銅鏡の移動や鏡作師の交流も閉ざされたものと推定される。国内の太田南５号憤、安満宮山古墳から出土した青龍三年（２３５年）銘の方格規矩四神鏡は魏の紀年銘帯鏡である。製作地は魏国内の工房とみられるが、景初三年から正始元年の三角縁神獣鏡などを除けば魏の紀年銘鏡はわずかである。

当時の状況を踏まえて、正始元年に卑彌呼に賜与された銅鏡百面について推測する。景初二年十二月卑彌呼への詔書が発せられるが、明帝は病に伏し景初三年一月に急逝したので詔の実行は中断し、難升米等の帰途とほぼ同時に、洛陽より東海五千里の帯方郡に詔書の内容が届くのが景初三年の三月か四月頃になる。詔によって四夷へ賜与されるものの調達から拝仮までの実行は、全て管轄する郡の役目であり、卑彌呼への好物の賜与についても帯方郡が担い、金印紫綬の拝仮とともに倭国に届けることを告げられ難升米等は帰還する。東夷の王に賜与される好物の銅鏡ともなれば、九寸以上の大径で、しかも百面となると図像や銘文にも通じた適切な鏡作師が必要になる。鬼道を事とする卑彌呼の銅鏡は陰陽五行の神仙に鳥獣を文様とした画像鏡や神獣鏡などの江南系を好んだものと推測されるが、楽浪には呉鏡に精通する師はいなかった。

そこで、呼び寄せられたのが、鏡作師陳氏もその一人であったと考えられる。景初三年（239年）銘の三角縁神獣鏡の銘文には「景初三年、陳是作鏡、自有経述、本是京師、杜地□出、吏人銘□、位至三公」とあり、陳氏の出自と製作地に赴いた経緯を銘文に記す珍しい鏡である。

本是京師、の京は京の異体字で、帝・王の座す都である。陳氏は自らの経歴を述べるとして、本は京の鏡作師であるが杜地を出たと記す。京は魏の洛陽か、あるいは、呉の都とすると、魏・呉の国域を二分する長江中流域の荊州江夏郡の鄂城、孫権が呉王となって改名した武昌となる。銘文にあるように陳氏があえて自有経述したことから、半ば強制的に国境を越え連行されたものか、行き先は辺境の地、楽浪郡である。洛陽からとすると五千里、呉の都からだと北東六千里、楽浪郡に到着したのは景初三年冬十月頃であったであろうか。

早速、試作に取りかかり最初の製品となったのが景初三年銘の三角縁神獣鏡と画文帯神獣鏡であった。青銅鏡の作製には鋳型の製作からバリ取り鏡面・背面の研磨まで完成には一ヶ月では終わらない。例えば真土形鋳型で笵の成形・文様彫刻・銅と錫鉛の青銅合金の注湯・鋳型から鏡面取り出しの工程までを一週間でできたとしても、それだけでも銅鏡百面を揃えるには二年の歳月を必要とする計算になる。そこで取られた対策が一つの鋳型から複数の銅鏡を得る同笵鏡や、一つの銅鏡を原型として多数の鋳型を作成する踏み返し技法による同型鏡などの技法である。三角縁神獣鏡では、この広義の同笵鏡が多いことで知られており、景初三年銘では二面、正始元年銘では四面を始めとして古墳などから出土したものの半数以上が、これに該当し九面の最多同笵鏡も存在する。

さらに、量産化の鍵となる笵（鋳型）の作成における図案と形状の工夫にも特徴が見られる。景初三年銘には陳氏作の平縁の画文帯神獣鏡があるが、これは一面のみで同笵鏡はみつかっていない。種々試作したものの一つであったと考えられる。比較してみると、内区の同行式の神獣の図像や文様は同じでも、画文帯神獣鏡では半円方形帯や外区の画文帯の平縁まで複雑に画像や文様が細密に描かれているのに対して、三角縁神獣鏡では銘帯に櫛歯文と外区は鋸歯文・複線波文・鋸歯文の繰り返しの幾何学紋様帯に加えて、外周は無紋の断面および幅も厚みのある三角縁によりなり、単調な作りである。

三角縁神獣鏡の神獣像文様が描かれた領域は、おおよそ半径で鏡面の６０～７０％内側であって面積比で３０～４５％に過ぎず、三角縁の外周領域だけでも鏡面積の１５％～２０％を占めることから、鏡背面の文様から受ける情報量は大型鏡と云っても5，6寸の中型鏡と殆ど変わりはない。形状の特徴は他の鏡面が平面かやや凸面であって鏡背面から鈕高が盛り上がっているのに対して、三角縁神獣鏡では凸面の度合いを大きくした上で鈕高を抑えて鏡背面の縁と鈕頭が、ほぼ同一水平面に位置するように鏡背面縁の断面を高く三角縁にしていることである。

三角縁神獣鏡は中国では同笵鏡はもちろん、その鋳型も全く出土していないことから、作成した銅鏡を原盤として、その踏み返しによる同型鏡説の可能性が高いとみる。この場合は原盤となる実物の銅鏡を笵材の真土に押しつけて、鏡背面の図文の形を転写再現すると云う行為が必要となるが、三角縁神獣鏡の前述の形状の工夫は、ここに活きている。

一般的に青銅鏡の中心にある円形の鈕は厚さが数センチもある。鏡背面部に神獣鏡のような丸浮彫の膨らみを持たせたものでは、厚さ1ミリの極薄の箇所もあり荷重強度は面内で一様ではなく、押さえどころによっては簡単にひび割れが発生する可能性がある。平縁の銅鏡に対して、三角縁の周辺部分は三～五倍の厚さがあり、耐荷重は厚さの二乗に比例するので、三角縁の縁部は一桁強度が増している。これによって真土に押しつけて型取りする場合に、中心部の鈕と三角縁の厚みのある周辺部分を均等に押さえることが可能となる。

また、三角縁は〝くさび〟として横ずれを防止し笵材に固定密着させることで、転写図文の輪郭が鮮明になる効果が期待できるであろう。凸面のソリを大きくし鈕頭と三角縁の高さを合わせたのも、一連の型取り作業を容易にして精度を上げるためで、神獣図文の可変領域を最小限に抑えて三角縁（楔）による踏み返し同型鏡の技法により、大型鏡百面を揃えることが可能になったと解される。陳氏の他にも鏡作師の銘鏡が存在する。手分けして製造し、北西風もおさまり帯方郡使の梯儁等が対馬海峡の渡海に適した季節を前にして、試作から半年後の正始元年の四月頃には百面の銅鏡が完成したものとみる。

京都府福知山市広峯古墳出土の景初四年（２４０年）の魏の紀年銘のある斜縁盤龍鏡は、陳是作鏡に続く銘文から景初三年銘の三角縁神獣鏡に続いて製作されたものであろう。これには同笵鏡もある。景初三年十二月には暦法を替えて、明帝が崩じた月に当たる翌年の正月を後の十二月とし、改元して二月を正始元年正月とする詔勅がでる。したがって、景初四年は実在しない年号であるが、詔勅の報が、東海五千里先の楽浪・帯方郡に届くのは三ヶ月先であるから、楽浪の工房での製造とすると景初四年の盤龍鏡もあり得るのである。もしも、難升米等の朝献を景初三年十二月のこととすると、卑彌呼への詔書と改元の詔勅の報が楽浪郡に届くのはほぼ同時期で、正始元年に改元した後となるから、楽浪工房での景初三年と景初四年紀年鏡は、いずれも存在しないことになる。

結局、景初三年、景初四年、正始元年の全ての紀年鏡が生ずる条件は難升米等の遣使奉献が景初二年のことであって、卑彌呼に賜与する好物の銅鏡百面の製作地が首都洛陽ではなく遠隔地、すなわち、楽浪近郊であった場合に限定される。

三角縁神獣鏡は明帝の詔書にある卑彌呼へ賜与される百面の銅鏡を短期間に量産するために生み出されたものであったのだが、その後も、倭国からの遣使奉献は絶えることなく西晋時代まで続き、貢値の対価として大量に造ることが可能な三角縁神獣鏡が倭国向けに増産し続けられたものと考えられる。

正始元年の後も正始四年、正始八年にも倭の遣使奉献があり三角縁神獣鏡を主に相当量の青銅鏡が倭国にもたらされたであろう。正始八年の臺與が遣わした二十名もの大夫等によって生口三十人を献上した折りには、それに見合う貢値物としては、二、三百面の青銅鏡があっても不思議ではない。

大夫難升米等の朝献は魏志倭人伝に記すとおり、景初二年のことに相違なく、また、卑彌呼に好物として賜与された銅鏡百面の大方は景初三年から正始元年の紀年鏡を含む三角縁神獣鏡で同笵鏡が多いことこそが、その証である。

13 女王墓の築成

纏向遺跡の棟持ち柱、大型掘立柱建物などの中枢施設は、南北を纏向川の旧河道に挟まれた太田北微高地に立地する。その西端にも、邪馬臺の造営初期に築造された遺跡や遺構がある。纏向型の前方後円墳と称される纏向石塚古墳、勝山古墳、矢塚古墳がそれである。

纏向石塚は後円部が直径約６４ｍ、前方長約３２ｍの全長約９４ｍを測り、前方部が撥型に開く出現期の前方後円墳とみなされている。周濠内より庄内０式期（三世紀初頭）を始め多数の土器や鋤・建築部材、それに孤文円板・鶏形木製品などの遺物が出土した。葺き石や埴輪は検出されず、従来の古墳築造年代をさかのぼり三世紀初頭の出現期の遺構として注目を浴びる。

纏向石塚の北西方向には勝山古墳、西方にも矢塚古墳があり、その三角形の配置は東西３００ｍ・南北２００ｍ内に収まる。勝山古墳は後円部が径約６５ｍ・高さ約７ｍで前方長約４５ｍの馬蹄形の周濠が巡り、くびれ部から出土した木製部材の年輪年代の測定値は三世紀初頭である。

石塚古墳の西方の矢塚古墳は後円部が東西約６４ｍ・南北約５６ｍ・高さ５ｍで現在前方部は削平されて原型を留めるものではないが、前方部は帆立貝型の突出部が確認される。矢塚古墳もまた幅約２０ｍの周濠の導水溝付近で出土した土器から三世紀中葉以前の築造が推定される。

三基の古墳が描く三角形の内部狭間を幅約５ｍの纏向大溝が貫通する。しかも三角形の内部では二条の北溝と護岸に矢板列を有する南溝が合流し、接続部で水位を調節可能な井堰が検出される。北溝の延長線は勝山古墳の方形先端部に接することから、三基の古墳の周濠と大溝は直接あるいは、南北の旧河道を介して連繋していた可能性が高い。大溝の深さは約１．２ｍで古墳の周濠の水溝の深さは約０．６ｍから１．３ｍである。二条となった大溝は、さらに南へ伸び北溝の延長線上の南西約３００ｍ先には、これも纏向型前方後円墳とされる東田大塚古墳の方形先端部が接する。東田大塚古墳は後円部の直径が約６８ｍ、前方部は後世の水田開発に伴う削平跡があり、前方部が長い前方後円形で、築造年代は布留０式期の三世紀後半と推定されている。

東田大塚古墳を含む四基の纏向型前方後円墳と称される遺構に共通することは、後円部の直径が６０

m～70mで後円部に比べ前方部が低く、その形状は撥型、柄鏡型など種々あり、20mから30m幅の周濠を有する。石塚古墳は戦時中（昭和）に、高射砲陣地の設営のために後円部が削平されたが、当時埋葬施設などのそれらしい遺構は検出されず、また他の三基も後円部は未確認としている。

三世紀初頭の邪馬臺の新たな造営と同時に、近畿地方の弥生時代の一般的な墓制である方形周溝墓とは異なり、比類なき100m規模の大型の埋葬施設が、いきなり次々と築造される理由などあるはずもないが、三世紀初頭の石塚古墳と三世紀後葉の築造とされる東田大塚古墳に至るまで四基の築造物は、前方部の形状を除いて設計変更や築造技術の進歩が全く窺えないのも疑問の一つである。墳形を保持するための版築や葺石が施されてないのはなぜか。供献土器をはじめ埋葬施設を窺わせる確かなものは一切発見されていない事実から、主眼とするものは規格化された円錐台の形に意味があって周濠を伴う何らかの施設を目的に築造された遺構とみられる。

そもそも太田扇状地の西端に立地する三基の初期の纏向型前方後円墳とされるものは古墳などではなく纏向川の旧河道や纏向大溝と連繋した水路などの土木工事の関連施設かなにかとも考えられる。なぜこのような規模と形状になったのか?また、どのような物差しで設計し構築されたのか?前漢以来通交が明らかな漢尺によるものか、それとも、それ以外に、なにか物差しがあったのか?疑問は尽きない。

古代メソポタミアに起源を持つキュビット（cubit）は、身体長を単位としたもので肘から指先までの約50cm前後の長さを指す。五千年前のエジプトのピラミッドの建設から古代ローマの土木工事に至るまで物差しとして身体長が使用され、腕の長さ以外にも手のひらの幅や指幅などの身体のある部分を長さの単位としたことで知られる。

中国の度量衡の長さの単位である尺は、親指と中指・人差し指を広げた形の象形文字である。稲作の源流である長江下流の七千年前の河姆渡遺跡などで発見された材木の刳りぬき、継ぎ目加工などの高度な技術を駆使した木組み工法による高床式の大型建物などからみても、築造には尺に類するなんらかの物差しを使用していたのは間違なく尺の由来もさらにさかのぼるものと考えられる。

列島では、縄文時代中期の約五千五百年～四千五百年前の富山県朝日町の不動堂遺跡の東西約17m、南北約8mの竪穴式の大型建物の十四本の柱穴跡や、青森県の三内丸山遺跡の大型竪穴住居の巨大な柱穴跡の柱穴間隔が、ともに35cmまたは、17・5cmの倍数になっていることが発見され、なんらかの長さの単位となる物差しを使用していたことが推測される。縄文人の男性の平均身長が160未満であったことからすると、手首の皺から中指までを測る手のひら長か、親指と人差し指を広げた最大長は、いずれも17～18cmと推定され、身体尺の可能性が高い。

中国の度量衡の歴史は夏禹に起源をもつとされる。前漢の宣帝の時代に戴聖の編纂になる『礼記』王制には「古者以周八尺為歩、今以周尺六尺四寸為歩。古者百畝、當今田百四十六畝三十歩。古者百里、當今百二十一里六十歩四尺二寸二分」とある。すなわち、古い周代の一尺は20～21cm、一歩が約1・6mであったとみられる。

その後、春秋戦国時代には一尺が23cm前後になり、秦の商鞅（しょうおう）によって制定された六尺一歩の制は秦の始皇帝の布告によって公定尺を定めて施行され一歩は約1・38mとなる。一歩は踏み出す足のもう片方の足の踵からふたたびそれが着地した時の踵までの長さである。一尺は後の前漢代は23．1cm、後漢代23・3cm、三国・西晋時代は24・2cm、唐代には29・4cmと時代が降るにつれて伸長する。

しかしながら、巷間には公定尺とは別に様々な寸法の尺が存在し地方によっても異なるものが使用され、また、歴代王朝が制定した公定尺の他にも建築や土木用の木工尺や衣服の製作に用いる衣工尺などがあり用途によって使い分けられていたらしい。

我が国の度量衡は唐制を模し西暦701年の大宝律令の制定により成文化したもので、尺長は小尺29・6cmであった。七世紀以前の建物や古墳などの構造物の遺跡から、直接尺や物差しを示す遺物の出土は知られていない。現存する尺寸に関する実物で最古の物は正倉院御物として保存されている。数枚ある赤牙撥鏤尺、緑牙撥鏤尺は象牙を染め刻彫による華麗な文様のものだが儀式用なのか寸の目盛りしかなく唐の船載品とみられる。

縄文時代前期から中期の東日本、特に東北地方では長辺が30m超の巨大な建物の痕跡を示す柱穴跡が幾つも検出される。弥生時代になると、北部九州に桁行が10mを超える大型の掘立柱建物が出現する。中期初頭の最古の王墓となる吉武高木遺跡には、東西9・6m、南北12・6mの超大型建物を併設し、神殿か豪族の居館が想定される四面に五柱の廻り縁の外周を含めると面積200㎡超にもなる。

弥生終末期の吉野ヶ里遺跡の北内郭の中期の大型建物は、東西約１２・７ｍ、南北約１２・３ｍの柱径５０ｃｍの十六本の総柱建物から高床式の祭殿が推測される。

建築物の高さが増し大型化すると、柱の配置や綿密な材料の選択と現場での加工組み立てに多大な労力を要することは言うまでもないが、規則的な柱穴の配列が確認される超大型建物を物差しなしに築造することは不可能であろう。佐賀県鳥栖市の柚比本村遺跡の弥生中期後半の大型建物は梁行５間、桁行８間の９・９ｍ×１６・６ｍの広さ約１６５㎡を測り、福岡市博多区の福岡空港周辺には弥生中期中葉の梁行５間、桁行８間の屋内棟持柱をもつ約１２０㎡の久保園遺跡や弥生中期末の約１００㎡の那珂遺跡の大型掘立柱建物がある。弥生後期の雀居遺跡では桁行６間１２・１８ｍ、梁行４間８・４ｍの大型建物や桁行２間梁行１間の４・８ｍ×４・８ｍ、４・８ｍ×３・４ｍなどの倉庫とみられる建物が付随して発見される。柚比本村や雀居の大型掘立柱は桁行と梁行の柱間隔は２・０ｍ〜２・１ｍで周尺１０尺にほぼ相当する。

弥生時代の始まりは中国の年代では、ほぼ西周成立間もない時期にあたり、春秋戦国時代を経て秦の統一に至り前漢末が、およそ弥生時代の中期末に相当する。北部九州の大型建物の多くが測定誤差なども考慮すると梁行・桁行長ともに古周尺２０ｃｍの刻みの近似値になっているのは偶然とは考えられない。稲作や青銅器類の伝来とともに中国の度量衡として始めて明文化された周制が、弥生中期には伝わっていたとも考えられる。これまでみてきたように、奴国や伊都国では大夫を始め周の官制を参考にしたものが少なからずあったことからしても、九州北部では直接あるいは、渡来人などによって得た周代の知識を後代まで保持していた可能性が高い。検出された弥生後期中葉までの１００㎡超の巨大掘立柱建物は近畿の池上曽根遺跡や唐古・鍵遺跡を除けば北部九州の奴国及びその周辺に集中している。

池上曽根遺跡の弥生中期末頃の東西１０間１９・２m、南北１間６・９mの大型建物は、屋内外に棟持柱を用い床高４mが想定されることから高床式神殿ではないかとの見立てもある。また、集落の共同倉庫の可能性も否定できない。残穴柱材の檜の年輪年代法によれば、紀元前５２年に伐採されたものと判明し弥生中期後半の築造とみられるが、これ以前にも同じ場所で何回か建て替えられた柱穴痕が検出されており大型建物A，Bが推定される。

復元された建物をNとし古い順に並べてみると、桁行は1間当たり約1．９mになり仮に一尺１９cmとして算出したものが（　）内の建物の換算尺長である。整った数値からも当時の平均身長から予測される親指と中指を広げた長さの尺長約１９cmが適合する。

大型建物A　桁行7間13.2m↓（70尺13.3m）、大型建物B　桁行8間15.2m↓（80尺15.2m）

大型建物N　桁行10間19.2m↓（100尺19.0m）

次は、近畿の多重環濠集落として著名な唐古・鍵遺跡の大型建物である。遺跡西部に弥生時代中期初頭に建てられた梁行2間、桁行5間の大型建物が検出される。独立棟持柱をもつ建物としては最も古い時代のもので、梁行の南北で長さが異なり、桁行は11・4mである。中期後葉には集落の西北部に梁行2間6m、桁行6間13・7mの掘立柱建物が出現する。いずれも桁行1間が約2・28mであることから、一尺22・8cmとして換算したものが梁行長ともに合致する。

独立棟持柱建物　桁行5間11.4m↓（50尺11.4m）

掘立柱建物　桁行6間13.7m↓（60尺13.7m）

弥生中期初頭は紀元前四世紀頃で年代的に相当する中国の戦国時代の尺長23cmに近似である。当時の大陸からの渡来人が建築に関わった可能性も考えられる。唐古・鍵遺跡で出土した土器絵画に渦巻き状の棟飾りをもつ大陸風の楼閣などに、それが窺える。

弥生時代後期と時代は降るが、纏向遺跡に先行するものとして琵琶湖の南東部の野洲川流域の扇状地に二世紀後半を最盛期とする伊勢遺跡がある。東西700m、南北450mの遺跡域の中央の方形柵列区画内の複数の大型建物には楼閣が想定される9m四方の建物跡がある。それを取り巻く半径約110mの円周状に独立棟持柱付き大型建物が約18m間隔で整然と配置されていて、遺跡全体で十三棟の大型建物が検出される。円周状の独立棟持柱付き大型建物は、ほぼ梁行1間4・5m、桁行5間9mに規格化され、桁行1間当たり1・8mであることから、1尺18cmとする尺換算が適う。

以上概観してきたように弥生時代の大型の建物の構築には、なんらかの物差しが使用されていたのは間違いないが地方や地域でも異なるものであった。いわゆる大陸由来の尺を概念とするものと推定されるが、統一国家でもなかった弥生時代以前には、標準器はもちろんのこと度量衡も定まったものなどはなく、各地方地域で測定された身体尺を基本として運用していたものと考えられる。

しかも、労力を要する柱穴や貴重な柱材などは建て替えを含め再利用するのが常であったことからも、地域ごとの物差しも固定され保守的なもので、縄文時代にさかのぼるものが継承されていたとしても不思議ではない。長期に渡り地域毎に、同じ物差しが使用されていたものと推定される。それを土木や建築設計に適用するには四則演算の数値計算や一時的にしても、それを記録する記号なり文字の使用か図形で描くことを伴うのだが、その実行には、なにか想像を超えるものがあったものと考えられる。

太田北微高地に立地する纏向遺跡の宮殿や居館とみられる中枢部の造営物は、柵列内で発見された三棟の大型建物が東西方向に中心軸が合っており、東より建物D、C、Bと並び、柵外の西方にも建物Aが配置される。最大の大型建物Dは南北19・2m、東西6・2mで、さらに、東西は西側に伸び4間と推定されている。建物Cは独立棟持柱付きで桁行の柱間隔が均等ではなく、建物Bも東西の桁行長が異なる。これらの建物が周尺20cm刻みで梁行か桁行の一方が、周制八尺一歩1・6mの倍数となっていることから、設計が周尺によるものと推測される。

• 掘立柱大型建物D　南北4間東西4間 19.2m×12.4m　→（96尺、12歩）×（62尺）

・棟持柱大型建物C　桁行3間8m↓（40尺、5歩）　・大型建物B　梁行2間4.8m↓（24尺、3歩）
また、建物Dの東側前面から建物Cの西側背面まで約24mで周尺の120尺（15歩）になり、建物Bの西側後面までは、50尺増しの約34mに三棟が収まり一帯の配置設計のようにもみえる。
太田北微高地の西端に三基の通称纏向型古墳が立地する。石塚古墳は測長データが明らかにされている。矢塚古墳や勝山古墳は後世の削平により輪郭が不明瞭である。石塚古墳の測長に周尺（一尺20cm）で換算したものが左記である。比較として漢尺換算（一尺23.1cm）のものを付した。

石塚古墳

	測長	周尺	漢尺
全長	94m	470尺	406.9尺
後円部直径	64m	320尺（40歩）	277.1尺
前方部長	32m	160尺（20歩）	138.5尺
括れ部幅	16m	80尺（10歩）	69.3尺
前方部幅	32m	160尺（20歩）	138.5尺
周濠幅	約20m	100尺	86.6尺

纏向遺跡の中枢部の大型建物の建築と前方後円形の土木工事には、近畿の在地の物差しではなく、弥

生時代中期以前の柚比本村・雀居遺跡などの北部九州の大型建物にみられる古周尺の適用が推測される。すなわち、邪馬臺の造営が伊都（奴国）の主導のもとに実施されたことを示唆し、纏向遺跡で出土する鉄器のほとんど九割以上が土木用の鋤に限られることからも、それらの大半が当時鉄器の大生産地であった奴国から持ち込まれたものと考えられる。

纏向遺跡は奈良盆地の東南の隅の微高地に立地し、当時の国々の拠点の多くが海岸や湖岸の近傍に所在したのとは違って遠い内陸部にある。その交通の不便を補うものが纏向川や初瀬・大和川の水運であったことは疑問の余地はないが、旧河道と長距離に渡り連結した纏向大溝の構築は、その一環であったものと推定される。

大和盆地は国内有数の人工の溜池の多い地帯として知られる。盆地内では河川の氾濫による洪水被害と、瀬戸内海気候辺縁部としての季節的な日照りと寡雨による渇水の両方に対応する治水の必要性があって古来万を超える大小の溜池が分布する。おそらく、纏向の開発と造営には灌漑用の溜池と洪水時の遊水池の用途としての施設の新造が必須条件であって、それが計画的に実行されたものと考えられる。

纏向型の早期古墳と称される石塚、矢塚、勝山古墳には、葺き石もなく段築も明確でない不整形な造作から、間違いを畏れず言えば前述の通り、それらは埋葬施設などではなく集水施設を持つ纏向大溝と連繋した灌漑用と水運を兼ねた水路網、それに祭祀を兼ねた複合施設であろう。纏向型とされるその造形は壺と甕を組み合わせたかのように、内包する壺型の前方後円形を巡る幅約２０ｍ～３０ｍの周濠には1基あたり五千トンから一万トンの貯水量を収容可能である。

矢塚・石塚・勝山の後円部径の中心点を、それぞれA・B・Cとすると、AB間が約200m（周尺125歩）、AC間は約160m（周尺100歩）である。ABを底辺とする三角形の内部で纏向大溝の北溝・南溝が合流していることからも、事前の綿密な測量に基づく全体の青写真が存在したことが窺え、埋葬施設として必要に応じて散発的に築成されたものなどではなく、石塚・矢塚・勝山は纏向大溝と共に軌を一にして構築されたとものとみる。くびれ部付近の周濠内底から出土した木製品や建築部材は、土木工事や治水祭祀に関するものであろう。

纏向遺跡において埋葬施設と本格的な墳丘を備えた古墳は、ホケノ山古墳を嚆矢とし、それこそが奈良盆地最古の大塚古墳であったと推定される。全長約80m、後円部は3段築成で約55m、前方部約25mの葺き石を有する前方後円墳である。周尺換算で全長400尺（50歩）になる。後円部の埋葬施設は二重構造をもつ石囲い木槨で奈良盆地では初現であるが、前述の不呼国に比定した徳島県鳴門市の萩原2号墳など瀬戸内海東部に先例がある。木槨の内面約7・2m×約2・8mに川原石を積み上げて石槨とし中に割竹形木棺を納めている。

盗掘を受けていたものの画文帯神獣鏡一面と内行花文鏡など数枚分の鏡片や素環頭大刀を含む十口余りの鉄製刀剣類、百二十個以上の銅鏃・鉄鏃や多数の鉄製農具などの副葬品が出土する。木槨内には木棺を覆うように梁行一間約1・8m（周尺9尺）、桁行一間約3・2m（周尺16尺、2歩）の独立棟持柱の柱穴痕が確認され、葬送儀礼や宗廟祭祀のようなものが営まれていたことが窺える。庄内式二重口縁壺などの埋葬施設内の出土品などから推定の築造年代は三世紀中葉である。

これまでに複数の銅鏡や武器類などの豪華な副葬は畿内には類例はなく、北部九州の王族に匹敵する者の埋葬形態である。纏向石塚の前方後円形を後円部・前方部共に5歩（40尺）減じたものがホケノ山古墳であり、石塚・矢塚・勝山を手がけた土木技術を基にして、萩原墳丘類例の石囲い木槨の埋葬施設、近畿の独立棟持柱建築、北部九州の副葬礼、庄内・瀬戸内・東海系の供献祭祀土器などを結集して構築したものが、それであったと考えられる。

女王卑彌呼の統治時代と重なり、最大級の墳丘規模と葬送祭祀の状況からみても、被葬者は纏向の邪馬臺でも卑彌呼に次ぐ重要人物であろう。倭人伝によれば女王卑彌呼を佐治した男弟の存在が記されているが、卑彌呼が女王に共立されたときの年齢は二十歳未満であったものと推定され、六十年に及ぶ女王統治の間には、男弟の前にも卑彌呼を佐治した人物がいたのは間違いないであろう。もちろん、それは伊都・奴国王の宗族であって例えば、卑彌呼の伯父などが、それに該当し近親者で邪馬臺の造営以来、卑彌子を佐治していた要人が想定される。ホケノ山の地名の由来は不明である。

それは一族の中心となる嫡流の家を意味する本家の山を指し、上代日本語には無い鼻音ンが脱落したものではないかなど想起されるが、むろん憶測の域を出るものではない。

纏向では三世紀中頃にホケノ山古墳に後続するものとして、当時の列島では、空前の規模を誇る箸墓古墳が出現する。墳形は全長280m、後円部径161m、くびれ部幅64m、前方部幅132mの前方後円墳である。後円部高さは約30mの5段築成で前方部も高さ約17mで4段の段築とされ、約10m幅の周濠を囲む外堤の外側にも幅75mほどの外濠状遺構が周囲を巡っていたらしい。後円部上から吉備系の宮山型特殊器台に特殊壺や都月型円筒埴輪が、前方部上から二重口縁壺が発見され周濠の底から出土した布留0式土器等から築造年代は三世紀中から後半と推定されている。

箸墓の測長を周尺換算したものが左記である。

全長	280m	1400尺	175歩
後円部径	161m	805尺、約100歩	
くびれ部	64m	320尺、	40歩
前方部幅	132m	660尺	

後円部径100歩と前方部長75歩の4対3の比率、くびれ部幅などは、通称勝山古墳と相似形で丁度2．5倍したものに合致する。箸墓の埋葬施設は明らかにはなっていないけれども、勝山の前方後円形を祖型とし規模を拡大し、ホケノ山古墳の葺石や段築の築造技術をはじめ葬送儀礼用の吉備の特殊器台や円筒埴輪など近畿内外の動員によって構築したものと考えられる。

箸墓古墳の全体積は墳形から推定約30万立方メートルである。墳丘は盛土より成り、それは幅約75m深さ2．5mの外周濠の容積に見合い、ほぼ全量がそこより積み上げられたものとみられる。盛土1立方メートル約1・6トン、掘削1，運搬2，版築整形1の計4人で日当たり1．5立方メートルの造成が可能と仮定し動員人数4，000人で試算すると、造成に二百日を要し天候などを考慮し、二割増しの八ヶ月ほどで、計算上少なくとも外形だけは構築できる。動員数にもよるが、さらに内周濠、外堤、埋葬施設などの造成を加えても十ヶ月ほどの期間での築成もあり得るだろう。後円部の体積は二分の一の約15万立方メートルであり、先に後円部から着手したとすると、着工より四、五ヶ月ほどで後円部の墳形は大方できあがり墳径の確認も可能であったとみる。

『日本書紀』には、箸墓古墳は孝霊天皇皇女の倭迹迹日百襲姫命のものとし「この墓は日には人が作り、夜には神が作った。大阪山の石を運んで造ったが、山から墓まで人から人へ手渡しで運んだ」とある。

おそらく、この墓の築造に纏わる突貫工事の様子が伝承としてあり、それを記したものであろう。

倭人伝には「卑彌呼以死、大作塚徑百餘歩」とある。卑彌呼が死んだので大いに塚を作り、その径は百餘歩と記されている。大作塚の時制は、以死であるから卑彌呼の死後に着工されたことは間違いない。しかも、塚径百餘歩は当時、正始八年（２４７年）に来倭していた帯方郡の属官であった塞曹掾史の張政等の現地確認による墳径と想定され、したがって、卑彌呼の死に遭遇したか、その直後で帯方郡使等にとって大作塚は現在進行形であった可能性が高い。

後円部の墳径のみであれば着工より相当早い段階でも歩測できたはずである。箸墓の後円部径１６１mは魏尺では約百十一歩に相当し径百餘歩である。

卑彌呼晩年には、戸数七万の連合国最大の人口を擁する大国に変貌しており、治水は最優先事項であったことに変わりはない。箸墓は内外の周濠内部の容積を墳丘の体積に見合うものとすると約３０万トンの貯水量を誇る水瓶として機能し、被葬者が前方後円形の巨大な甕棺とも言える施設に埋葬された一大モニュメントである。邪馬臺国畿内説では立地や墳径と年代観などから卑彌呼の埋葬墓として箸墓を措いて他に該当するものはなく、その説を支持する。纏向遺跡のある邪馬臺は列島西方の奴国・伊都よりもたらされた尺度で開発造営され、そして箸墓も例外ではない。

遙か西方の地には卑彌呼にゆかりの遺構が存在する。糸島市曽根にある平原遺跡1号墳である。東西14m・南北10・5mの方形周溝墓に、長さ3m幅90cmの割竹形木棺を納めた墓壙内から夥しい数の銅鏡や豪華な装飾品が検出される。鏡は直径46・5cmの八葉内向花文鏡五面を始め、方格規矩鏡三十二面に前漢鏡1面を含む40面分が全て破砕された状態で出土する。素環頭大刀一口、ガラス勾玉やガラス連玉など約二千玉、舶載の女性用の耳飾り耳璫などの並々ならぬ副葬品から、伊都における王墓または王妃級の墓とみられる。特に大径八葉内向花文鏡は、ちょうど周尺の八咫に相当することから八咫鏡との説もある。

その築造年代は、周濠付近から検出した土器や副葬された漢鏡などから三世紀前葉と推定される。副葬品に武器類が少なく装飾品の種類から被葬者は女性とみられるが、特製と見られる五面もの仿製大型内行花文鏡や三十二面の方格規矩文鏡に特化した鏡種は、被葬者が生前に特別な使用目的で占有していたものと考えられ、倭人伝にある鏡を好物とする卑彌呼にも相通ずるものがある。おそらく被葬者も巫覡的な特殊な能力の持ち主であろう。そしてまた卑彌呼の鬼道に事え能く衆を惑わすとする天賦の才もその母譲りであったものとみる。

平原遺跡1号墳はホケノ山古墳よりやや古く三世紀前葉で、卑彌呼より一世代前の年代が想定可能であり、被葬者は卑彌呼の母に比定し得る。平原遺跡は伊都の三雲南小路・井原の王墓域から隔絶した北西約1．4km先の瑞梅寺川の対岸の曽根丘陵の北端に位置する。卑彌呼の母は奴国王の王妃の一人ではあるが、正妃ではないがゆえに三雲南小路・井原鑓溝の王墓域には埋葬されることはなく、卑彌呼の意向もあって生地に厚葬されたものと推察する。平原遺跡1号墳は近畿には多い方形周溝墓で、土壙周辺に検出された十二本の柱穴は埋葬を覆う棟持柱をもつ建築跡とみられ、史家原田大六氏の卓説のとおり、殯宮が設けられ葬送儀礼が厳かに執行されたに違いない。

14 纏向遺跡の造営と前方後円墳の成立

（古代都市計画の実像）

大和の箸中山古墳の築造を以て定型化した前方後円墳の成立とするのが定説である。

ここでは、邪馬臺の中枢部である纏向遺跡を中心とした都市計画の実像について触れてみたい。

図3-1

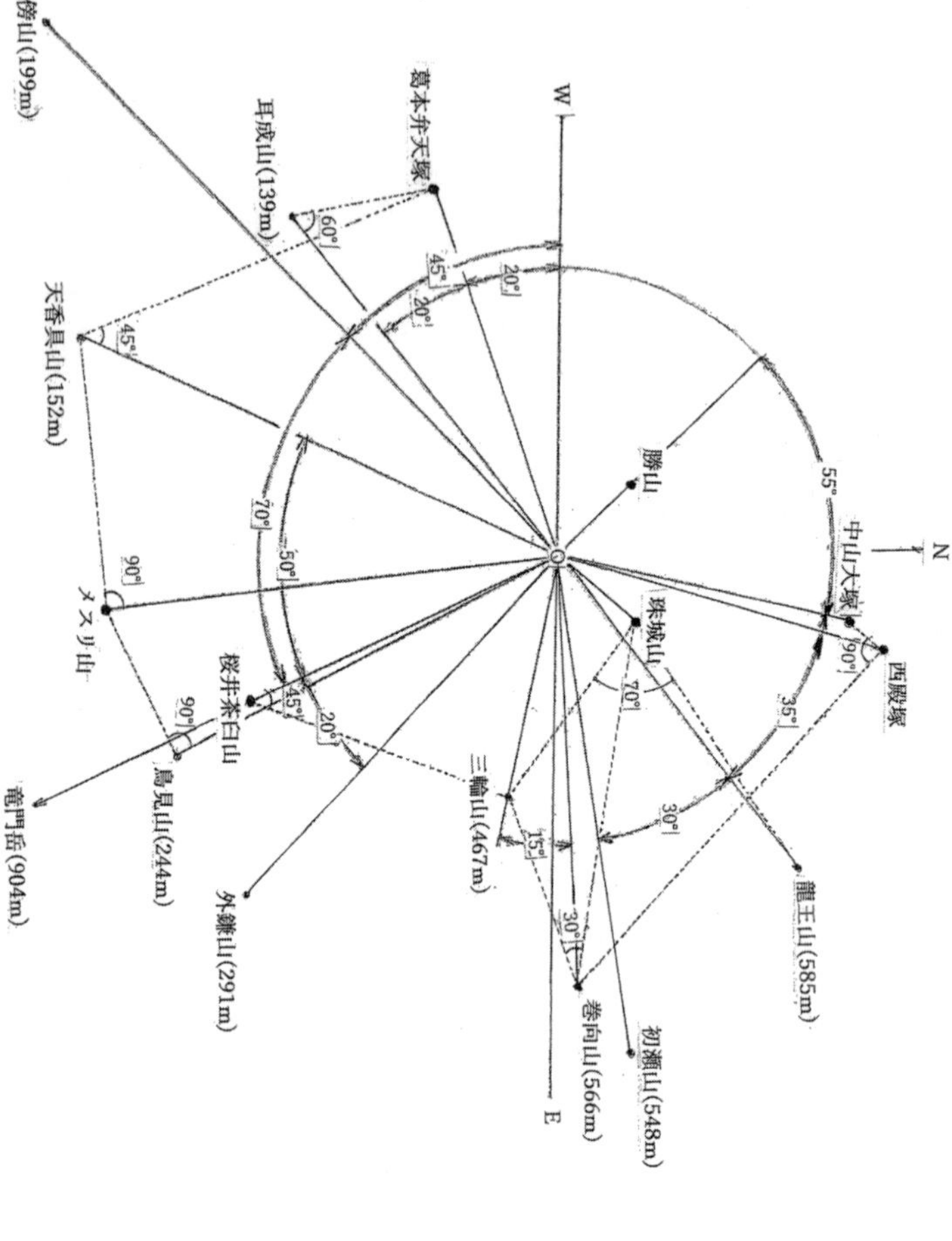
N
W
E
勝山
中山大塚
西殿塚
珠城山
龍王山(585m)
初瀬山(548m)
巻向山(566m)
三輪山(467m)
外鎌山(291m)
桜井茶臼山
鳥見山(244m)
竜門岳(904m)
メスリ山
天香具山(152m)
耳成山(139m)
葛本弁天塚
畝傍山(199m)
55°
35°
30°
15°
30°
70°
20°
45°
90°
90°
50°
70°
20°
20°
45°
60°
45°
90°

それまで未開の地とみられた奈良盆地の南東の隅に、二世紀末から三世紀前葉に突如として出現する纏向の大型建物や初期の古墳群とされる石塚、勝山、矢塚や纏向大溝などの大型の土木や建造物は、何のためにどのような方法と手順で築造されたのであろうか。また新規開発地域として奈良盆地のなかでもなぜこの場所が選択されたのであろうか。その疑問を解く鍵は諸々の築造物の在処に秘められていた。すなわち、それらの土木や建造物の配置を具にみてみると、そこを倭の政祭の中枢として新規に開発する計画の際に、事前にこの地を綿密に探索したうえで、ある特有の原点を中心にし、また複数の地点を方位や距離の基準点として、王都であった伊都に対する新たな第二の都市、邪馬臺の造営が実行された形跡が明白に窺えるのである。

図3-1は、ある地点Oを原点として、目視可能な周辺の山稜の峰や主たる前期古墳の位置との、それぞれの方位や方向を記したものである。北方より時計まわりに略記すると次のような方向と角度になる。原点Oから見て、それぞれ中山大塚古墳と三輪山とを結ぶ二直線の挟角は90度、同様に龍王山と初瀬山との挟角は30度、巻向山と三輪山との挟角は15度、外鎌山と鳥見山との挟角は20度、鳥見山と天香具山との挟角は50度、竜門岳と畝傍山との挟角は70度である。また、原点Oを中心とする東西線に対して葛本弁天塚古墳は20度、耳成山は40度、畝傍山は45度の方向にある。

次に、西殿塚古墳から中山大塚古墳と巻向山の二方向は直角であり、また、桜井茶臼山古墳は原点Oから竜門岳の方向にあり、その直線と茶臼山古墳から見た三輪山との挟角は45度である。メスリ山古墳は原点Oから鳥見山を結ぶ直線に対して直角の方向にある。かつ、メスリ山古墳から天香具山の方向も原点Oからみて直角であり、また東西線に対してメスリ山古墳と桜井茶臼山古墳とは互いに60度の方向にある。葛本弁天塚古墳は原点Oと天香具山とを結ぶ直線に対して45度の方向にあり、同様に耳成山からは60度の方向にある。

以上に示したように原点Oは周辺の目視点となる山稜の頂との方向方位の相関が明確であり、希に見る特異点であることがわかる。そして、この原点Oの位置は、正に前方後円墳である箸墓古墳の後円部の中心点に合致するのである。この特異点の発見に始まり纏向地域の開発が進行する。

纏向遺跡の造営と周辺の開発は、二つの座標軸を基本として実行されたものと推定される。箸墓―ホケノ山古墳を結ぶ東西方向とホケノ山古墳―珠城山を結ぶ南北方向の二直線を新たな地域開発の座標軸とし、それぞれの遺跡の位置関係を示したものが、図3-2である。この斜交軸による方向と距離により表示することが可能である。尚、距離は周尺の一歩1．6m（約20cmx8尺）換算を適用する。

纏向遺跡の中枢部の大型建物と、通説では三世紀初頭から後半にかけて順次築造された纏向型の前方後円形の初期古墳とみなされている石塚、勝山、矢塚、東田大塚の方向と距離は次のとおりである。

ホケノ山古墳を中心とする東西線に対して、東田大塚は20度、石塚は40度、大型建物の中心部は

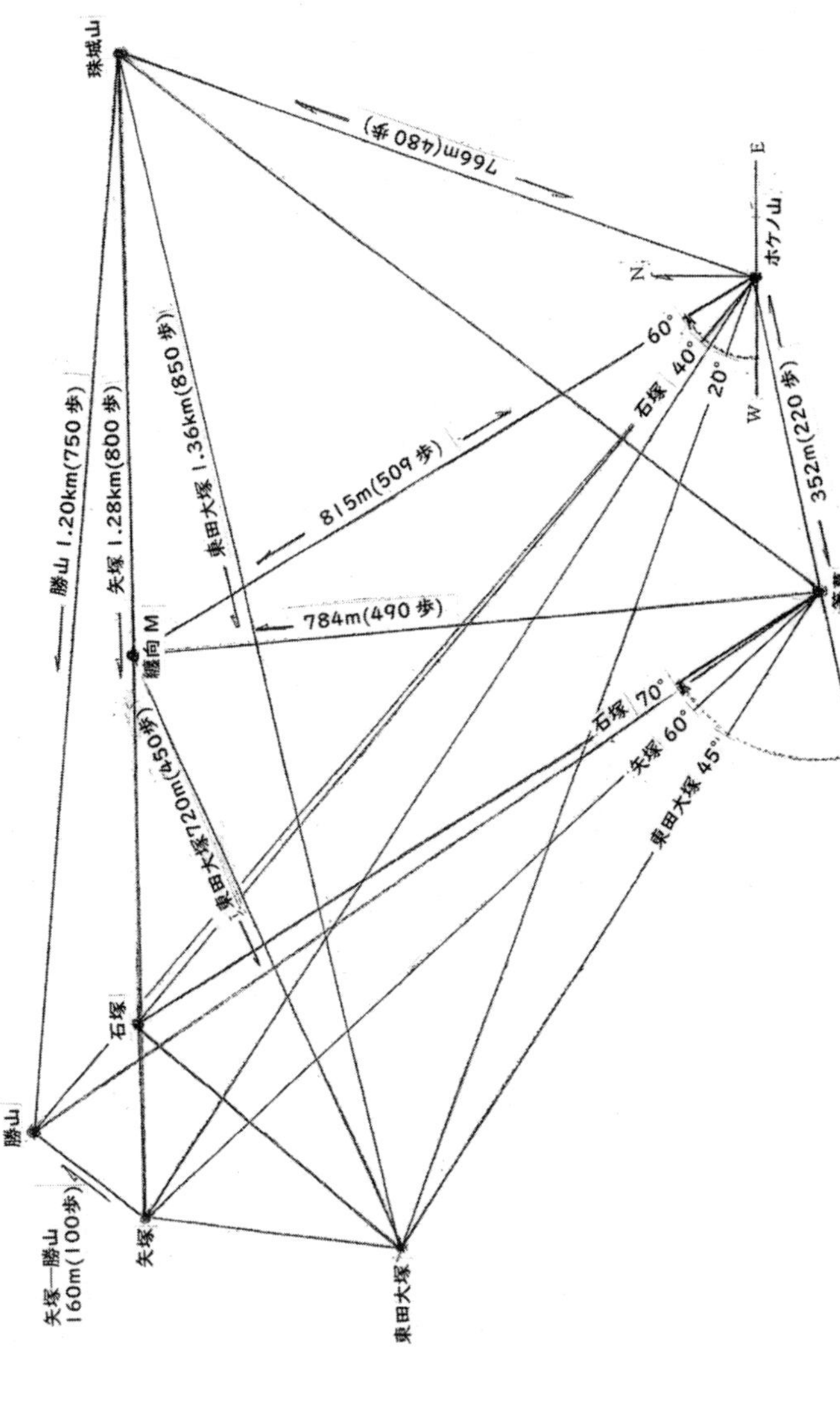
珠城山
766m(480歩)
ホケノ山
N
E
W
60°
石塚 40°
20°
352m(220歩)
箸墓
815m(509歩)
784m(490歩)
纒向 M
勝山 1.20km(750歩)
矢塚 1.28km(800歩)
東田大塚 1.36km(850歩)
東田大塚720m(450歩)
石塚 70°
矢塚 60°
東田大塚 45°
石塚
勝山
矢塚
東田大塚
矢塚―勝山
160m(100歩)

図3-2

60度の方向にあり、勝山はホケノ山古墳と矢塚を結ぶ直線に対して矢塚から直角の方向にある。また、ホケノ山古墳と箸墓を直線で結ぶ方向軸に対して、箸墓から東田大塚、矢塚、石塚は、それぞれ45度、60度、70度の方向にある。

次に、ホケノ山古墳の北東方向にある珠城山を起点とする勝山、矢塚、東田大塚までの水平距離は、それぞれ750歩（1．20km）、800歩（1．28km）、850歩（1．36km）であり、纏向の大型建物は珠城山と矢塚を結ぶ直線上にある。

したがって、勝山、矢塚、石塚、東田大塚と纏向の大型建物の位置は、箸墓古墳、ホケノ山古墳、珠城山の三点を斜交軸とする、上記の方向と距離を満たす条件に合致する位置に決定づけられているものと推測される。

さらに、箸墓を原点、ホケノ山古墳、珠城山の位置を規準点として、勝山、矢塚、石塚、東田大塚、纏向遺跡の大型建物などの位置が一定の方角や距離となることはもちろん、複数地点間の直線距離の和についても考慮して決定した形跡が窺われるのである。纏向遺跡の大型建物の中心を纏向Mとして、各地点を結ぶ直線距離の和は、およそ次のとおりである。距離は周尺換算である。

- 箸墓→ホケノ山古墳→珠城山　220歩（352m）＋480歩（766m）＝700歩
- 箸墓→纏向M→珠城山　900歩
- 箸墓→珠城山→ホケノ山古墳　1100歩
- 箸墓→勝山→ホケノ山古墳　1450歩
- 箸墓→纏向M→ホケノ山古墳　1000歩
- 箸墓→東田大塚→ホケノ山古墳　1250歩
- 纏向M→石塚→東田大塚　500歩

また、纒向Ｍ↓珠城山↓ホケノ山↓箸墓↓纒向Ｍ（東廻り）と纒向Ｍ↓矢塚↓東田大塚↓箸墓↓纒向Ｍ（西廻り）は、どちらも１６００歩（２．５６ｋｍ）である。

以上、纒向地区の開発初期から順次築造されたとみられている主だった遺跡の全てが連繋していることから、時系列としては少なくとも座標軸となる箸墓、ホケノ山古墳、珠城山の位置は石塚、勝山、矢塚、東田大塚、纒向の大型建物の位置が決まる前に確定したものであり、その他の位置もその座標軸によってほぼ一斉に測量によって決定されたものと云える。なかでも遺跡の築造時期が最も遅い三世紀中葉の箸墓の位置が他よりも早く最初に確定していたことになり、次にホケノ山と珠城山は主軸の基準点として、また勝山、矢塚、石塚、東田大塚は地域開発の三角点として設定されたものと考えられる。

方向や距離の基準点や三角点として用を成すには遠くからでも、その位置が目視で確認できることが必要条件である。小丘陵にある標高約９０ｍのホケノ山と標高約１００ｍの珠城山の最高点に対して、纒向遺跡のある太田地区の標高７０ｍ前後の平地を基準点や三角点とするには、新規に目標物を築造する必要が生じる。それが勝山、矢塚、石塚、東田大塚の纒向型古墳と通称される形であったとみる。三角点の目標物として円周外を掘削して円錐台形に盛り土をして成形したものが後円部であり、掘削した周りは堀となり測量のための後円部への通路として成形し橋として残したのが前方部とみる。渡橋となる前方部の高さは低く抑えられており撥型や細長い柄鏡型など定まってはいないが、後円部は直径が約６４ｍ（周尺４０歩）と規格化されている。

また、前述したように、これらの後円部のどこにも埋葬施設は確認されてはいないことからも、古墳などではなく、いわゆる三角点となる目標物として築造されて出来上がったのが、これらの前方後円の型である。すなわち、纏向型前方後円墳と通称されているものは、纏向地区の開発の基準点や三角点を平地に築造する目的で本来誕生したものであり、その後円部を要人の埋葬施設の場所とするようになったのは、後年のことであり、その纏向で最初の遺跡がホケノ山古墳であったとみる。もちろん、纏向開発の基準点となる箸墓やホケノ山、珠城山の位置にも、当初から同様の前方後円形または円形の盛り土をした目標物が築造されていたことは間違いあるまい。特に原点となる箸墓の位置には一際高く大きなものが築造されていたことは容易に想像できるであろう。

纏向の開発、すなわち、邪馬臺の成立以来、約六十年もの歳月を倭の女王として君臨した卑彌呼の墓として、邪馬臺の中枢である纏向遺跡の原点の位置にある箸墓こそふさわしい。そして箸墓と共に主軸をなし基準点であったホケノ山に葬られた者も卑彌呼が存命中にその政祭を佐治した重要人物の一人であったものと考えられるのである。

図3-3は、四世紀初頭までに築造された主要な大型古墳の配置を示したものである。葛本弁天塚古墳、西殿塚古墳、巻向山、メスリ山古墳を結ぶ四辺形の対角の和は丁度１８０度であり、この四点は半径約４ｋｍの円周上に位置し、葛本弁天塚古墳から西殿塚古墳までの直線距離は約６．４ｋｍ、周尺で四千歩である。恐らくこの四辺形の範囲が三世紀末の時点での邪馬臺の都市としての領域であったものと考えられ、葛本弁天塚、西殿塚、メスリ山古墳の位置が、そもそも当時の三角点であったとみる。

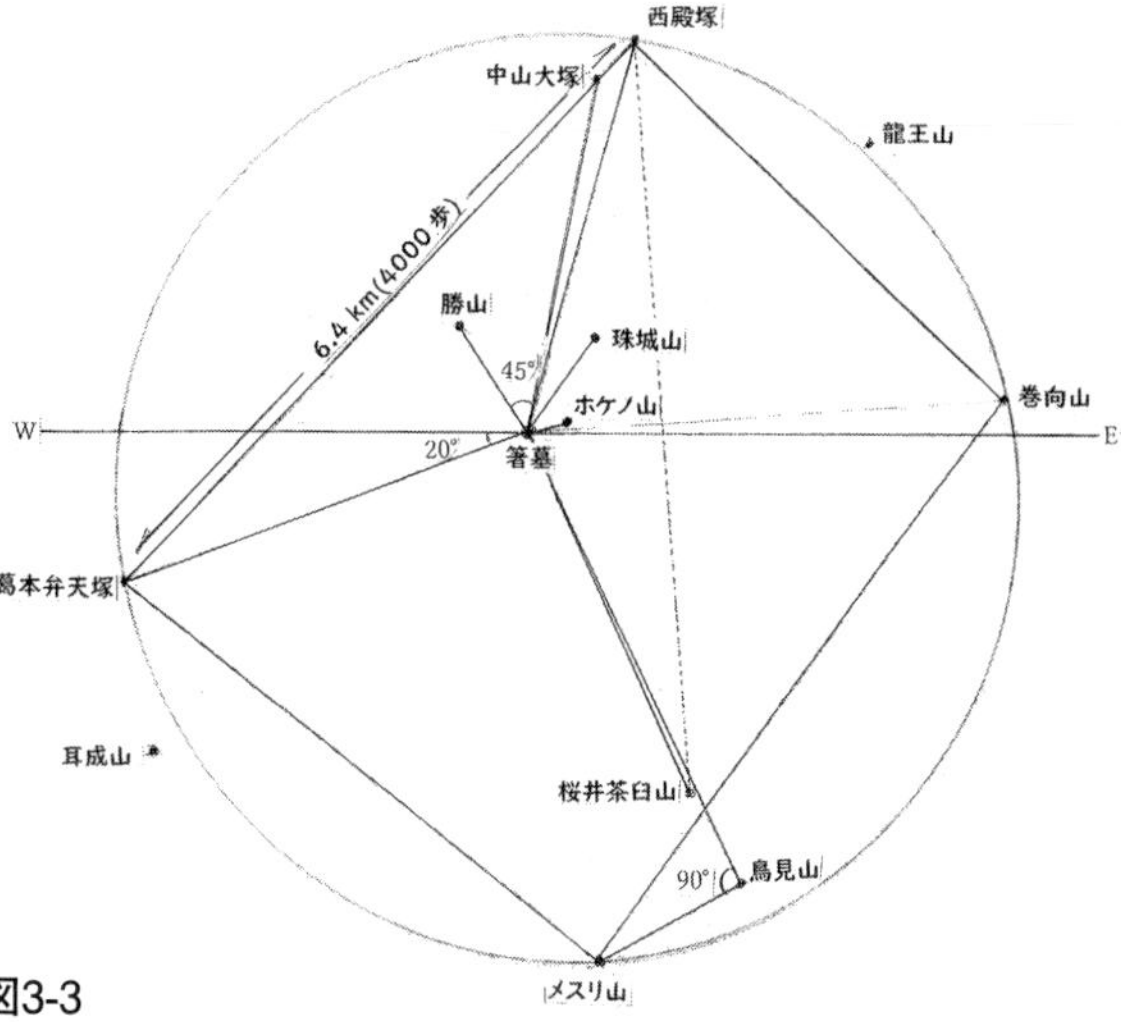
西殿塚
中山大塚
龍王山
6.4 km(4000 歩)
勝山
珠城山
45°
ホケノ山
巻向山
W
E
20°
箸墓
葛本弁天塚
耳成山
桜井茶臼山
90°
鳥見山
メスリ山

図3-3

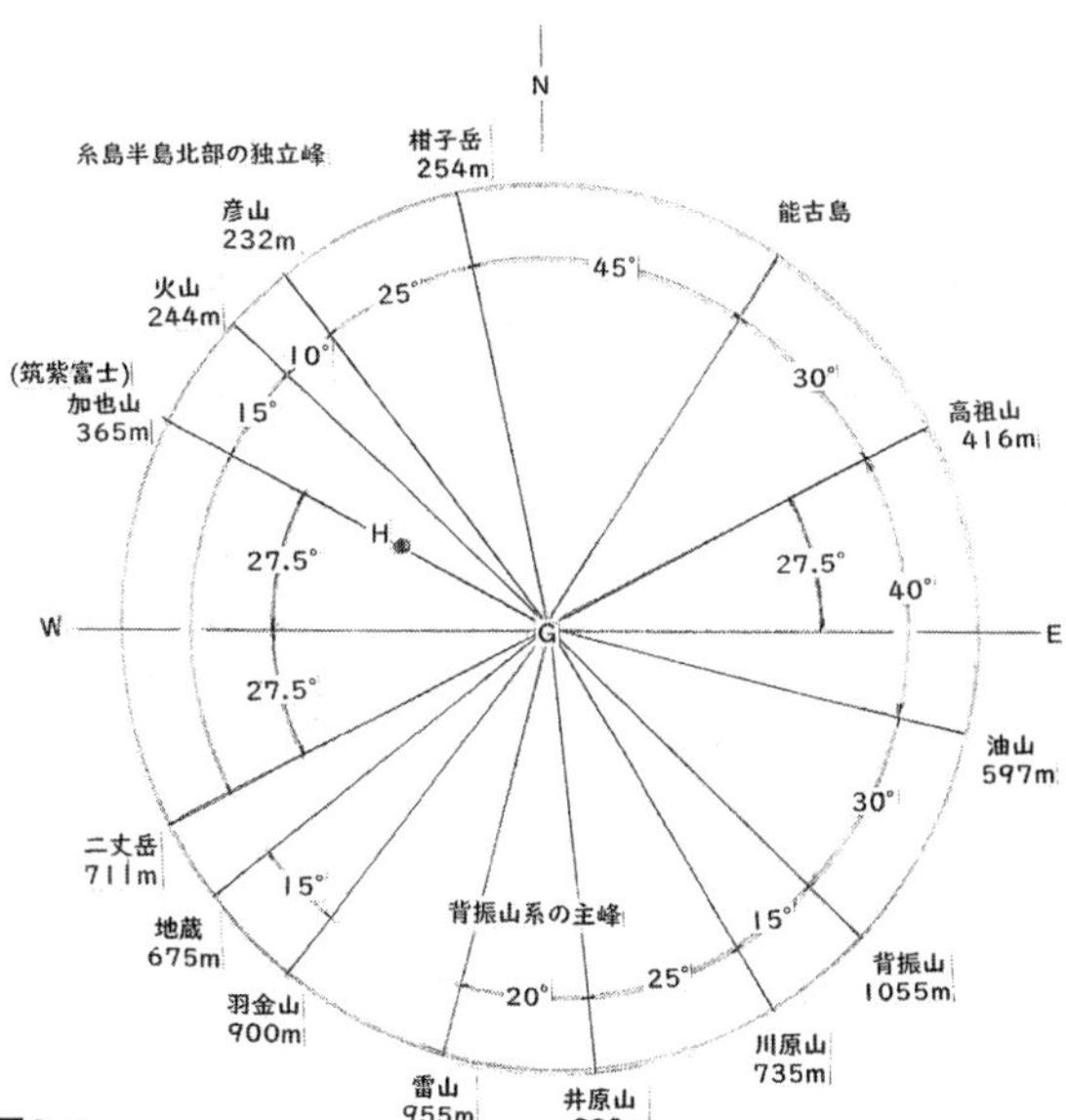
N
糸島半島北部の独立峰
柑子岳
254m
能古島
彦山
232m
45°
25°
火山
244m
10°
30°
(筑紫富士)
加也山
365m
15°
高祖山
416m
H
27.5°
27.5°
40°
W
G
E
27.5°
油山
597m
30°
二丈岳
711m
15°
地蔵
675m
背振山系の主峰
15°
背振山
1055m
25°
20°
羽金山
900m
川原山
735m
雷山
955m
井原山
982m

図3-4

（古代都市計画の原点）

さて、纏向地区を中枢とする邪馬臺の綿密な都市計画は、どのような勢力によって実行されたのであろうか。新たな疑問が湧く。その謎を解く鍵が北部九州の伊都国にあった。

伊都は奴国の王墓を祀る都として紀元前の弥生中期後葉に造営された地であり、後に倭国の都として成立したことは前述のとおりである。伊都国の中枢部は三雲・井原遺跡群の所在する糸島平野の南の瑞梅寺川と川原川に挟まれた東西約８００ｍ・南北約１ｋｍ、標高３０ｍ～６０ｍの怡土台地にある。

福岡県の南西部は佐賀県との県境を東西約５０ｋｍに渡り背振山系の主峰である背振山（標高１０５５ｍ）から東西に伸びた主稜線が連なり、そこより派生した山塊や丘陵が北方に張り出す。伊都の中枢部は、東の高祖山（標高４１６ｍ）を始め、南の井原山（標高９８２ｍ）、雷山（９５５ｍ）、羽金山（９００ｍ）、二丈岳（７１１ｍ）などの各峰を見渡せる位置にある。また、北部の糸島半島には筑紫富士と称される加也山（標高３６５ｍ）や、山頂から玄界灘や博多湾を一望できる火山（２４４ｍ）、彦山（２３２ｍ）などの低山ながら怡土台地からでも見通せる独立峰がいくつも存在する。

図3-4は、ある特異点を原点Gとして、そこを中心として周囲３６０度を見渡して目標となり得る山頂や独立峰の方角とそれぞれの間の角度を示したものである。原点Gは、そこより北東方向約２．８ｋｍにある高祖山と南西方向約１１．９ｋｍにある二丈岳とを結ぶ直線上に位置する。そして、原点に対して、二丈岳より時計回りに加也山、火山、彦山、柑子山が位置し、各々の間は、５５度、１５度、１０度、２５度であり、ある一定の角度となっている。

また、高祖山より油山、背振山、川原山、井原山、雷山までと羽金山と地蔵との各々間の角度も同様に４０度、３０度、１５度、２５度、２０度、１５度などの５度を最小単位としてその倍数になっている。
さらに、原点Ｇから高祖山と加也山は東西線に対して、互いに27.5度の左右対称の方向にあることから峰々の間の間隔は偶然ではなく、原点Ｇの位置を人為的に選定した結果と推測される。そして、原点Ｇとは、正に三雲南小路王墓と称される方形の墳丘部の中心位置に合致するのである。

目標となる周囲の山稜の峰などの自然の造形物との方角を基本として、先ず都市の原点とも云える位置を慎重に確定した上で都市の造営が実行されたことが窺われ、主要な施設は原点を通る座標軸によって決定されたものと推定される。伊都と邪馬臺（纒向）は、その原点の位置に成立時の王を埋葬した点においても共通しており、纒向遺跡の造営の二百年以上前に、すでに奴国の都として成立した伊都に、その原型が看取されるのである。そして、三世紀前葉の築造と推定される平原遺跡の方形周溝墓も例外ではなく、三雲南小路王墓と加也山を結ぶ北西27.5度の直線上の、三雲南小路王墓から、ちょうど１．３６ｋｍ周尺８５０歩の位置（図3-4のＨ点）にあり、その時代もなお、原点Ｇは伊都国の中心であった。

伊都の都市計画と同様の基本思想によってなる邪馬臺（纒向）の造営は際立っており、その開発は伊都国すなわち奴国王家主導の下に実行されたものと推定され、少なくとも、その関与なしには実現しなかったものと考えられるのである。

15　臺與の擁立と遷都

倭人伝に「正始六年、詔賜難升米黄幢、付郡假授」とある。

少帝の詔に、難升米に黄幢が下賜され帯方郡に付して仮授、とだけ記され、前後にもこれに関する記載はない。

幢とは儀仗や軍の指揮に用いる旗鉾のことで、黄幢は陰陽五行説の魏王朝の土徳を示す黄で儀飾された幢である。景初二年（２３８年）に難升米が始めて魏の明帝に朝見して以来、すでに七年が経つ。その間には、正始元年の帯方郡使の梯儁等の来倭や正始四年の伊声者・掖邪狗等の遣使奉献の他には、難升米に黄幢が拝仮されることに繋がるような経緯はなにも記されていない。正始六年（２４５年）に帯方太守の弓遵が高句麗に属する東濊を討伐するために遠征する。討伐後にも韓族の反乱が勃発し、楽浪郡太守劉茂と共にこれを鎮圧するが、この時弓遵は戦死した。帯方太守は不在のままで実際に難升米が黄幢を拝受するのは、後任の王頎が着任する二年後の正始八年のことである。

難升米に黄幢が拝仮された真意は明らかではないが、高句麗や濊など朝鮮半島の東夷の国々の不穏な状況が背景にあり、三韓に接する倭を懐柔する意図があったとする説や、狗奴国の卑彌弓呼と対立する卑彌呼への支援との見解がある。後漢が滅び魏呉蜀の三国による打ち続く戦乱や天候不順による飢饉などで中国の人口は激減しており、呉蜀との抗争、高句麗などの外夷との紛争が続く中で、兵員はいくら

でも必要としていた

景初二年に難升米が始めて朝献した際に拝仮された率善中朗将の官名は、魏朝の宮廷警護の任に該当するが、東夷にあっては名誉職に過ぎない。

だが、正始元年の帯方郡使梯儁等の来倭により倭の国力を把握することで、その前後での意味合いは異なる。正始四年の倭の遣使である大夫伊声耆・掖邪狗等八人全員への率善中朗将の叙官には、何らかの思惑があった可能性も否定できない。もちろん楽浪・帯方の東南海一万里に傭兵を求めることは現実的ではないが、敵対する呉の会稽東冶の東方に位置する倭を、地政学的な見地から重視したのは間違いないであろう。

大将が所有するとされる黄幢を難升米に拝仮する理由は、景初二年に遣使として偶然にも帯方郡滞在中に公孫淵討伐の顛末をつぶさに知る者として、また、奴国の武将にして大夫である難升米に期待するところがあってのことであろうが、放置されていた黄幢が難升米に拝仮された時にはすでに、高句麗や朝鮮半島は平定されていて当面軍事発動の必要性も薄れ、帯方郡の認識としては最早緊急を要するものではなくなっていたものと考えられる。

折しも倭国では内戦が勃発し帯方郡にも急を告げる卑彌呼の使者が遣れる。倭人伝には「正始八年、太守王頎官に至る。倭の女王卑彌呼、狗奴国の男王卑彌弓呼と素より和せず。倭の載斯烏越を遣わし郡に詣り相攻撃する状を説く。塞曹掾史の張政等を遣わし、因りて詔書・黄幢を齎し難升米に拝假し檄を為り之を告諭す」とある。太守王頎は倭の遣使烏越等の知らせに応え帯方郡の属官の張政等を遣した。

ついでに郡に付され留め置かれた詔書・黄幢がもたらされ、途中、奴国の難升米にそれを拝仮すると郡使張政等は邪馬臺国に向かったものとみられる。だが、張政等が邪馬臺に到着したときには、時すでに遅く女王卑彌呼は亡くなっており埋葬用の大塚を築造中であった。

女王卑彌呼が帯方郡に載斯烏越等を遣わしたとある急を告げる文面からするとなんらかの救援や仲裁を求めての遣使であったらしい。載斯とは塞史、国境警備などの官で、狗奴国軍は邪馬臺国に迫っていたものと見られる。倭の二十九国連合を統治し、伊都国には一大率まで配置しておきながら卑彌呼がなぜ、隔絶した九州西奥の狗奴国の攻撃に晒されることになったのか、この疑問に対する答えは限られる。すなわち、抗争は女王卑彌呼と狗奴国の男王卑彌弓呼との奴国王宗族内の個人的な不和と権力闘争から生じた内紛であり、他の諸国が直接関与するものではなかったものと推察される。だが、倭の首長として長期に渡り君臨していたにもかかわらず卑彌呼の連合国の統治体制も軍事的な面では意外にも脆弱であったことが露呈する。

不仲がさらに悪化する発端は、恐らく景初二年の難升米等の朝献であろう。元々それは遼東の公孫淵への貢献であったはずのものが、帯方太守劉夏の計らいで京都洛陽での朝献にすり替わったことにより卑彌呼に望外の賜物と栄誉をもたらすものであったが、なによりも奴国王家の嫡流でもない卑彌呼に親魏倭王の称号が拝仮されたことは、狗奴国の卑彌弓呼に取っては看過できない事件であったと考えられる。

その後も卑彌弓呼の不満は高じ抗争は激化し遂に正始八年の攻撃に及ぶ。相攻撃とあるからには、卑彌呼も畿内や狗奴国周辺諸国から召集して卑彌弓呼討伐軍を差し向けたであろうが、鉄製武器で圧倒する狗奴国軍の前に苦戦を強いられたのか、結局卑彌呼の死を以て両者の戦闘は終結する。

倭人の条は「更に男王を立てるも国中服さず、相誅殺し当時千餘人を殺す」と続く。おそらく卑彌呼の後に立つ男王とは、奴国王家の宗族であったものと推定されるが、倭国乱後の卑彌呼の六十餘年の安定した祭政を了とする、特に瀬戸内海中部以東の国々にとっては、男王による統治体制への回帰は許容できずこれに反抗し互いに殺し合い混乱するばかりであった。

そこで復、卑彌呼の宗女で十三歳の臺與なるものを王に立て、国中が遂に定まる。張政等檄を以て臺與に告諭すとある。卑彌呼の宗女とは取りも直さず奴国王の宗族の一人であり、共立とは記されてないので宗族の嫡流の子女であったと推定される。臺與とは呉音で〝ダイヨ〟であり臺に與する、の意義かちすると邪馬臺の卑彌呼の下で巫覡的な鬼道に事える祭祀に奉仕していた者の一人であろう。

帯方太守王頎が遣わした塞曹掾史の張政とは、塞曹すなわち国境警備やその周辺国を担当する部署の下級文官に過ぎず、冊封体制の要である王の宗族への順当な世襲を確認すれば、それで張政等の来倭の目的は達成されたのである。倭人の条の結びは「臺與、倭の大夫率善中朗將掖邪狗等二十人を遣わし、張政等を送り還らし、因りて臺に詣り男女生口三十人を献上し白珠五千等を貢ぐ」とある。大夫掖邪狗等に張政等を帯方郡まで送り還らせ、洛陽の臺において卑彌呼の宗女臺與が倭王に即位したことを報告させたのであろう。

陳寿の『三国志』東夷伝は、倭人の条に限らず、夫余・高句麗・濊・韓など全ての条が正始年間で記述は終わる。正始十年正月、司馬懿はクーデター（高平陵の変）により明帝・少帝の重臣曹爽等を誅滅し政権を掌握する。以後、魏王朝では三代に渡り司馬氏が権勢をほしいままにし、少帝（曹芳）を廃位させ傀儡の少帝髦（曹髦）・元帝（曹奐）を立て、西暦265年遂に王権を簒奪し司馬懿の孫の司馬炎が晋王朝（西晋）を築く。

正始八年の後、しばらく魏王朝との通交の記録が途絶えるのは、双方の国内事情によるものとみられる。『晋書』四夷伝倭人の条に「及文帝作相又数至、泰始初遣使重譯入貢」とあり、文帝（司馬昭）が相国（宰相）に就くと倭が又何度かやって来たとし、泰始初めに通訳を重ねて入貢したことが記されている。また、『晋書』武帝紀の「泰始二年十一月巳卯月、倭人来献方物」の記事と、『日本書紀』神功皇后の条の『晋起居注』を引用する「是年、晋武帝泰初二年十月、晋起居注云、倭女王遣重譯貢献」の記載を重ね合わせると、泰初は泰始の誤りで、泰始二年の奉献は倭の女王臺與が遣わしたものと推定される。

陳寿が撰した『魏志』倭人の条は、公孫淵が誅殺され長年途絶していた魏王朝との通交が可能となる景初二年（238年）から正始八年（247年）の十年に及ぶ倭魏双方の最も濃密な接触の記録である。冒頭の文節の「今、使譯通ずる所三十国なり」とあるのも、その間に実現したもので、〝今〟とは景初・正始年間である。遣わされた倭の使譯は、以下の三回で延べ三十人（三十国）になる。二度遣わされた掖邪狗を一つ差し引くと二十九国となる。女王に属さない狗奴国は行動を異にし個別に使譯を遣わしたとみる。難升米に率善中朗將、都市牛利に率善校尉の各々銀印・青綬が拝仮され、これに続き、正始四年の大夫掖邪狗ら八人ともに率善中朗將の印授を賜い、正始八年の遣使のほとんどが各国の大夫であったであろう。

景初二年　大夫難升米（奴国）・都市牛利（伊都国）　二国
正始四年　大夫伊声耆・掖邪狗等八人　八国
正始八年　大夫掖邪狗等二十人　二十国

卑彌呼が亡くなり臺與が女王に擁立され纏向にも大きな変化が起こる。箸墓古墳の築造から間もなく、太田北微高地に在った宮殿・居館とみられる中枢部の大型建物群が取り除かれ廃絶する。また、三世紀後半（布留０式期）に太田地区より東方約７００ｍの巻野内の尾崎花地区に、居館や倉庫を区画するための柵列を伴う土塁、Ｖ字溝などが検出され、移転先として有力である。太田北微高地の中枢建物の廃絶は卑彌呼の死霊鎮魂、施設の老朽化や衛生面、河道変動や防衛上の問題など複数の要因が考えられるが、標高約９０ｍの巻野内微高地に造成して構築された遺跡を中枢部とすると、三世紀後半の遺跡規模は東西２ｋｍ、南北１・５ｋｍと卑彌呼の時代の三倍に拡大する。

女王臺與の時世のこととして、史書などに残されているものは、前述の西晋の泰始二年の遣使貢献のみである。当時、臺與の年齢は三十二〜三十三才になる。卑彌呼同様に年已に長大なれども夫壻なし、専ら鬼道に事える身であったに違いない。正始八年に臺與が倭王に擁立された年齢は十三才であったから、当然これを佐治する者が存在したはずである。先ずもって想定される者として、若年の臺與を佐け、これを長期に支え続けることが可能な親族は兄弟であろう。おそらく身近に男兄の適任者が存在したこともあって臺與が擁立されたものとみられる。卑彌呼の後期を佐治した男弟とは違って若年の臺與を倭王と推戴しながらも、当初から臺與を佐治する男兄の政権内での役割や力関係も自ずと異なるものと推察される。

纒向より北へ約2km、龍王山から伸びる丘陵裾の古道、山辺の道の近傍に位置する中山大塚古墳は全長約130mの前方後円墳で、南側に延びた尾根を削り取って整形し、後円部は三段築成で二段以下の全面葺き石は厚さが1mにも及ぶ積石で形成している。石材は二上山の膨大な量の輝石安山岩が使われ竪穴式石室は合掌形の積石による最古級の前方後円墳である。盗掘があり鏡片、素環頭大刀・剣類の一部など四十点ほどの破片が検出されたに過ぎないが、後円部から出土したのは特殊壺型埴輪、特殊円筒埴輪、特殊器台型土器宮山型や都月型の初期のもので、ホケノ山古墳に後続し、箸墓古墳にやや先行する出現期の前方後円墳と推定される。後円部径は約64mで前方部長との比は一対一で周濠はない。前方部は撥型に開き、ちょうど纒向石塚の前方部長を二倍にしたものに相当する。

卑彌呼を佐治していた男弟が被葬者として挙げられるが、その場合は卑彌呼より先に男弟が亡くなっていたことになる。それが、正始八年の狗奴国の卑彌弓呼が攻勢に転じる契機となった要因かも知れない。また、古墳の築造年代もホケノ山古墳と巨大な箸墓古墳の築成の間隙に、中山大塚古墳の築造があるのが自然である。

龍王山西麓に沿って天理市から桜井市の間には、北から大和古墳群、柳本古墳群、纒向古墳群からなる古墳前期前半の大小の古墳が集積する墓域が形成される。中でも前期前葉の古墳が数多く分布する天理市の大和古墳群では、中山大塚古墳の北東約350mの標高約120mの丘陵に、西殿塚古墳が三世紀後葉に出現する。全長約230m、後円部径140mを測り、前方部は撥型に開き出現時には箸墓に次ぐ規模の前方後円墳であったとみられる。始めて前方部の墳頂にも方形壇が設けられる。中山大塚、箸墓でも出土した特殊器台型土器や特殊器台型埴輪、円筒埴輪が検出され葬送儀礼や特別な祭祀が執行されたことが窺える。

その墳形は龍王山西麓の尾根上にあって南北に主軸を置き、西側の傾斜面を整形したために後円部は西側四段、東側三段と非対称である。西側の調整基壇をバリとみなして除外すると、後円部径約128m（周尺80歩）、前方部長約96m（周尺60歩）、括れ部約64m、全長約224m（周尺140歩）となることから、箸墓古墳の80％の墳形で築造したものと推定される。三世紀の築造が推定される200mを超える大型古墳は箸墓、西殿塚、桜井茶臼山の三基のみで、西殿塚古墳は箸墓に次ぐ規模と古墳時代前期の三世紀後半の年代観から被葬者は臺與を佐治していた男兄に比定される。そして年齢から言っても男兄が臺與よりも先に亡くなったとするのが順当である。

臺與の王墓は、西殿塚古墳の後続墓とされる三世紀末葉築造の桜井茶臼山古墳であろう。全長207m、前方部幅61mと括れ部から先は広がらず柄鏡形の前方後円墳である。後円部頂には、南北11・7m、東西9・2mで高さ1m未満の矩形壇が設けられ、壇の裾周りは二重口縁壺形土器が巡る。竪穴式石室には200kgに及ぶ水銀が塗布され、5mを超えるコウヤマキを刳り抜いた長大な木棺が納められていた。

盗掘により副葬品の多くは攪乱と破壊が著しく、銅鏡も原型を留めるものはなく、多くの破片から方格規矩四神鏡、内行花文鏡、獣帯鏡など八十面以上の銅鏡が副葬されていたことが判明する。六面の三角縁神獣鏡の中で一面、破片の文字から正始元年の三角縁神獣鏡の銘文と一致するものが検出された。その他にヒスイの勾玉、最長8cmのガラス管玉、小玉などの首飾り、碧玉製の腕飾り、鉄刀・鉄剣・銅鏃などの武器類、碧玉製玉杖・玉葉・鉄杖などの王墓にふさわしい副葬品が出土する。豪華な銅鏡、武器、玉類などの副葬は三雲南小路や井原鑓溝遺跡などの北部九州の王墓の埋葬形態であり、なによりも直径約38cmの仿製の大型内行花文鏡を始め夥しい数の銅鏡の副葬は鬼道に事える巫覡者が用いたものと考えられ、平原遺跡と同様に銅鏡の総てが細かく破砕されていたことは被葬者の妖力を封じ込める行為で、この遺跡が臺與の王墓であることを物語るものである。

桜井茶臼山古墳は纏向遺跡中枢部の太田・巻野内地区の南約4kmの初瀬川の左岸、桜井市外山の鳥見山の北山麓に立地し小尾根の先端を切り取って築造された。周囲には陪塚も見当たらず単独墓である。なぜこのような纏向遺跡から隔絶した地に、王墓に比定される古墳が造営されねばならなかったのであろうか。

『晋書』武帝紀に「泰始二年（266年）十一月巳卯、倭人来献方物、并圜丘方丘於南北郊、二至之祀合於二郊」とあり、泰始二年の臺與の遣使奉献で首都洛陽を訪れた十一月に、南郊・北郊における円丘と方丘を併せて冬至・夏至の祭祀を二郊で祀る儀礼祭祀が実施される。前漢の長安の都城郊外で執り行われた郊祀制度は、冬至の天の祭祀や正月の天地合祀は南郊で、夏至の祭祀は北郊で行われ明堂で祖先を祀る宗廟祭祀とともに国家的な行事であった。後漢以降の王朝も南郊・北郊に郊壇を造営し、この礼制に倣って郊祭を行った。泰始二年の臺與の遣使も洛陽で見聞したであろう南郊・北郊の祭祀や圜丘・方丘壇で執り行われる衆目を集める大規模な祭祀行事のことは特別な関心事であったに違いない。

それから間もなく、倭国でも後円部憤頂に一辺35m高さ2・6mの石積みの方形壇と、始めて前方部墳丘上にも一辺22m、高さ2・2mの石積みの方形壇を持つ西殿塚古墳が築造される。後続の桜井茶臼山古墳、メスリ山古墳の後円部頂にも矩形の壇が設けられ葬送儀礼に加えて特別な儀礼祭祀が執り行われたことが窺えることから、泰始二年の洛陽の都城郊外での郊祀制度の知見が祭祀の対称や儀礼の内容は異なるものの、前方後円憤の憤頂に仮託して実現したものと推察する。

桜井茶臼山古墳では、後円部墳頂に特殊円筒埴輪と底部に穿孔のある頸部が筒状の茶臼山型二重口縁壺が巡る。また、方形壇の周囲は直径30cmの丸太約150本を隙間なく並べた丸太垣の痕跡が検出された。後円部頂を祭壇として大規模な葬送儀礼と祖霊祭祀が執行されたことが窺える。

三世紀初頭に突然出現する邪馬臺の中枢施設である纏向遺跡の大型建物を始め、石塚・勝山等の前方後円形遺構や纏向大溝などの土木工事は綿密な測量と計画に基づいて造営されたものであった。そして、三世紀の築成となるホケノ山古墳から桜井茶臼山古墳に至るまで、纏向周辺の大型古墳の築造もまた、それに含まれる。

三世紀後半に箸墓の北方に西殿塚古墳が築造された後に、箸墓の南方3.37kmに（周尺2100

歩）に桜井茶臼山古墳が出現する。西殿塚古墳と桜井茶臼山古墳とは、箸墓を起点として等距離にあることから、箸墓の被葬者とごく近い関係にあったと解される。西殿塚と桜井茶臼山古墳の位置は墳墓となる前に、丘陵上を祭祀の場などとするなんらかの目的で事前に測量済みの三角点であったものと推定される。卑彌呼の近親者とすれば卑彌呼の後継者で王となった宗女の臺與と、これを佐治した者として想定される臺與の男兄を措いて他に桜井茶臼山古墳と西殿塚古墳の被葬者として該当する者はない。

桜井茶臼山古墳は初瀬川の左岸にあって、後の伊勢や伊賀に至る街道の大和盆地の東南隅の出入り口の現在の桜井市外山に位置する。地名の〝外山〟の由来は不明だが〝とび〟と称することから当て字とみられ、漢字の意義からも都城の郊外を意味する都鄙（トヒ）が変化したもので、三世紀の邪馬臺国の中枢部である纏向からは遠い南の郊外を祭祀の場とし、女王臺與を埋葬したものとみる。

『続漢書』に後漢の「建武二年正月初制郊兆於雒陽南七里」とあり、南郊を都城から七里の南に置いたとある。纏向の箸墓からは、ちょうど南七里（２１００歩）に桜井茶臼山古墳は位置し、西殿塚古墳の前方部方形壇を北郊とし桜井茶臼山古墳の後円部を南郊とすれば符合する。箸墓を起点として、南北に相対する西殿塚古墳と桜井茶臼山古墳は邪馬臺国の当時のランドマークでもある。

泰始二年以降の臺與の消息は明らかではないが、六十才（西暦２９４）前後で亡くなったとすると、その頃の西晋は、絶頂期を過ぎ国政は乱れ急速に衰退する、その前兆のようなものがみえ始めていた。西暦２８０年に江南の呉を滅ぼし中国を統一した武帝（司馬炎）が太熙元年（２９０年）に崩御すると、後継の皇太子司馬衷が暗愚なため朝政を専横する皇太后の外戚と皇后が対立する。内紛はやがて封建諸王を巻き込み権力闘争に発展する（八王の乱）。朝廷の権威の失墜と国内の混乱に乗じた匈奴などの異民族の反乱が各地で勃発し、それはやがて華北全域に及び多くの国が自立するまでに統制不能となる。

さらに、匈奴によって都洛陽が制圧され（永嘉の乱）、西暦316年には長安を奪われ、遂に西晋は滅亡し諸勢力が割拠する五胡十六国・南北朝時代に至る。また、西晋が内戦状態にあった西暦313年に、朝鮮半島では高句麗が侵攻し楽浪郡を滅ぼしたため、帯方郡を介した倭晋の通交も途絶する。ふたたび中国と倭国との通交が確認されるのは宋書にある南宋朝の高祖永初二年（421年）以降の倭讃等の倭の五王の時代である。

まさに西晋が滅びつつあった四世紀初頭に、桜井茶臼山古墳の南西約1・6km（1000歩）にメスリ山古墳が出現する。初瀬川支流の左岸の御破裂山の北に派生する独立丘陵に立地し、前長224m、後円部径は128mの三段築成で高さ19m、前方部幅80mを測り中心軸は東西方向で、前方部が西を向く柄鏡形前方後円墳とみられているが、前方部北側の先にも葺き石が認められ、全長は約250mが推定される、出現時には箸墓に次ぐ大型の前方後円墳となる。後円部憤頂の中央の木棺を納めた竪穴式石室は何度も盗掘を受けて遺物はほとんど残っておらず、わずかに三角縁神獣鏡一面と内行花文鏡二面の破片、碧玉管玉、石釧や椅子形石製品、鉄刀、鉄剣の残欠が検出されたのみであるが、主室の横にあった副室は盗難を免れ鉄製の槍や弓矢など大量の武器が納められていたものが全て残っていた。

後円部墳丘の埋葬施設直上の南北11・3m、東西4・8mの方形壇の周囲を円筒埴輪列が二重に巡り、特殊埴輪と高坏形埴輪の組み合わせたものは高さが約1・9mにもなる。特に大型有段口縁円筒埴輪は列島最大で、径1．3m高さ約2．2mを測り、他に類をみない巨大な埴輪を含め二百本程で構成し、桜井茶臼山古墳の丸太垣の恒久化を意図したような特別な祭祀空間が設営される。主室の副葬品は盗掘によって無きに等しいものであったが、墳形と墳丘規模、埋葬施設と祭祀空間の設営、副室の玉杖や夥しい武器類などの副葬からみて被葬者は王権に関わる者であろう。先行して築造された桜井茶臼山古墳とともに鳥見山古墳群を形成する立地条件から臺與とも近い関係にあったものが想定される。

長引く戦乱と帯方郡・西晋との通交の途絶は、大陸や朝鮮半島とは一衣帯水の北部九州の国々に直接影響を及ぼしたことは間違いない。大陸で異民族が覇権を争い、分裂と大移動の混乱の世となり、これに対峙する奴国を筆頭とする北部九州の国々は、有事の際の体制の見直しと同時に王家の遷都を実行に移したものと考えられる。卑彌呼の時代の北部九州と畿内を結ぶ主要経路は日本海側であったが、臺與とそれに続く後継王の時代には瀬戸内海行路が開かれ、二地域間の距離も縮まり大きく変貌していたことも契機となったとみる。

すでに倭国の政権中枢機構として邪馬臺は群を抜く列島最大の都市機能を有しており、王墓を祀る所を本意とする王都としてもふさわしい邪馬臺国を政祭一致の場とし、遷都を決定したものと考えられる。臺與の後継王についてはは推測するほかないが、臺與を佐治した男兄の嫡子が有力候補になり得るであろう。いずれにしても奴国王宗家の嫡流であったものとみる。メスリ山古墳の造営によって後継王の父系直系三世の祖、すなわち、臺與と臺與を佐治した男兄の父祖をメスリ山古墳の槨頂に改葬し方形壇の周囲を巡る荘厳な二重の埴輪列を設営して神殿に見立て、宗家の祖霊祭祀の場とし王権の正統性を誇示したものであろう。

神殿での儀式は奴国王が都とした伊都から邪馬臺への遷都の宣言であったとみる。遷都に伴って伊都に秘匿されていた銅鏡などもこの時に移管される。方格規矩四神鏡や内行花文鏡などの後漢鏡が畿内を中心として四世紀の古墳から多数出土するようになる。柳本古墳群の中で、人が埋葬された痕跡のない天神山古墳より出土した数多くの漢鏡もその一部とみる。

その後も纏向周辺には臺與の後継となる王墓が築造されるが、纏向の南部およびその郊外を箸墓、桜井茶臼山古墳の女王墓と宗家の祖霊祭祀の場としながら、卑彌呼と臺與を佐治した男兄弟及び後続の男王等の墓域を古道山辺の道に配して墓域を二分したものとみる。桜井市南部の鳥見山から天香具山の間の寺川が北流する阿部丘陵にメスリ山古墳は立地する。そこは後世に磐余と称される要害の地である。

臺與の後継王については推測の域を出ないが、これまで記してきたように少なくとも史実に有り実在が確かとみられる臺與の代までは、倭王となる奴国王の系譜を辿り得る。それは古くは三雲南小路王墓、さらには奴国の高祖とも云うべき春日丘陵の須玖岡本王墓までさかのぼるもので、約三百五十年に及ぶ。『魏志』倭人の条に「其人壽考、或百年、或八、九十年」とあり倭国の人は長寿であると記す。卑彌呼と臺與の二代の女王統治は二世紀末から三世紀末の約百年にも及ぶものとみられる。倭王の平均寿命を六十才とし二十五才で世襲し約三十五年の在位期間としても的外れではなかろう。想定される倭王の系譜を以下に示す。（　）内は想定在位年。

- 高祖奴国王（須玖岡本王墓）（ＢＣ６０～ＢＣ２５）
- 二代奴国王（三雲南小路王墓）（ＢＣ２４～ＡＤ１０）
- 三代奴国王
- 四代奴国王（井原鑓溝王墓）光武帝建武中元二年（５７年）朝見　金印拝授（ＡＤ４５～８０）
- 初代倭国王　安帝永初元年（１０７年）面土国王遣使奉献で倭国王成立（ＡＤ８１～１１５）
- 二代倭国王（六代奴国王宗家）
- 三代倭国王（七代奴国王宗家）王女の卑彌呼は庶子（ＡＤ１４１～１８５）
- 四代倭国王　女王卑彌呼（箸墓）（ＡＤ１８６～２４７）
- 五代倭国王　正始八年（２４７年）卑彌呼の後継として立つ男王（短期）
- 六代倭国王　女王臺與（桜井茶臼山古墳）（ＡＤ２４７～２９４）

三雲南小路王墓の北東約五十歩に鎮座する細石（さざれいし）神社の梁行二間ほどの小さな拝殿の奥は、王墓の方向にある。悠久の時を流れ古色を帯びる、その神社の由来は明らかではない。

今は、王墓と細石神社は糸島市三雲の県道５６３号瑞梅寺池田線を挟み分断しているが、おそらく、その昔、王墓に纏わる祭祀施設などとして創建されたものかとも想像される。それを示すように、高祖山の山麓の標高約１００ｍに鎮座する高祖神社、そして、細石神社、三雲南小路王墓のいずれもが、高祖山と南の二丈岳を結ぶ直線上に立地する。

振り返る細石神社の参道の先は、すっかり犂ならされて、地上には二千年以上前に築かれた列島最古の倭の都は跡形もなく、ただ、山裾まで見晴るかす田園の中に往時の繁栄を思い起こすよりほかはない。

参考図書

- 正林護『日本の古代遺跡　長崎』（保育社　１９９８年）
- 渡辺正気『日本の古代遺跡　福岡』（保育社　１９８７年）
- 川添昭二、武末純一『福岡県の歴史』（山川出版社　１９９７年）
- 杉谷昭、佐田成『佐賀県の歴史』（山川出版社　１９９８年）
- 石躍胤央、北條芳隆『徳島県の歴史』（山川出版社　２００７年）
- 広瀬常雄『日本の古代遺跡　香川』（保育社　１９８３年）
- 岡本健児『日本の古代遺跡　高知』（保育社　１９８９年）
- 鈴木重治『日本の古代遺跡　宮崎』（保育社　１９８５年）
- 原口泉、永山修一『鹿児島県の歴史』（山川出版社　１９９９年）
- 川口貞徳『日本の古代遺跡　鹿児島』（保育社　１９８８年）
- 大森嶺夫、藤井保夫『日本の古代遺跡　和歌山』（保育社　１９９２年）
- 大塚重治、白石太一郎『考古学による日本の歴史』（有山閣　１９９７年）
- 佐原眞、工楽善通『探訪弥生の遺跡』（有斐閣　１９８７年）
- 森浩一『古代技術の復権』（小学館　１９９４年）
- 伊藤久嗣『日本の古代遺跡　三重』（保育社　１９９６年）

・中井均ほか『滋賀県の歴史』（山川出版社　２０１０年）
・平良泰久、久保哲正『日本の古代遺跡　京都』（保育社　１９８６年）
・石野博信『邪馬台国の考古学』（吉川弘文館　２００１年）
・深沢甚三ほか『富山県の歴史』（山川出版社　１９９７年）
・藤田富士夫『日本の古代遺跡　富山』（保育社　１９８３年）
・今井修平ほか『兵庫県の歴史』（山川出版社　２００４年）
・松下勝『日本の古代遺跡　兵庫』（保育社　１９８２年）
・藤井学、狩野久『岡山県の歴史』（山川出版社　２０１２年）
・門脇禎二『吉備の古代史　王国の盛衰』（日本放送協会　１９９２年）
・島根県古代文化センター遍『荒神谷遺跡と青銅器』（同朋出版　１９９５年）
・佐原眞、春成秀爾『出雲の銅鐸』（日本放送協会　１９９７年）
・上田正昭『出雲古代を考える』（吉川弘文館　１９９７年）
・前島己基『日本の古代遺跡　島根』（保育社　１９８５年）
・小野忠照『日本の古代遺跡　山口』（保育社　１９８６年）
・小田冨士雄『倭国を掘る』（吉川弘文館　１９９３年）
・小田冨士雄、田村圓澄『須玖岡本遺跡』（吉川弘文館　１９９４年）
・松田之利『岐阜県の歴史』（山川出版社　２０００年）

・山中一郎、狩野久『新版古代の日本　近畿』（角川書店　１９９２年）
・大和岩雄『新邪馬台国論』（大和書房　２０００年）
・佐伯有清『魏志倭人伝を読む』（吉川弘文館　２０００年）
・貝塚茂樹、伊藤道治『中国の歴史　第一巻』（講談社　１９７４年）
・西嶋定生『中国の歴史　第二巻』（講談社　１９７４年）
・川勝義雄『中国の歴史　第三巻』（講談社　１９７４年）
・岡村秀典『三角縁神獣鏡の時代』（吉川弘文館　１９９９年）
・岡村秀典『鏡が語る古代史』（岩波新書　２０１７年）
・安田次郎、山上豊『奈良県の歴史』（山川出版社　２００３年）
・徐朝龍『長江文明の発見』（角川書店　１９９８年）
・張光直『中国青銅時代』（平凡社　１９８９年）
・西嶋定生『倭国の出現』（東京大学出版会　１９９９年）
・泉森皎『日本古代史と遺跡の謎』（自由国民社　１９９８年）
・奥野正男『邪馬台国は古代大和を征服した』（JICC出版局　１９９０年）
・大林太良『邪馬台国』（中央公論社　１９９５年）
・広瀬和雄『前方後円墳の世界』（岩波新書　２０１０年）
・青柳種信『柳園古器略考』（文献出版　１９７６年）

- 岡崎敬、春成秀爾『魏志倭人伝の考古学』（第一書房　2003年）
- 宮崎貴夫『原の辻遺跡』（同成社　2008年）
- 山田宗睦『日本書紀』（ニュートンプレス　1992年）
- 亀井孝、山田俊雄、大藤時雄『日本語の歴史1〜7』（平凡社　2006年）
- 藤堂明保、竹田晃、景山輝國『倭国伝』（講談社　2010年）
- 寺沢薫『日本の歴史　王権誕生』（講談社　2008年）
- 木下正史『倭国のなりたち』（吉川弘文館　2013年）
- 宮本常一『日本文化の形成』（講談社　2005年）
- 吉田敦彦『日本神話の源流』（講談社　2011年）
- ブライアンフェイガン『古代文明と気候変動』（河出書房　2008年）
- ジャレットダイヤモンド『銃・病原菌・鉄』（草思社　2012年）
- 印東道子『オセアニア暮らしの考古学』（朝日新聞社　2002年）
- 中橋孝博『日本人の起源』（講談社　2005年）
- 池橋宏『稲作渡来民』（講談社　2008年）
- 後藤明『海から見た日本人』（講談社　2010年）
- 藤尾慎一郎『弥生時代の歴史』（講談社　2015年）
- 鳥越憲三郎『古代中国と倭族』（中央公論新社　2000年）

倭の名残

二〇二四年三月十日　初版第一刷発行

著　者　田畑遊山
発行者　谷村勇輔
発行所　ブイツーソリューション
〒四六六・〇八四八
名古屋市昭和区長戸町四・四〇
電　話　〇五二・七九九・七三九一
ＦＡＸ　〇五二・七九九・七九八四
発売元　星雲社（共同出版社・流通責任出版社）
〒一一二・〇〇〇五
東京都文京区水道一・三・三〇
電　話　〇三・三八六八・三二七五
ＦＡＸ　〇三・三八六八・六五八八
印刷所　藤原印刷

ISBN978-4-434-32893-0